QUIZ

USA
NASA

QUIZ

Das Fragespielbuch für schlaue Köpfe

Boje

Inhalt

www.boje-verlag.de

Die englische Originalausgabe erschien 2006 unter dem Titel
»Quiz Quest« bei Kingfisher Publications Plc, London
Deutsche Fassung: interConcept Medienagentur, München unter Mitarbeit von Julia Paiva Nunes, München (Übersetzung aus dem Englischen) und Renate Wolf, München (redaktionelle Bearbeitung und dtp-Umbruch)
Einbandgestaltung: Hoop-de-la, Köln
Printed in China

ISBN 978-3-414-82056-3

5 4 3 2 1 11 10 09 08 07

Wie *Quiz Quest* funktioniert

Es gibt drei Möglichkeiten, wie du mit *Quiz Quest* dein Wissen testen und vertiefen kannst. Erstens: Versuche die Quizfragen in den rechten Spalten auf jeder Doppelseite zu beantworten. Zweitens: Blättere um und lies erst alles über ein Thema – die Zahlen im Kreis zeigen dir, wo du die Antworten zu den Fragen findest. Drittens: Schlag die Lösungen im Antwortteil am Buchende nach. Oder lies einfach das ganze Buch durch!

1. Die Fragen

Auf jeder Doppelseite findest du rechts eine Spalte mit Quizfragen in drei Schwierigkeitsgraden. Die Fragen in Stufe 1 sind einfach, Stufe 2 ist schon etwas schwieriger und für Stufe 3 muss man sich schon richtig den Kopf zerbrechen! Wenn du die Antwort nicht weißt, gibt es zwei Möglichkeiten, sie herauszufinden.

2. Alles zum Thema

Du kannst nun eine Seite weiterblättern und alles über das Quizthema nachlesen. Achte auf die Zahlen rechts oben in den Kästen – hier findest du die Antwort zur jeweiligen Frage …

3. Die Antworten

… oder du schaust im Antwortteil am Buchende nach. Such das Thema und sieh nach, ob deine Antwort richtig war.

Bildhinweise

Auch in den Bildern findest du versteckte Hinweise für die Lösung mancher Fragen. Schau also genau hin.

Schnelles Fragespiel

Auf den Antwortseiten sind die Fragen noch mal abgedruckt. So kannst du mit Freunden ein schnelles *Quiz-Quest*-Fragespiel veranstalten.

QUIZ EINS

Natur

FRAGEN:

Der Regenwald

Stufe 1

1. Sind Frösche Reptilien oder Amphibien?
2. Sind Reptilien gleichwarm oder wechselwarm?
3. Wie heißt der weltgrößte Fluss mit „A"?
4. Wie oft regnet es im Regenwald: täglich, wöchentlich oder monatlich?

Stufe 2

5. In welchem Kontinent wächst der Chinarindenbaum?
6. Was für ein Tier ist eine Boa?
7. Welche Pflanze hat die größte Blüte der Welt?
8. In welchem Teil des Regenwalds leben die meisten Tiere?
9. Wovon leben fleischfressende Pflanzen?
10. Wonach riechen die Blüten der Rafflesia?
11. Wie nennt man sehr hohe Bäume, die den Regenwald überragen?
12. In welcher Gegend leben Pfeilgiftfrösche?
13. Ist eine Bromelie ein Tier oder eine Pflanze?
14. Die Haut eines Pfeilgiftfroschs enthält genügend Gift, um einen Menschen zu töten. Richtig oder falsch?
15. Wo lebt der Atlas-Seidenspinner?

Stufe 3

16. Sind Schlangen näher mit Fröschen oder mit Eidechsen verwandt?
17. Wie breit ist der Amazonas an seiner Mündung: über 300 km, über 400 km oder über 500 km?
18. Welche Krankheit behandelte man mit Chinin?
19. Mit welchem Körperteil haftet sich der Gecko an?
20. Wo wachsen die Pflanzen, die man als Epiphyten bezeichnet?

SUCH DIE ANTWORT

Der Regenwald

Der tropische Regenwald ist ein Lebensraum mit einer riesigen natürlichen Artenvielfalt. Hier leben mehr Pflanzen und Tiere als sonstwo auf der Welt. Mit seinem feucht-warmen Klima bietet der Regenwald ideale Bedingungen für zahlreiche Lebewesen.

Kronenregion

8 11

In der Kronenregion, den Zweigen und Ästen der großen Bäume, leben die meisten Tiere des Regenwalds. Sie ernähren sich von Blättern, Blüten und Früchten oder anderen Tieren. Sehr hohe Bäume, die sogenannten Emergenten, ragen über die Kronenregion heraus.

Pflanzen

13 20

Die Bäume des Regenwalds werden noch von anderen Pflanzen bevölkert. Kletterpflanzen wie Lianen und Würgefeigen haften sich an ihre Stämme, während Farne und Bromelien in ihren Ästen wachsen. Pflanzen, die auf anderen Pflanzen wachsen, nennt man Epiphyten.

Insekten

15

Der größte Schmetterling der Welt – der Atlas-Seidenspinner – ist in den Regenwäldern Südostasiens heimisch.

Reptilien

2 6 16 19

Als wechselwarme Tiere finden Reptilien in der Wärme des tropischen Regenwalds ideale Bedingungen vor. Schlangen wie Boas und Pythons jagen in den Baumzweigen, Geckos klettern auf die Baumstämme. Sie halten sich mithilfe ihrer abgeflachten Zehen, die ähnlich wie Saugnäpfe funktionieren, am Untergrund fest.

Amphibien

1 12 14

In der feuchten Atmosphäre der Regenwälder fühlen sich Amphibien wohl. Der südamerikanische Pfeilgiftfrosch hat so viel Gift in seiner Haut, dass er damit einen Menschen töten kann.

Flüsse

3 17

Fast alle sehr großen Flüsse fließen durch Regenwaldgebiete. So auch der Amazonas, der längste Fluss der Welt. Er bewässert einen großen Teil Südamerikas. In seinem Mündungsgebiet in Brasilien ist der Amazonas über 300 km breit.

Pflanzen und Tiere

7 9 10

Fleischfressende Pflanzen locken mit Nektartröpfchen Insekten an, um sie anschließend als Nahrung zu verdauen. Die Rafflesie hat die größte Blüte der Welt – bis zu 1 m breit. Sie verströmt einen starken Aasgeruch und lockt damit Fliegen an, von denen sie befruchtet wird.

Wasser

4

Die Pflanzen haben sich an die täglichen Regengüsse angepasst. Viele haben glänzende Blätter mit nach unten weisenden Spitzen, die das Wasser ablaufen lassen. Andere wachsen auf Baumästen und nehmen mithilfe von Luftwurzeln an Baumstämmen herabtropfendes Wasser auf.

Pflanzliche Heilmittel

5 18

In den Pflanzen des Regenwalds finden sich zahlreiche medizinische Wirkstoffe. Aus der Rinde des Chinarindenbaums, der in Südamerika heimisch ist, wird zum Beispiel Chinin gewonnen, das unter anderem zur Behandlung von Malaria eingesetzt wird.

FRAGEN: Ameisen

Stufe 1

1. Welche Ameisen haben die kräftigeren Mandibeln (Kiefer): Arbeiterinnen oder Soldaten?
2. Wie heißt die große Ameise, die sämtliche Eier des Ameisenstaats legt?
3. Sind Blattläuse Würmer oder Insekten?
4. Sind Holzameisen größer oder kleiner als die meisten anderen Ameisenarten?

Stufe 2

5. Gibt es Ameisen, die Blattläuse in ihre Nester bringen?
6. Die meisten Ameisen bauen ihr Nest unter der Erde. Richtig oder falsch?
7. Wovon ernähren sich Blattläuse?
8. Wie heißt die zuckerhaltige Substanz, die die Blattläuse produzieren?
9. Findet man Honigtopfameisen häufiger an trockenen oder an feuchten Orten?
10. Leben Blattschneiderameisen in warmen oder in kalten Wäldern?
11. Können Holzameisen Menschen beißen?
12. Welche Substanz können manche Ameisen absondern, wenn sie angegriffen werden?
13. Woraus bauen Holzameisen ihre Nester?
14. Können Ameisen Vögel angreifen?

Stufe 3

15. Fressen Blattschneiderameisen die Blätter, die sie ernten?
16. Wie viele verschieden spezialisierte Ameisen leben in einem Staat?
17. Was bedeutet der Begriff Metamorphose?
18. In welchen Wäldern leben die meisten Holzameisen?
19. Speichern alle Arbeiterinnen in einem Honigtopfameisen-Staat Nahrung in ihrem Körper?
20. Nenne einen Kontinent, auf dem sowohl Honigtopf- als auch Blattschneiderameisen leben.

SUCH DIE ANTWORT

Ameisen

Ameisen leben in großen Staaten. Den größten Teil der Population stellen die Arbeiterinnen; sie sammeln Nahrung und kümmern sich um die Eier und Larven. Soldaten sind größer als Arbeiterinnen und beschützen das Nest. Alle Ameisen schlüpfen aus Eiern, die von der riesigen Königin gelegt werden.

Viehzucht

3 5 7 8

Manche Ameisen züchten kleinere Insekten, die Blattläuse. Blattläuse ernähren sich von Pflanzensaft und produzieren eine zuckerhaltige Substanz namens Honigtau, von dem die Ameisen leben. Manche Ameisen bringen Blattläuse in ihr Nest und füttern sie, um den Honigtau zu gewinnen.

Eier

2 16 17

Sämtliche Eier in einem Ameisennest werden von der Königin gelegt. Die Arbeiterinnen bringen die Eier in spezielle Brutkammern. Hier werden sie versorgt, bis die Larven schlüpfen. Die Arbeiterinnen füttern die Larven, bis sie groß genug für die Metamorphose (Verwandlung) sind und die Form einer ausgewachsenen Ameise annehmen.

Blattschneiderameisen

10 15 20

Diese Ameisen leben in warmen Wäldern in Nord- und Südamerika. Sie sammeln Blätter als Kompost, um darauf Pilze zu züchten, von denen sie sich ernähren.

Erdnest

6

Die meisten Ameisen bauen ein unterirdisches Nest, um es vor Witterungseinflüssen und Raubtieren zu schützen. Sie graben dafür Gänge und Kammern in den weichen Boden.

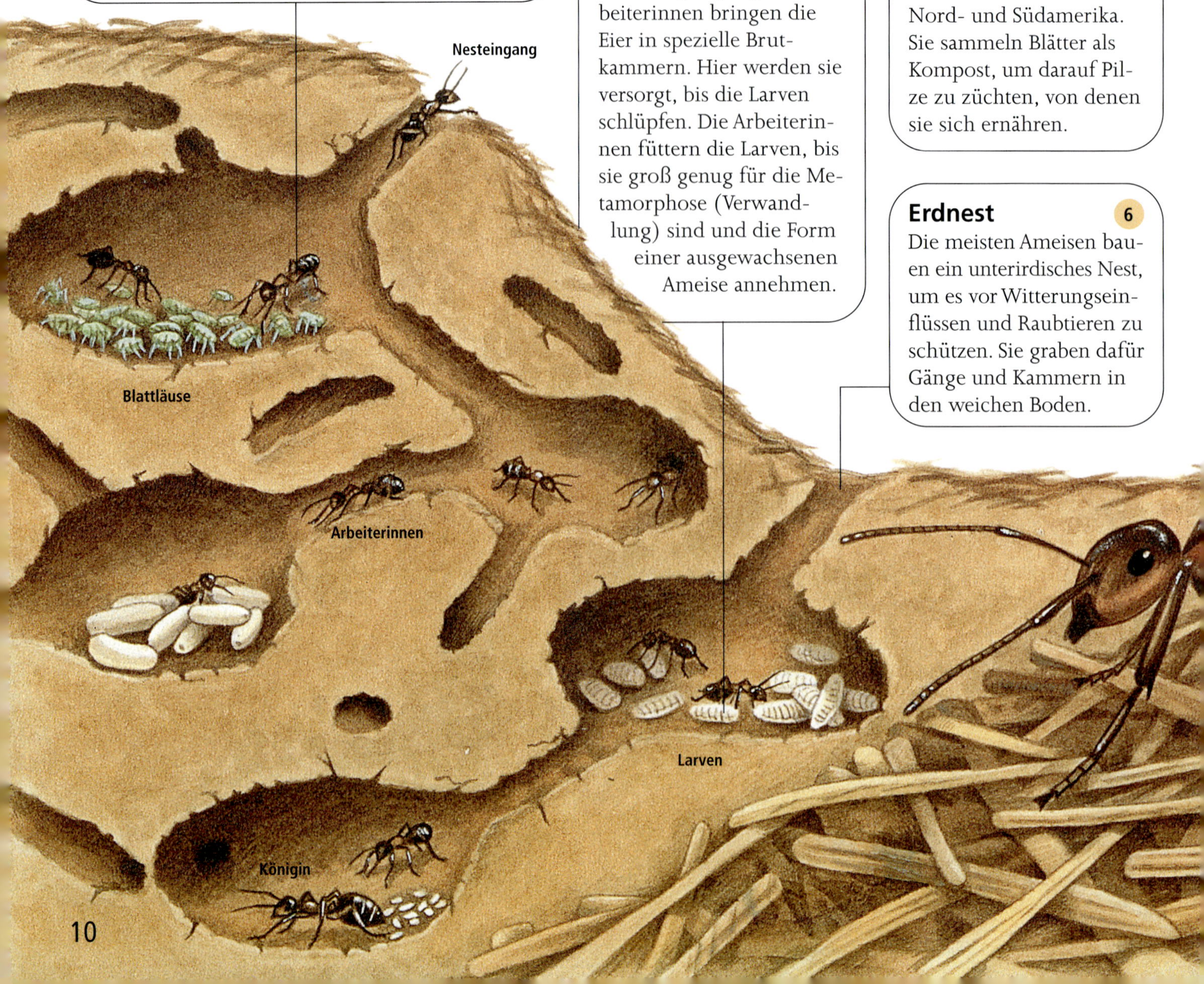

Angriff und Verteidigung

1 12 14 16

Soldaten sind größer als Arbeiterinnen und haben kräftigere Mandibeln oder Kiefer. Ihre Aufgabe ist es, den Staat vor feindlichen Angriffen zu schützen. Arbeiterinnen kommen ihnen im Notfall zur Hilfe. Manche Ameisenarten verteidigen sich mit Säure, die sie am Hinterkörper herausspritzen. Ameisen sind furchtlos und greifen oftmals weit größere Tiere an, um an Nahrung zu kommen. Sie fallen im Schwarm über Vögel oder Säugetiere her, wenn ihr Nest bedroht ist.

Honigtopf-ameisen

9 19 20

Diese Ameisen halten sich einige Arbeiterinnen als Speichertöpfe. Sie füttern die Speicherameisen mit Nektar, der bis zum Gebrauch in deren Körper gelagert wird. Honigtopfameisen leben in trockenen Gebieten Nord- und Südamerikas, Afrikas und Australiens.

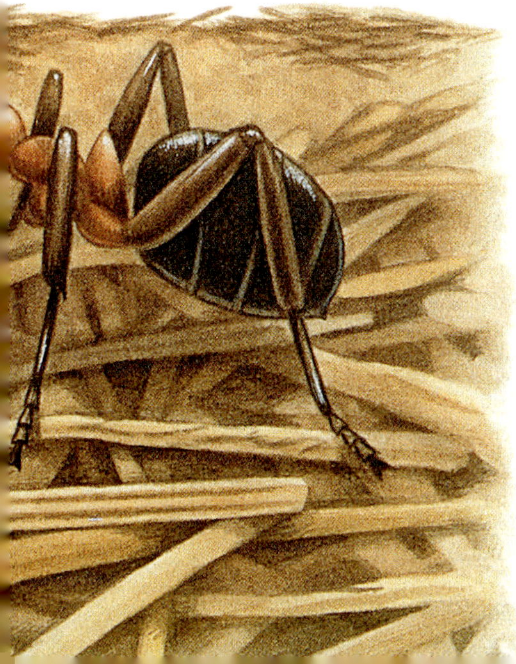

Holz-ameisen

4 11 13 18

Holzameisen leben in Nadelwäldern und bauen ihre Nester über der Erde. Der Bau besteht aus trockenen Nadeln, die sie am Waldboden sammeln. Er kann über ein Meter hoch sein. Holzameisen sind größer als die meisten anderen Ameisenarten. Ihre Mandibeln sind so groß, dass sie damit sogar Menschen schmerzhafte Bisse versetzen können, wenn sie sich gestört fühlen.

FRAGEN: Dinosaurier

Stufe 1

1. Was trägt *Spinosaurus* auf dem Rücken: Flügel oder ein Segel?
2. Welcher Saurier mit „S“ war der größte Stegosaurier?
3. Welcher Saurier hat Platten auf dem Rücken? *Kentrosaurus* oder *Tyrannosaurus rex*?
4. Welche haben die größeren Zähne: pflanzenfressende oder fleischfressende Dinosaurier?

Stufe 2

5. Die Zähne des *Tyrannosaurus rex* können über 10 cm lang sein. Richtig oder falsch?
6. Dauert es Tausende oder Millionen Jahre, bis sich Fossilien bilden?
7. Haben Sauropoden lange oder kurze Hälse?
8. Gibt es Saurierarten mit Schnabel?
9. Was hatte *Styracosaurus* an seiner Nase?
10. Wofür benutzten männliche gehörnte Saurierarten die Hörner außer zur Verteidigung?
11. Welche Fossilien sind häufiger: einzelne Knochen oder ganze Skelette?
12. Was für eine Saurierart ist *Kentrosaurus*?
13. Wie sorgte ein *Spinosaurus* für Abkühlung?
14. Wo kann man echte Dinosaurierknochen bewundern?

Stufe 3

15. Wovon ernährte sich *Tyrannosaurus rex*?
16. Wer ist größer: *Seismosaurus* oder *Stegosaurus*?
17. Bestehen Fossilien aus Knochen oder aus Mineralien aus dem umgebenden Gestein?
18. *Styracosaurus* ist ein Fleischfresser. Richtig oder falsch?
19. Ist ein *Apatosaurus* enger mit dem *Seismosaurus* oder mit dem *Styracosaurus* verwandt?
20. Wie viele Plattenreihen hatten die meisten Stegosaurier?

SUCH DIE ANTWORT

Dinosaurier

Zwei *Pachycephalosaurus* im Kampf

Die ersten Dinosaurier lebten vor 235 Millionen Jahren auf der Erde, 170 Millionen Jahre später verschwanden sie plötzlich – vermutlich infolge eines Meteoriteneinschlags. Dinosaurier sind die Vorfahren von Reptilien und Vögeln. Sie waren die größten landlebenden Tiere, nahe Verwandte der Dinosaurier lebten auch im Wasser oder in der Luft.

Fossiler Schädel von *Tyrannosaurus rex*

Ernährung 4 5 8 15

Einige Dinosaurier waren Fleischfresser, andere ernährten sich von Pflanzen. Die Fleischfresser besaßen kleine, stiftartige Zähne, manche einen Hornschnabel. Fleischfresser waren mit scharfen Zähnen ausgestattet, die beim *Tyrannosaurus rex* bis zu 15 cm lang waren!

Fossilien 6 17

Fossilien bilden sich über Millionen von Jahren, wenn die Knochen eines toten Dinosauriers unter Schlamm oder Sand begraben und langsam durch Mineralien aus dem umgebenden Gestein ersetzt werden.

Segel 1 13

Der *Spinosaurus* hatte ein großes Segel auf dem Rücken. Bei heißen Temperaturen pumpte er Blut in das Segel, um sich abzukühlen.

Verteidigung 9 10 18

Viele Pflanzenfresser hatten Hörner, um sich gegen große Fleischfresser zu verteidigen. Dieser *Styracosaurus* trägt sein Horn auf der Nase. Männliche gehörnte Dinosaurier benutzten ihre Hörner auch im Kampf gegen Rivalen, so wie heute noch Rinder oder Antilopen.

Apatosaurus
Spinosaurus
Oviraptor
Stygimoloc
Styracosaurus
Panoplosaurus

Riesendinosaurier (7) (16) (19)

Bei den größten jemals lebenden Dinosauriern handelte es sich um pflanzenfressende Sauropoden wie zum Beispiel diesen *Apatosaurus*. Sauropoden hatten kleine Köpfe und lange Hälse. Die größten Exemplare wie der riesige *Seismosaurus* wogen über 100 Tonnen.

Skelette (11) (14)

Die meisten Fossilienfunde bestehen nur aus einzelnen Knochen, manchmal findet man aber auch ein ganzes Skelett. Für die Ausstellung im Museum werden diese Skelette mühevoll zusammengebaut.

Ausgestelltes Sauropodenskelett

Iguanodon

Kentrosaurus

Platten (2) (3) (12) (20)

Bei den Stegosauriern handelte es sich um Pflanzenfresser mit zwei Plattenreihen auf dem Rücken. Die Platten hatten wohl eine ähnliche Aufgabe wie das Segel beim *Spinosaurus*, nämlich Eindruck zu machen und für Kühlung zu sorgen. Der größte und berühmteste Stegosaurier war *Stegosaurus*. *Kentrosaurus* gehörte zu den kleinsten Mitgliedern dieser Familie.

FRAGEN: Schlangen

Stufe 1

1. Sind Pythons Schlangen?
2. Haben Schlangen Beine?
3. Können Schlangen sehen?

Stufe 2

4. Gibt es Schlangen, die Eier fressen?
5. Welche Schlangen haben eine Haube, die sie ausbreiten, wenn sie sich bedroht fühlen?
6. Wo befindet sich die Rassel einer Klapperschlange: vorne oder hinten?
7. Sind Schlangen Wirbeltiere oder Wirbellose?
8. Woraus besteht das Skelett einer Schlange?
9. Haben Schlangeneier eine harte oder eine weiche Schale?
10. Gibt es Schlangen, die lebende Junge gebären?
11. Klapperschlangen leben in Afrika. Richtig oder falsch?
12. Haben Kobras solide oder hohle Fangzähne?
13. Werden Anakondas über 50 cm lang, über 3 m lang oder über 8 m lang?
14. Ist die Schlange durch Camouflage schwerer oder leichter zu sehen?

Stufe 3

15. Was trägt ein Schlangenbaby am Maul, um leichter aus dem Ei schlüpfen zu können?
16. Warum züngeln Schlangen ständig?
17. Wie bewegen sich Schlangen fort?
18. Wie tötet die Python ihre Beute?
19. Wie zerbricht die afrikanische Eierschlange die Eierschalen?

SUCH DIE ANTWORT

Schlangen

Schlangen sind Reptilien, ebenso wie Schildkröten und Echsen. Reptilien sind wechselwarm – ihre Körpertemperatur wird von der Temperatur der Umgebung beeinflusst. Da sie für ihre Körperaktivität Wärme benötigen, leben die meisten Schlangen in heißen Ländern.

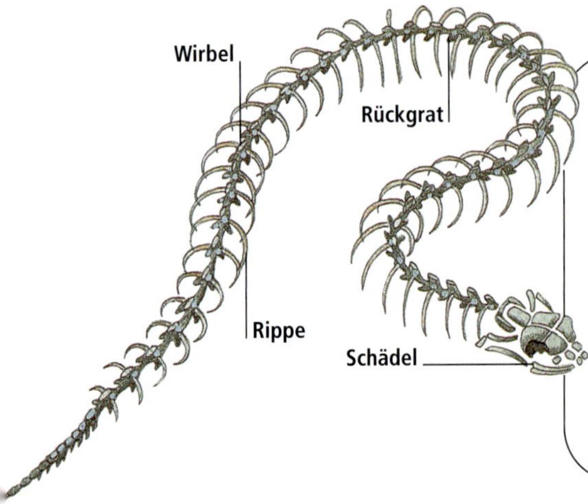

Skelett 2 7 8 17

Schlangen sind Wirbeltiere, ihr Skelett besteht aus Knochen. Sie haben allerdings keine Beine und bewegen sich durch Muskeln an der Unterseite ihres Körpers fort. Der Schlangenkörper wird durch zahlreiche Rippen gestützt.

Eier 9 10 15

Die meisten Schlangen legen Eier, es gibt jedoch Arten, die lebende Junge gebären. Im Gegensatz zu Vogeleiern haben Schlangeneier eine weiche Schale. Die Jungen sind mit einem scharfen Eizahn ausgestattet, mit der sie die Eierschale durchtrennen.

Ernährung 4 19

Fast alle Schlangen sind Raubtiere, die ihre Beute jagen und fressen. Manche ernähren sich auch von Eiern. Die afrikanische Eierschlange hakt ihren Unterkiefer aus und schluckt Vogeleier, die bis zu dreimal größer sind als ihr eigener Kopf. Das Ei wird im Ganzen verschlungen und im Körper mittels scharfer Dornen am Rückgrat geöffnet.

Korallenschlange bei der Fortbewegung

Kobras 5 12

Diese großen Schlangen töten ihre Beute mit ihrem schnell wirkenden Gift. Durch ihre beiden hohlen Fangzähne schießt das Gift in ihre Opfer. Kobras lassen sich durch die auffällige Haube hinter dem Kopf ganz leicht von allen anderen Schlangen unterscheiden. Wenn sie sich bedroht fühlen, dann recken sie sich auf und breiten die Haube aus, wie die Kobra hier im Bild.

Sinnesorgane

3 16

Schlangen können sehen, aber ihr Geruchs- und Geschmackssinn sind zusammengefasst. Durch Züngeln riechen sie die Luft. Die gespaltene Zunge einer Schlange kann Duftstoffe oder Hautpartikel von Beutetieren aufnehmen. Diese werden mit dem sogenannten Jacobsonschen Organ am Gaumen identifiziert.

Klapperschlangen

6 11 14

Diese giftigen Schlangen leben in Nord-, Mittel- und Südamerika. An der Schwanzspitze tragen sie eine Rassel, mit der sie größere Tiere vertreiben. Damit machen sie auch auf sich aufmerksam, damit sie nicht zertrampelt werden. Wie viele Schlangen sind sie durch Camouflage sehr gut getarnt und daher für andere Tiere nur schwer zu sehen.

Würgeschlangen

1 13 18

Manche Schlangen wie zum Beispiel die Boas und die Pythons sind Würgeschlangen, die sich so fest und so lange um ein Beutetier wickeln, dass es erstickt. Die Würgeschlange Anakonda lebt im Amazonasgebiet in Südamerika. Sie erreicht eine Länge von mehr als 8 m.

Strumpfbandnatter

FRAGEN: Haie

Stufe 1

1. Sind Haie Fische oder Reptilien?
2. Der Walhai ist der größte Fisch der Welt. Richtig oder falsch?
3. Fressen Weiße Haie Löwen oder Seelöwen?
4. Nennt man die leeren Eihüllen von Haien Nymphentäschchen oder Seemannstäschchen?

Stufe 2

5. Haben Haie ihr Leben lang denselben Satz Zähne?
6. Leben Riesenhaie in wärmeren oder kühleren Gewässern als Walhaie?
7. Der größte Weiße Hai wird bis zu 6 m lang. Richtig oder falsch?
8. Wie nennt man die winzigen Meereskreaturen, von denen der Walhai sich ernährt?
9. Welcher ist größer: der Riesenhai oder der Weiße Hai?
10. Welcher Hai ist nach einem Werkzeug benannt?
11. Wie schwer ist ein Walhai: 11 Tonnen, 21 Tonnen oder 31 Tonnen?
12. Legen alle Haie Eier?
13. Die Zähne eines Hais haben alle dieselbe Form. Richtig oder falsch?
14. Welcher Hai greift eher Menschen an: der Weiße Hai oder der Hammerhai?
15. Gibt es bei Haien Kannibalismus (fressen sie sich gegenseitig auf)?

Stufe 3

16. Wie kann der Hammerhai eine Duftspur im Wasser verfolgen?
17. Wie heißt der größte Fisch an den Küsten Europas?
18. Welcher ist der größte Hai, der seine Beute aktiv jagt?

Haie

Haie sind die größten Fische der Welt. Manche wiegen mehr als ein Elefant und sind so lang wie ein Bus. Doch nicht alle Haie sind so riesig. Der Katzenhai zum Beispiel wird selten länger als 1 m. Fast alle Haie leben im Meer, einige wenige Arten auch in großen Flüssen. Die meisten Haie sind Raubfische und jagen ihre Beute.

Hammerhaie

10 16

Hammerhaie verdanken ihren Namen ihrem seltsam geformten Kopf. Man vermutet, dass die weit auseinanderliegenden Nasenlöcher ihnen helfen, die Duftspur ihrer Beute im Wasser zu verfolgen.

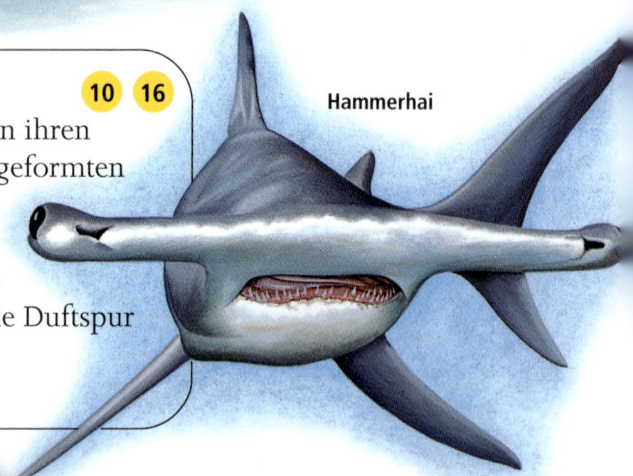

Junge Haie

1 4 12 15

Alle Haie sind Fische, manche legen Eier, andere dagegen gebären lebende Junge. Die leeren Eihüllen des Hais nennt man Nymphentäschchen. Junge Haie müssen sich gleich nach dem Schlüpfen selbst versorgen. Die meisten Haie sind Raubfische, die sich von anderen Tieren ernähren. Die Jungtiere werden jedoch ebenfalls gefressen, auch von anderen Haien.

Zähne

5 13

Haie bekommen im Laufe ihres Lebens Tausende neue Zähne. Abgenutzte Zähne in den vorderen Reihen fallen aus und werden von hinten durch neue Zahnreihen ersetzt. Die Zähne eines Hais sind alle gleich geformt, jedoch unterschiedlich groß.

Weißer Hai 3 7 14 18

Der Weiße Hai ist der drittgrößte Fisch der Welt und der größte Hai, der aktiv seine Beute jagt. Manche Weißen Haie werden bis zu 6 m lang, die meisten sind jedoch etwas kleiner. Die Weißen Haie jagen Seelöwen und andere große Beutetiere. Traurige Berühmtheit haben sie erlangt, weil sie mehr Menschen als alle anderen Haiarten töten und verletzen.

Walhai 2 8 11

Der Walhai ist der größte Fisch der Welt, er wird 18 m lang und bis zu 21 Tonnen schwer. Er lebt in warmen tropischen Gewässern und ernährt sich von winzigen Meereslebewesen, dem Plankton.

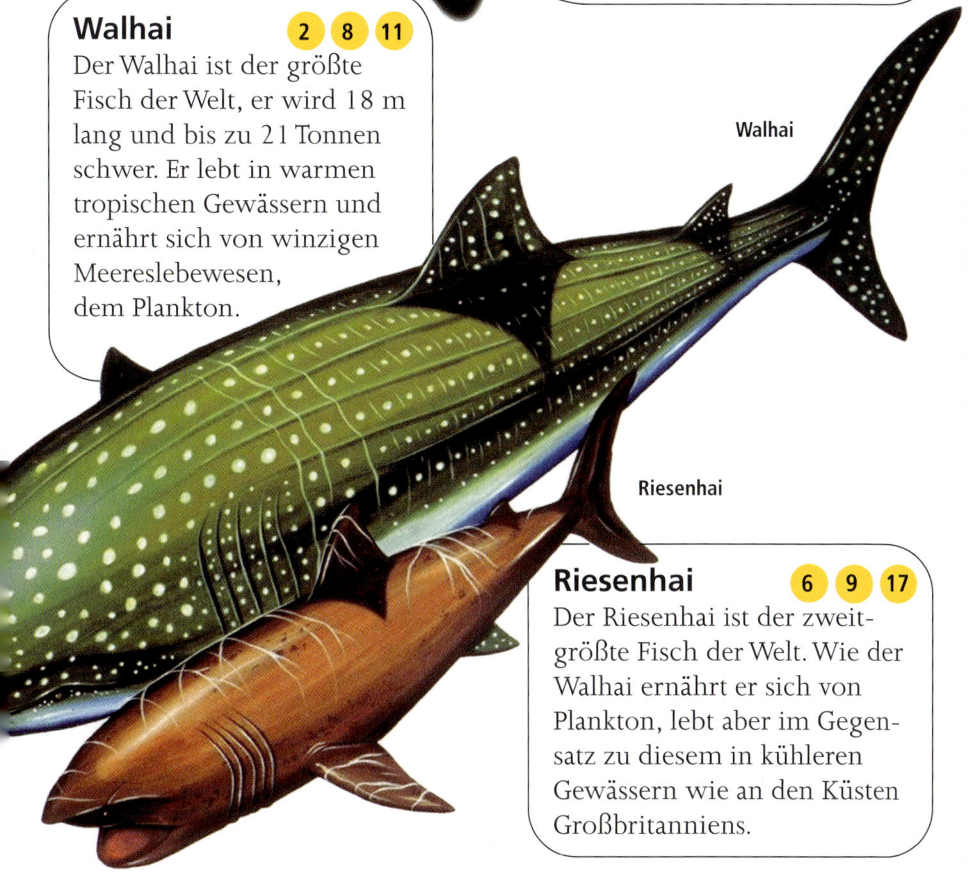

Riesenhai 6 9 17

Der Riesenhai ist der zweitgrößte Fisch der Welt. Wie der Walhai ernährt er sich von Plankton, lebt aber im Gegensatz zu diesem in kühleren Gewässern wie an den Küsten Großbritanniens.

FRAGEN: Meerestiere

Stufe 1

1. Wie viele Tentakel hat ein Oktopus?
2. Der Körper einer Qualle besteht zum Großteil aus Luft. Richtig oder falsch?
3. Wozu braucht man eine Taucherausrüstung?
4. Sind Seepferdchen Fische oder Weichtiere?

Stufe 2

5. Wie heißt die weltgrößte Rochenart?
6. Gibt es mehr als 100 Haiarten auf der Welt?
7. Wie viele Tentakel hat ein Tintenfisch?
8. Was fressen Tintenfische: Quallen, Plankton oder Fisch?
9. Womit greifen Quallen ihre Beute an?
10. Sind Tintenfische Wirbellose?
11. In welchem Lebensraum des Ozeans tummeln sich die meisten Fischarten?
12. Wie lange können Taucher unter Wasser bleiben: 10 Minuten und mehr, 15 Minuten und mehr oder 20 Minuten und mehr?
13. Was enthält die Flasche einer Taucherausrüstung?
14. Sind Haie näher mit Tintenfischen oder mit Rochen verwandt?
15. Verbringen Tintenfische die meiste Zeit im offenen Meer oder am Meeresgrund?

Stufe 3

16. Welches Tier mit „P“ hinterlässt das harte Korallengestein der Riffe?
17. Mit welchen dieser Tiere sind Korallen am engsten verwandt: Quallen, Riesenmuscheln oder Haie?
18. Wie hält sich ein Seepferdchen an Wasserpflanzen fest?

SUCH DIE ANTWORT

Meerestiere

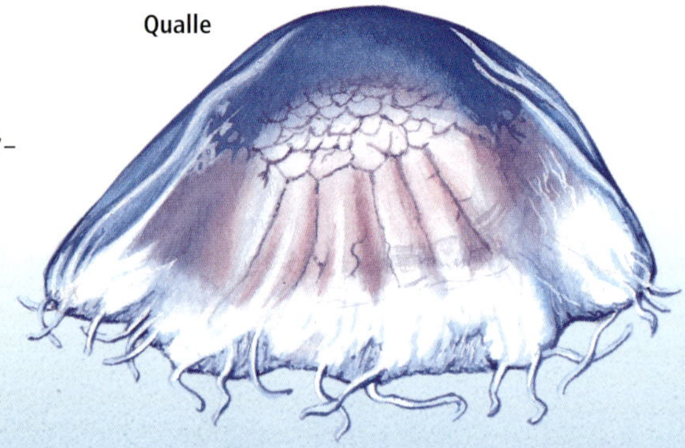

Die meisten Tiere dieser Welt leben im Meer. Das Meer bedeckt zwei Drittel der Erdoberfläche. Die Meerestiere unterscheiden sich in ihrer Größe, Form und Beschaffenheit. Sie lassen sich in zwei Gruppen einteilen: Wirbeltiere und Wirbellose. Wirbeltiere sind Tiere, die wie wir eine Wirbelsäule besitzen. Wirbellose haben überhaupt keine Knochen.

Haie

5 6 14

Insgesamt gibt es weltweit mehr als 360 verschiedene Haiarten. Die Haie sind eng verwandt mit den Rochen. Der größte Rochen der Welt, der Mantarochen, ist auf der Seite rechts unter dem Tintenfisch abgebildet.

Quallen

2 9 17

Quallen sind Wirbellose mit einfachem Körperbau. Sie sind eng verwandt mit den Korallen. Über 90% des Quallenkörpers besteht aus Wasser. Beutetiere jagen sie mit ihren Tentakeln, die mit brennenden Nesselzellen bestückt sind.

Tintenfische

1 7 8 10 15

Tintenfische schwimmen im offenen Meer, jagen Fische und kleine Meerestiere. Sie sind eng verwandt mit den Kraken (Oktopus), besitzen aber im Gegensatz zu diesen zehn statt acht Tentakeln. Beide gehören zu den Kopffüßern, einer Unterart der Wirbellosen.

Korallen

16

Korallen schließen sich meist in Kolonien zusammen und bilden Riffe. Die harten Kalkablagerungen, die man dort sieht, stammen von einzelnen Polypen – kleinen, seeanemonenähnlichen Tierchen.

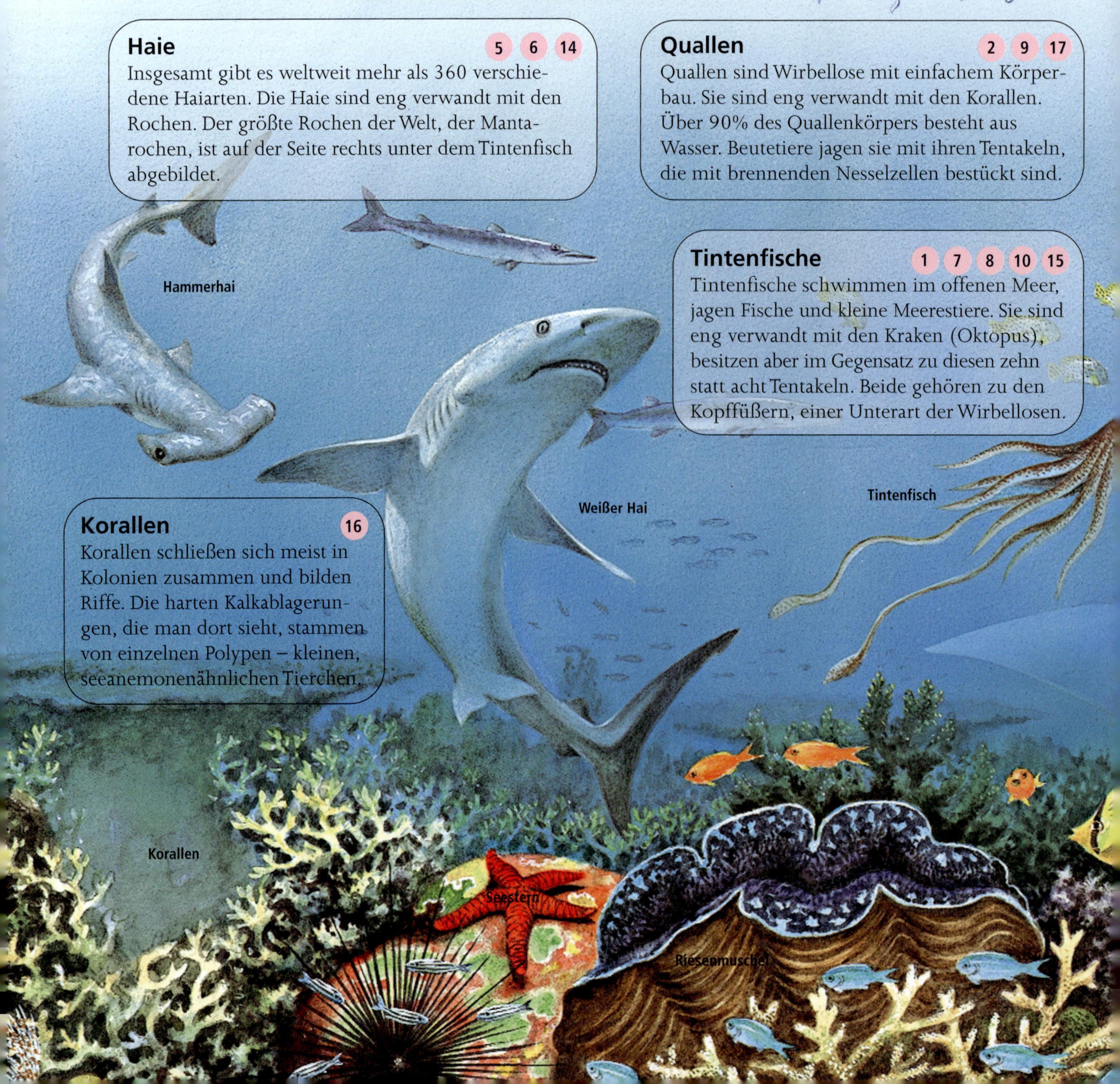

Taucher

3 12 13

Menschen können die Unterwasserwelt mithilfe einer Taucherausrüstung erforschen. Mit einer Sauerstoffflasche können sie länger als 20 Minuten unter Wasser atmen.

Fische einfangen

4 11 18

Diese Taucherin fängt Fische zu Forschungszwecken. Die meisten Fischarten leben an Korallenriffen. Zu den seltsamsten Fischen gehören die Seepferdchen. Mit ihrem biegsamen Schwanz klammern sie sich an Korallenriffen oder Pflanzen fest.

FRAGEN:

Meeressäuger

Stufe 1

1. Was ist das größte Tier auf der Erde: Elefant oder Blauwal?
2. Fressen Robben Fisch oder Seetang?
3. Unter welchem Namen sind Orcas besser bekannt: Killerwale oder Robben?
4. Sattelrobbenbabys kommen mit grauem Pelz zur Welt. Richtig oder falsch?

Stufe 2

5. Wer sucht seine Beute mittels Echolotung: Delfine oder Walrösser?
6. Welche krabbenähnlichen Kleinlebewesen mit „K“ frisst der Buckelwal?
7. Robben gebären im Wasser. Richtig oder falsch?
8. Haben alle Walrösser Stoßzähne oder nur die Männchen?
9. Wie nennt man eine Gruppe von Killerwalen?
10. Warum sind viele große Walarten so selten geworden?
11. Welche Meeressäuger können Wale töten und fressen, die größer sind als sie selbst?
12. Fressen alle Wale große Tiere?
13. Welcher Ozean umgibt den Nordpol?
14. Wovon ernähren sich Walrosse?

Stufe 3

15. Wo befinden sich beim Wal die Barten?
16. Zu welcher Gruppe mit „Z“ gehören Wale und Delfine?
17. Leben Walrösser in der Nähe von Nordpol oder Südpol?
18. Welcher Teil des Blauwals wiegt so viel wie ein Elefant?
19. Wie lang ist der größte Blauwal, der je gemessen wurde?

SUCH DIE ANTWORT

Meeressäuger

Säugetiere sind gleichwarme Tiere, die ihre Jungen mit Muttermilch aufziehen. Die meisten leben an Land, einige jedoch im Meer. Zu den Meeressäugern gehören Wale, Delfine, Robben, Seelöwen und Walrösser. Sie atmen Luft, haben sich aber an das Leben im Wasser angepasst. Die meisten haben zum Beispiel Flossen statt Beine.

Größe des Blauwals im Verhältnis zu anderen Tieren

Größtes Tier
1 18 19

Der Blauwal ist das größte Tier, das je auf der Erde gelebt hat. Sein Herz ist so groß wie ein Auto, seine Zunge wiegt so viel wie ein Elefant. Der größte je gemessene Blauwal ist 33,5 m lang.

Ein Killerwal-Rudel beim Angriff auf einen Buckelwal

Killerwale
3 9 11

Killerwale oder Orcas leben und jagen in Gruppen, die man Rudel nennt. Zusammen können sie Wale überwältigen und töten, die weit größer sind als sie selbst. Manche Orcas jagen auch kleinere Beutetiere wie Robben und Fische.

Buckelwal

Buckelwale
6 12 15

Wie die meisten Wale ernähren sich Buckelwale von kleinen Fischen und krabbenähnlichem Krill, den sie mit ihren Barten aus dem Wasser filtern. Hinter diesen Hornplatten am Oberkiefer fangen sie ganze Schwärme ein.

Walfang
10

Große Wale sind heutzutage selten. Sie wurden früher gejagt, da ihr Fleisch in manchen Ländern als Delikatesse galt. Inzwischen ist die Jagd auf die meisten Walarten verboten, und die großen Walfänger, die früher über die Meere kreuzten, gehören der Vergangenheit an.

Walfänger auf der Jagd nach einem Buckelwal

Delfine

5 16

Wie die Wale gehören auch Delfine zur Säugetiergruppe der Zetazeen. Delfine suchen ihr Futter mittels Echolotung: Sie erzeugen dabei laute Klicktöne und lauschen, ob ein Echo zurückkommt. Sie jagen oft in Gruppen.

Robben

2 4 7

Robben ernähren sich von Fisch. Zum Ausruhen kommen sie an Land oder auf das Eis, wo sie auch ihre Jungen zur Welt bringen. Die Sattelrobbenbabys haben einen weißen Pelz. Sie werden mit dicker, cremiger Muttermilch aufgezogen.

Sattelrobbenbaby mit seiner Mutter

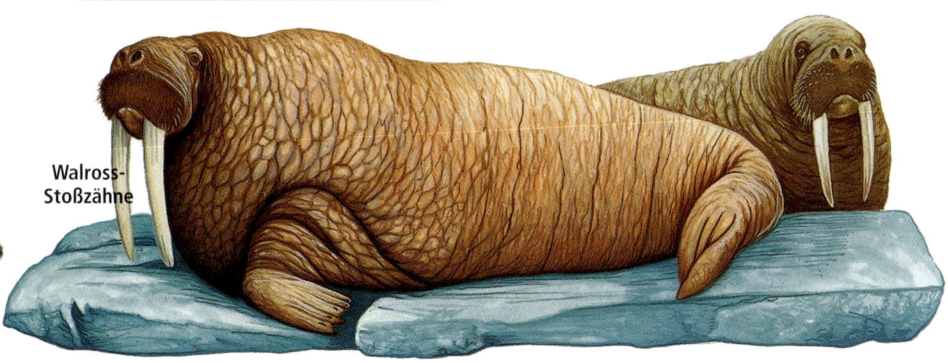

Walrosse

8 13 14 17

Das Walross lebt im arktischen Ozean, der den Nordpol umgibt. Es ernährt sich von Muscheln und Krebsen, die es am Meeresboden findet. Alle Walrosse haben lange Stoßzähne, die des Männchens sind jedoch größer. Damit beeindrucken sie die Weibchen bei der Partnerwahl und verteidigen sich gegen Eisbären. Walrosse leben in großen Gruppen zusammen.

FRAGEN: Seevögel

Stufe 1

1. Transportieren Papageientaucher Nahrung im Schnabel, mit den Füßen oder mit den Flügeln?
2. Suchen Möwen ihr Futter auch an Land?
3. Warum leben die meisten Seevögel in Kolonien?
4. Der Albatros ist ein Seevogel. Richtig oder falsch?
5. Welches Wort mit „F“ ist die Nahrung der meisten Seevögel?

Stufe 2

6. Manche Seevögel transportieren das Futter für ihre Jungen im Magen. Richtig oder falsch?
7. Warum stehen Kormorane nach der Jagd mit ausgebreiteten Flügeln im Wasser?
8. Benutzen Papageientaucher zum Schwimmen die Flügel oder die Füße?
9. Stürzen sich Tölpel bei der Jagd aus der Luft ins Wasser oder tauchen sie von der Wasseroberfläche aus unter?
10. Ist die Kehle des Fregattvogelmännchens rot, gelb oder blau?
11. Benutzen Kormorane zum Schwimmen die Flügel oder die Füße?
12. Schwimmt Öl auf dem Wasser oder geht es unter?
13. Leben Fregattvögel in den Tropen oder am Nordpol?

Stufe 3

14. Welcher Meeresvogel mit „B“ nistet hoch oben auf den Klippen
15. Wie hebt der Albatros vom Wasser ab?
16. Wie kommt der Fregattvogel an seine Nahrung?
17. Wann blasen männliche Fregattvögel ihre Kehle auf?
18. Welches Wort mit „T“ bezeichnet die warmen Luftströme, die dem Fregattvogel beim Abheben helfen?

SUCH DIE ANTWORT

Seevögel

Viele Vögel holen sich ihre Nahrung im Ozean. Man nennt sie See- oder Meeresvögel. Ufervögel wie der Austernfischer leben am Meeresrand, sie finden ihr Futter an Stränden und an schlammigen Ufern. Der Lebensraum der Meeresvögel ist der Ozean, ihre Eier legen sie jedoch an Land. Zum Brüten kehren sie an die felsige Küste zurück.

Fregattvögel (10) (13) (16) (17)

Fregattvögel leben in den Tropen. Sie greifen andere Seevögel an und stehlen ihnen ihre Nahrung. Die Männchen haben eine rote Kehle, die sie aufblasen, um die Weibchen zu beeindrucken.

Kolonien (14)

Eine ganze Reihe von Seevogelarten lebt und brütet in großen Kolonien auf Felsküsten, um sich gegenseitig vor Raubtieren zu schützen. Der Basstölpel nistet hoch oben auf den Klippen.

Ernährung (1) (5) (6) (15)

Die meisten Seevögel fressen Fisch und füttern damit auch ihre Jungen. Der Tölpel transportiert das Futter im Schnabel. Andere schlucken es herunter und würgen es wieder hervor.

Jagd (3) (8) (9)

Tölpel tauchen im Sturzflug, um ihre Beute zu schnappen. Der Papageientaucher dagegen landet erst auf dem Wasser und taucht von der Oberfläche aus ein. Er paddelt dabei mit den Flügeln.

Kormoran

7 11

Kormorane sind große Seevögel, die von der Wasseroberfläche aus jagen. Sie paddeln dabei mit ihren Schwimmfüßen. Nach der Jagd stellen sie sich mit ausgebreiteten Flügeln hin, um ihr Gefieder zu trocknen.

Der Kormoran trocknet seine Flügel

Luftströme

4 18

Manche Seevögel wie der Fregattvogel nutzen die Thermik (warme Luftströmungen), um sich in die Lüfte zu schwingen. Der Albatros lässt sich hingegen von leichten Aufwinden emporheben, die von den Meereswellen erzeugt werden.

Zu Wasser und auf dem Land

2

Manche Seevögel können sowohl auf dem Ozean als auch auf dem Land überleben. Viele Möwen finden zum Beispiel ihre Nahrung in Mülltonnen und Abfalleimern. Sie verfolgen auch Fischerboote und verzehren die Fischreste, die ins Meer geworfen werden.

Verschmutzung

12

Seevögel werden häufig Opfer von Umweltkatastrophen, die vom Menschen verursacht sind. Wenn ein Öltanker sinkt, sterben Hunderte von Meeresvögeln, da das Öl ihr Gefieder verklebt. Nur die wenigen Vögel, die am Strand gefunden und gesäubert werden, überleben.

FRAGEN: Vögel

Stufe 1

1. Haben Vögel Zähne?
2. Vögel sind die einzigen Tiere mit Federn. Richtig oder falsch?
3. Schlagen Vögel beim Gleiten mit den Flügeln?
4. Können Schwäne fliegen?

Stufe 2

5. Wie nennt man die kleinen Häkchen an den Federästen?
6. Wie heißt der größte Vogel der Welt?
7. Vögel haben Ellbogengelenke. Richtig oder falsch?
8. Sind Vogelknochen solide oder hohl?
9. Wie nennt man sämtliche Federn eines Vogels?
10. Frisst der Turmfalke Früchte, Samen oder Fleisch?
11. Welche Vögel sind für gewöhnlich bunter, Männchen oder Weibchen?
12. Wie nennt man es, wenn ein Vogel an einem Ort in der Luft stehen bleibt?
13. Wer hat den längeren Schnabel, der Brachvogel oder das Rotkehlchen?
14. Wie oft können Kolibris in einer Sekunde mit den Flügeln schlagen: siebenmal, 70-mal oder 700-mal?

Stufe 3

15. Wie nennt man die Kammer zwischen Speiseröhre und Magen?
16. Wie viele Abschnitte hat ein Vogelmagen?
17. Wovon ernähren sich Kolibris?
18. Wie heißt ein flugunfähiger Riesenvogel mit „N“?

SUCH DIE ANTWORT

Vögel

Vögel sind die Herren der Lüfte. Sie legen auf der Suche nach Nahrung weite Entfernungen zurück. Zugvögel reisen Tausende von Kilometern und verbringen den Winter in warmen Gegenden, wo es reichlich Nahrung gibt. Vögel legen hartschalige Eier, die meisten bauen auch Nester. Der Gesang der Singvögel lockt Weibchen an oder steckt das Revier ab.

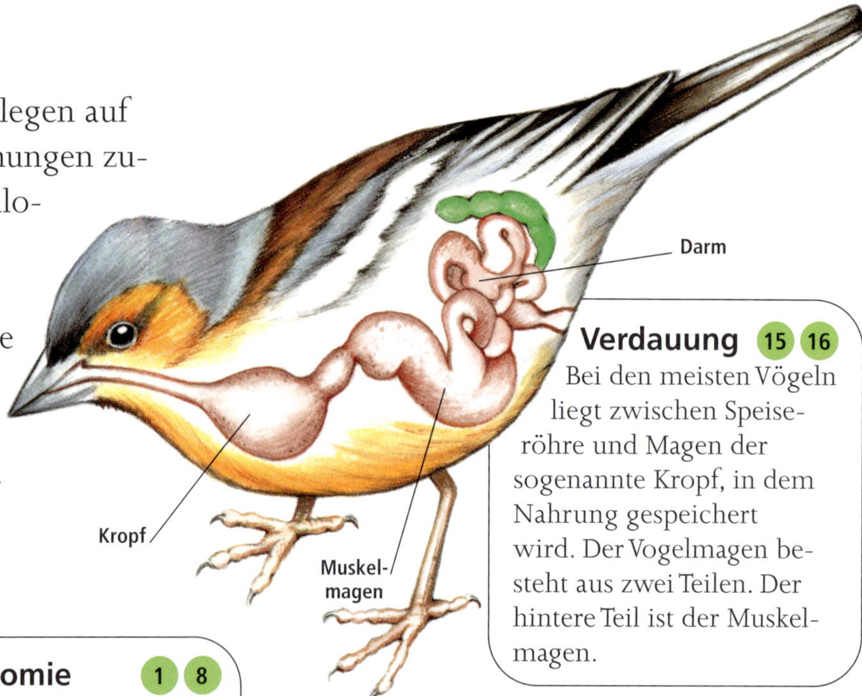

Verdauung 15 16

Bei den meisten Vögeln liegt zwischen Speiseröhre und Magen der sogenannte Kropf, in dem Nahrung gespeichert wird. Der Vogelmagen besteht aus zwei Teilen. Der hintere Teil ist der Muskelmagen.

Federn 2 5

Vögel sind die einzigen Tiere, die Federn besitzen. Die Federn ermöglichen ihnen das Fliegen. Sie sind leicht und haben einen stabilen Kiel. Daran sind viele Federäste mit kleinen Häkchen, den Federstrahlen, befestigt.

Anatomie 1 8

Bestimmte Eigenheiten beim Körperbau verringern das Gewicht und erleichtern den Vögeln das Fliegen. Die Knochen zum Beispiel sind innen hohl und dadurch leichter als bei anderen Tieren. Vögel haben außerdem statt Zähnen einen Schnabel.

Felsentaube bei der Landung

Flug 3

Die meisten Vögel fliegen, indem sie mit den Flügeln schlagen und damit die Luft herunterdrücken, die ihren Körper dann emporträgt. Manche Vögel gleiten auch: Sie breiten die Flügel aus und lassen sich von Luftströmen tragen.

Flügel 7

Flügel sind mit Schulter- und Ellbogengelenken wie Arme gebaut. Die Vorfahren der Vögel hatten Fingerknochen, die bei heutigen Arten zu Flügelspitzen wurden.

Große Vögel (4) (6) (18)

Die größten Flugvögel sind Pelikan (links), Bussard und Schwan. Der größte Vogel der Welt – der Strauß – kann nicht fliegen. Weitere flugunfähige Riesenvögel sind Emu und Nandu.

Gefieder (9) (11)

Die Federn eines Vogels nennt man Gefieder oder Federkleid. Bei den Männchen ist es meist bunt gefärbt, um die Weibchen anzulocken. Weibchen tragen ein neutraleres Federkleid, damit sie beim Brüten nicht so leicht zu entdecken sind.

Zaunkönig

Schwalbe

Rotkehlchen

Grünfink

Turmfalke

Rotschenkel

Großer Brachvogel

Schnabel (10) (13)

Der Schnabel eines Vogels ist seiner Nahrung angepasst. Der Große Brachvogel sucht mit seinem langen Schnabel im Schlamm nach Würmern, der Hakenschnabel des Turmfalken ist typisch für fleischfressende Vögel.

Kolibris (12) (14) (17)

Kolibris ernähren sich von Nektar, den sie mit ihrem Schnabel aus den Blüten saugen. Diese winzigen Vögel beherrschen den Schwirrflug. Dabei können sie über 70-mal pro Minute mit den Flügeln schlagen, um in der Luft stehen zu bleiben.

Kolibri

FRAGEN: Afrikanische Pflanzenfresser

Stufe 1

1. Haben Zebras Flecken oder Streifen?
2. Ist das Nashorn größer oder kleiner als ein Kaninchen?
3. Sind Zebras enger mit Pferden oder mit Schafen verwandt?
4. An welcher Körperstelle trägt der Elefant seinen Rüssel?

Stufe 2

5. Was ist das größte landlebende Tier der Welt?
6. Was ist das höchste landlebende Tier der Welt?
7. Wie nennt man den männlichen Elefanten mit „B"?
8. Wie kühlt sich ein Elefant mit dem Rüssel ab?
9. Afrikanische Elefanten können über eine Tonne wiegen. Richtig oder falsch?
10. Wie groß wird die männliche Giraffe: 3 m, 6 m oder 10 m?
11. Nashörner können sehr gut sehen. Richtig oder falsch?
12. Fressen Giraffen hauptsächlich Gras, Insekten oder Blätter?
13. Welches afrikanische Raubtier kann sogar einen Elefanten töten?
14. Wie viele Zebraarten gibt es: drei, fünf oder sieben?

Stufe 3

15. Warum machen Wilderer Jagd auf Elefanten?
16. Wie viele Nashornarten gibt es?
17. Wie heißt eine Nashornart mit „J", die in Asien lebt?
18. Woraus bestehen die Stoßzähne des Elefanten?

SUCH DIE ANTWORT

Afrikanische Pflanzenfresser

Pflanzenfresser sind Tiere, die sich von Pflanzen ernähren und kein Fleisch fressen. Viele der größten Pflanzenfresser der Welt leben im afrikanischen Hochland, denn hier gibt es reichlich Gras und anderes Pflanzenfutter. Manche Pflanzenfresser leben als Einzelgänger, die meisten schließen sich jedoch zu kleinen Gruppen oder großen Herden zusammen.

Dickhäuter 13 15 18

Die Haut des Elefanten ist dick und ledrig. So ist er gut gegen Raubtierangriffe geschützt. Manche Löwen greifen dennoch Elefanten an und können sie sogar töten. Leider werden Elefanten aufgrund ihrer Stoßzähne aus Elfenbein von Wilderern gejagt.

Elefanten 5 7 9

Der afrikanische Elefant ist das größte landlebende Tier der Welt. Ein ausgewachsenes Männchen oder Elefantenbulle wiegt bis zu 12 Tonnen.

Rüssel 4 8

Ein Elefant spritzt sich mit dem Rüssel Wasser auf den Körper, um sich abzukühlen. Er kann damit auch greifen. Der Rüssel wird aus Nase und Oberlippe gebildet und wird durch Tausende von Muskeln bewegt.

Elefantenbaby spritzt Wasser aus dem Rüssel

Zebras 1 3 14

Zebras sind Mitglieder der Pferdefamilie und leben ausschließlich in Afrika. Es gibt drei verschiedene Arten von Zebras: Steppenzebra, Grevyzebra und Bergzebra. Allen Zebras ist gemeinsam, dass sie Streifen haben und in Herden leben.

Zebras

Giraffe holt sich Blätter mit der Zunge

Giraffen 6 10 12

Die Giraffe ist das höchste landlebende Tier, das ausgewachsene Männchen wird bis zu 6 m hoch. Giraffen leben nur in den afrikanischen Steppen. Mit ihrem langen Hals und der muskulösen Zunge können sie Blätter von den höchsten Zweigen fressen. Zum Trinken müssen sie die Beine weit spreizen, um an das Wasser zu gelangen.

Nashörner 2 11 16 17

Nashörner sind große, kräftige Pflanzenfresser, die von den meisten Raubtieren verschont werden. In Afrika leben zwei Nashornarten: das Spitzmaul- und das Breitmaulnashorn. Die drei anderen Arten – Java-, Sumatra- und Panzernashorn – leben in Asien. Nashörner sehen sehr schlecht.

Spitzmaulnashorn

FRAGEN:
Löwen

Stufe 1

1. Wie heißt das Weibchen des Löwen?
2. Sind Löwen Einzelgänger?
3. Welche Löwen haben eine Mähne, Männchen oder Weibchen?
4. Besteht ein Rudel aus mehr Weibchen oder mehr Männchen?
5. Wer ist größer, das Männchen oder das Weibchen?

Stufe 2

6. Welche Rudelmitglieder bekommen von der Beute als Letztes zu fressen?
7. Was machen die Löwinnen eines Rudels abgesehen von der Jagd?
8. Welche Rudelmitglieder erledigen die Hauptarbeit bei der Jagd?
9. Bleiben erwachsene Löwenweibchen beim Rudel oder verlassen sie es?
10. Jagen Löwen gewöhnlich in Gruppen oder alleine?
11. Kämpfen Löwen gegeneinander, bis ein Gegner stirbt?
12. Wie lange werden Löwenjunge vor dem Rudel versteckt gehalten: acht Tage, acht Wochen oder acht Monate?
13. Was haben Löwenjunge auf ihrem Fell, das erwachsene Löwen nicht haben?
14. Wie viele Löwenmännchen führen gewöhnlich ein Rudel an?

Stufe 3

15. Wie heißt das Gebiet, in dem ein Löwenrudel lebt und jagt?
16. Womit markieren die Löwen die Grenzen dieses Gebiets?
17. Wie halten Löwenmännchen andere fern?
18. Wie wird ein Löwenmännchen zum Anführer eines Rudels?

SUCH DIE ANTWORT

Löwen

Den Löwen nennt man oft den König der Tiere. Er ist die zweitgrößte Raubkatze nach dem Tiger und eine imponierende Erscheinung. Im Gegensatz zu den anderen Großkatzen sind Löwen Herdentiere, die in Gruppen zusammenleben und jagen. Die meisten wild lebenden Löwen findet man im afrikanischen Hochland, einige leben auch in Nordwestindien.

Weibchen

1 2 4 7 8 9

Die Weibchen des Löwen nennt man Löwinnen. Sie machen den Großteil des Rudels aus und trennen sich ihr ganzes Leben lang nicht voneinander. Die Töchter bleiben auch als erwachsene Tiere bei ihrer Mutter, ihren Tanten und Schwestern. Sie kümmern sich um die Aufzucht der Jungen und erledigen die Hauptarbeit bei der Jagd.

Zwei kämpfende Männchen

Revier

15 16

Jedes Löwenrudel lebt und jagt in seinem eigenen Revier. Die Grenzen dieses Gebiets werden kontrolliert und mit Urin, Kot und Kratzspuren auf Bäumen markiert.

Kampf

11 18

Männchen können den Anführer eines Rudels herausfordern, um seinen Rang einzunehmen. Diese Kämpfe werden zum Teil bis zum Tod eines Rivalen geführt.

Löwin und Junges

Junge

12 13

In den ersten acht Wochen nach der Geburt hält die Mutter das Löwenjunge vom Rudel fern. Junge haben im Gegensatz zum ausgewachsenen Tier Flecken auf dem Fell, die mit der Zeit verblassen.

Zwei Löwinnen bei der Jagd

Jagd (6) (10)

Die Löwinnen arbeiten bei der Jagd zusammen. Wenn ein Tier erlegt ist, wird die Beute im Rudel aufgeteilt. Die ausgewachsenen Männchen fressen zuerst, dann folgen die Löwinnen und erst ganz am Schluss die Jungen.

Männchen (3) (5) (14) (17)

Männchen sind viel größer als die Weibchen und haben eine dicke, zottige Mähne. Ein Rudel wird von einem, manchmal auch zwei oder drei Männchen angeführt, die alle Weibchen begatten. Eindringlinge verscheuchen sie mit lautem Gebrüll.

Löwenmännchen

FRAGEN:

Polartiere

Stufe 1

1. Können Pinguine fliegen?
2. Können Eisbären schwimmen?
3. Eisbären können über eine Tonne wiegen. Richtig oder falsch?
4. Liegen Eisbären bei der Jagd auf der Lauer?
5. Eisbären fressen Robben. Richtig oder falsch?

Stufe 2

6. In welcher Jahreszeit kommen Zugvögel in die Polarregion?
7. Killerwale leben in Polargewässern. Richtig oder falsch?
8. Warum haben manche Robbenbabys ein weißes Fell?
9. Leben Eisbären am Nordpol oder am Südpol?
10. Pinguine leben in der Antarktis. Richtig oder falsch?
11. Wie heißt eine Walart, die in arktischen Gewässern lebt?
12. Welche Sinne nutzen Eisbären, um ihre Beute aufzuspüren: Sehen, Hören oder Riechen?
13. Wie bewegen sich Pinguine im Wasser fort? Mit den Flügeln oder mit den Füßen?
14. Wie heißt die größte Pinguinart der Welt?

Stufe 3

15. Welcher Vogel fliegt jedes Jahr wieder von der Antarktis in die Arktis und zurück?
16. Wie können Menschen Robbenbabys vor der brutalen Jagd auf ihre Pelze schützen?
17. Lebt der Narwal am Nordpol oder am Südpol?
18. Wie lautet das Fremdwort für die Brutzeit, während der ein Ei vor dem Schlüpfen warm gehalten wird?

SUCH DIE ANTWORT

Polartiere

Die Polarregion ist ein äußerst unwirtlicher Ort. Um zu überleben, müssen sich die Tiere gegen die extreme Kälte wappnen und teilweise lange Zeit ohne Nahrung auskommen. In der Mitte des Winters geht die Sonne gar nicht mehr auf und es bleibt wochenlang dunkel, im Sommer scheint die Sonne 24 Stunden am Tag, also auch die ganze Nacht hindurch.

Vögel

6 15

Eine ganze Reihe von Vögeln zieht im Frühjahr in Polarregionen, um dort ihre Eier abzulegen. Jedes Jahr zum Beispiel fliegt die Küstenseeschwalbe von der Antarktis in die Arktis und wieder zurück. Indem sie die Pole jeweils vor dem Winter verlässt, umgeht sie die kälteste Jahreszeit.

Eisbären

2 3 9

Der Eisbär ist das größte landlebende fleischfressende Tier. Ausgewachsene Männchen wiegen oft über eine Tonne. Eisbären leben in der Arktis am Nordpol. Mit ihren großen, dick gepolsterten Füßen können sie auch im Wasser schwimmen.

Leben im Wasser

7 11 17

Viele Polartiere leben im Meer. Die Robben jagen Fische unter dem Eis. Andere Säugetiere in den Polarmeeren sind zum Beispiel die Killerwale, die sowohl in der Arktis als auch in der Antarktis leben. Weißwale und Narwale sind kleine Wale, die nur in arktischen Gewässern leben.

Jagd

4 5 12

Eisbären jagen auf dem offenen Eis und spüren den Großteil ihrer Beute mit ihrem Geruchssinn auf. Manchmal erlegen sie Walrosse, hauptsächlich jedoch Robben, die sie auf Eisschollen oder beim Auftauchen fangen. Dazu liegen sie vor Eislöchern auf der Lauer.

Pinguine

1 10 13

Pinguine sind flugunfähige Vögel, die in der Antarktis leben. Sie sind perfekt an das Leben im Wasser angepasst. Mit ihrem stromlinienförmigen Körper und ihren steifen Flügeln können sie sehr schnell schwimmen.

Pinguine rodeln auf dem Eis

Winterwunder

14 18

Kaiserpinguine sind die größten unter den Pinguinen. Das Männchen hält die Eier des Weibchens während der Inkubationszeit im Winter zwischen seinen Füßen warm, bis die Jungen schlüpfen.

Das Robbenbaby wird mit Farbe besprüht

Robbenjagd

8 16

Die Babys mancher Robbenarten haben einen wunderschönen weißen Pelz, damit man sie auf Schnee und Eis nicht sehen kann. Leider tragen manche Menschen gerne Mäntel aus diesem Pelz, weshalb Robbenbabys brutal getötet werden. Tierschützer besprühen die Robbenbabys mit unschädlicher Farbe, damit ihre Pelze für Robbenjäger unattraktiv werden.

FRAGEN:

Tiere auf dem Bauernhof

Stufe 1

1. Hält man Kühe wegen ihrer Milch oder wegen ihres Fells?
2. Wie heißt das männliche Huhn?
3. Welches Tier halten Bauern, um Ratten und Mäuse zu vertreiben?
4. Welches Tier gibt Wolle?

Stufe 2

5. Wie nennt man eine junge Ziege?
6. Heute werden Milchkühe mit der Hand gemolken. Richtig oder falsch?
7. An welcher Körperstelle befinden sich bei der Kuh die Zitzen?
8. Wie viele Zitzen hat eine Kuh?
9. Welches Huhn hat einen größeren Kamm auf dem Kopf: das Männchen oder das Weibchen?
10. Welches Tier liefert unter anderem Butter?
11. Wie sollten Hühner am besten gehalten werden?
12. Aus welchem Tier macht man Schinken?
13. Wie heißt ein beliebtes Schaffleisch mit „L“?
14. Wie heißt die frisch abgeschorene Wolle eines Schafes mit „V“?

Stufe 3

15. Wie viele Ferkel kann eine Sau werfen?
16. Wie viele Zitzen hat eine Ziege?
17. Wie heißt ein beliebter englischer Hütehund mit „B“?
18. Wie nennt man ein männliches Schwein?
19. Wie bezeichnet man Hühner, die in Käfigen gehalten werden?

SUCH DIE ANTWORT

Tiere auf dem Bauernhof

Der Hahn kräht bei Sonnenaufgang

Auf vielen Bauernhöfen werden Tiere gehalten und gezüchtet. Diese Nutztiere liefern Nahrungsmittel, aber auch andere wertvolle Produkte wie Leder oder Wolle. Die Tiere auf dem Bauernhof sind domestizierte Formen von einst wild lebenden Tieren. Die meisten Schafrassen stammen zum Beispiel vom Mufflon ab, das in Europa und Asien auch noch in seiner Wildform verbreitet ist.

Milchkühe (1) (6) (7) (10)

Bauern halten Kühe hauptsächlich wegen ihrer Milch. Früher wurden Kühe von Hand gemolken, heute gibt es Melkmaschinen, die an die Zitzen des Euters angeschlossen werden und sanft die Milch heraussaugen. Aus Milch macht man auch Butter und Käse.

Hühner (2) (9) (11) (19)

Bauern halten Hühner wegen der Eier und des zarten Fleischs. Männliche Hühner, die Hähne, haben einen größeren Kamm und längere Schwänze als die weiblichen Hennen und krähen bei Sonnenuntergang. Frei laufende Hühner leben draußen, Batteriehühner werden in Käfigen gehalten.

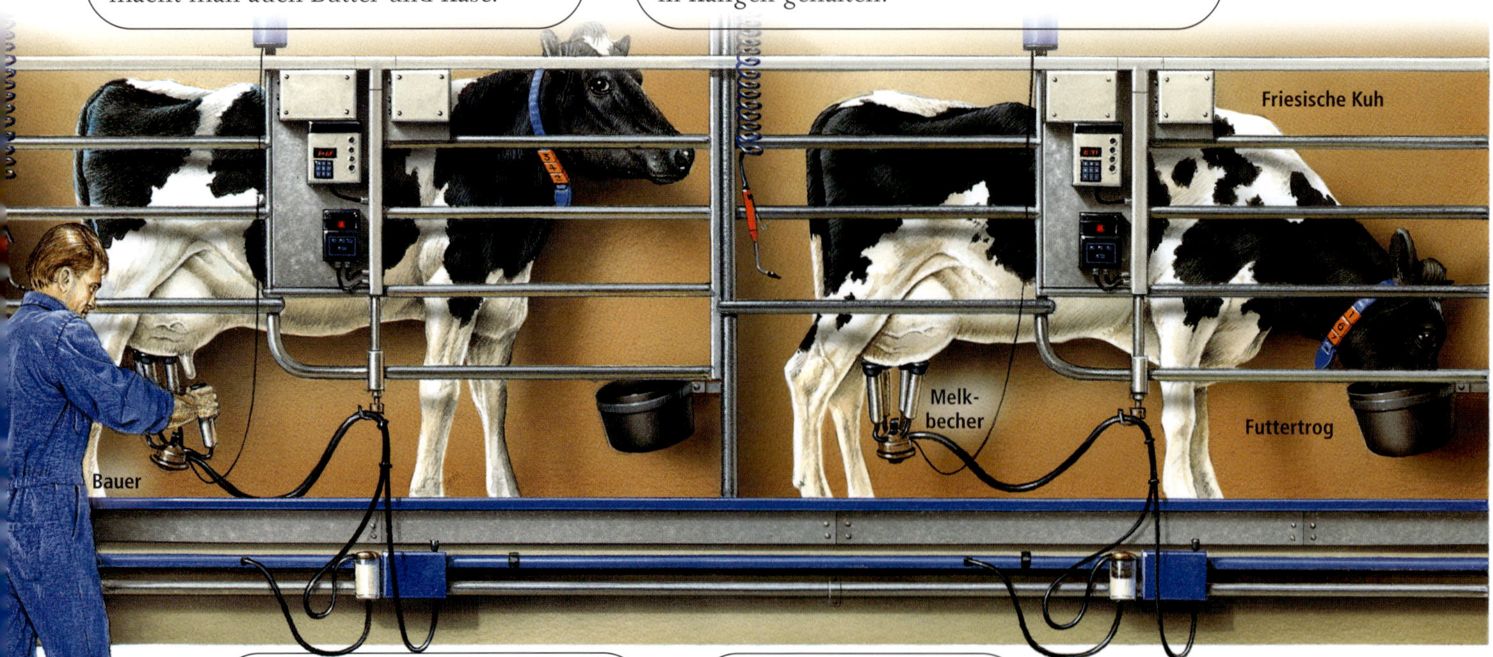

Katzen (3)

Viele Bauern haben Katzen auf dem Hof, die Mäuse und Ratten jagen. Im Gegensatz zu den meisten Hauskatzen sind Katzen auf dem Bauernhof fast immer draußen und schlafen in Heuschobern oder Ställen.

Ziegen (5) (8) (16)

Eine weibliche Ziege heißt Geiß oder Zicke, die männliche Bock. Ziegenjunge nennt man Zicklein. Das Ziegeneuter hat zwei Zitzen, im Gegensatz zum Kuheuter mit vier Zitzen.

Schafe (4) (13)

Schafe hält man wegen ihrer Wolle und ihres Fleischs. Am häufigsten wird Lammfleisch (vom jungen Schaf) gegessen. Das männliche Schaf, Bock oder Widder genannt, hat Hörner. Das weibliche Schaf heißt Mutterschaf oder Aue.

Schafe scheren (14)

Einmal im Jahr schneidet man den Schafen die Wolle ab. Diesen Vorgang nennt man Scheren. Die völlig schmerzfreie Prozedur wird mit einer elektrischen Schermaschine durchgeführt. Die zusammenhängende Wolle eines Schafes nennt man Vlies.

Hütehunde (17)

Hütehunde helfen dem Schäfer beim Treiben einer Schafherde. Sie sind meist sehr intelligente und gelehrige Tiere. Sehr beliebte Hütehunde sind der Bordercollie und auch der deutsche Schäferhund, der eigentlich als Hütehund gezüchtet wurde.

Schweine (12) (15) (18)

Bauern halten Schweine wegen ihres Fleischs, aus dem zum Beispiel Schinken hergestellt wird. Das männliche Schwein heißt Eber, das weibliche Sau. Eine Sau bringt in einem Wurf zehn oder mehr Ferkel zur Welt.

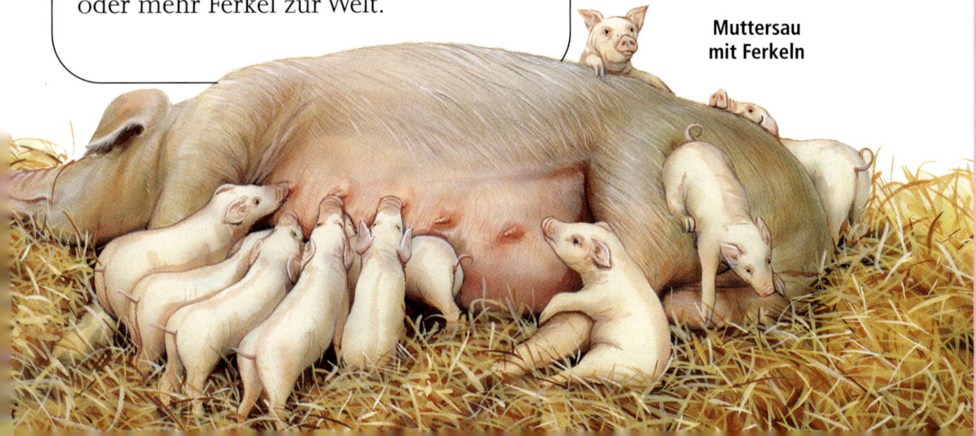

FRAGEN: Pferde

Stufe 1

1. Wie nennt man ein Pferdebaby?
2. Was tragen Cowboys, um sich gegen die Sonne zu schützen?
3. Versuchen die Reiter beim Springreiten, über die Hindernisse zu reiten oder sie umzureiten?
4. Pferde werden zum Ziehen von Pflügen eingesetzt. Richtig oder falsch?
5. Wie heißt das lange Seil mit „L", mit dem Cowboys Rinder einfangen?
6. Sind Ponys größer oder kleiner als Pferde?

Stufe 2

7. Ist ein Exmoor ein Pony oder ein Großpferd?
8. Welche Pferderasse ist die größte?
9. Was ist der Hauptunterschied zwischen dem Skelett eines Menschen und dem eines Pferdes?
10. Wann zeigen Hengste die Zähne und ziehen die Oberlippe hoch?
11. Wie heißt eine große Farm, auf der Cowboys arbeiten?
12. Was tragen Springpferde, um die Gelenke beim Sprung zu schützen?
13. Wie heißt die Bürste, mit der man Pferden den Staub aus dem Fell entfernt?

Stufe 3

14. Wie heißt eine Ponyrasse aus dem Iran mit „K"?
15. Wie zeigt ein Pferd Aggression?
16. Wie nennt man die Knochen in der Wirbelsäule des Pferdes?
17. Mit welcher Bürste massiert man das Pferd vor dem Reiten und entfernt lose Haare?
18. Wie heißt ein Reitsport mit „D", bei dem Gehorsam und reiterliche Kontrolle über das Pferd verlangt wird?

SUCH DIE ANTWORT

Pferde

Schon seit Tausenden von Jahren halten Menschen Pferde. Vor der Erfindung des Autos und des Zuges waren sie das Haupttransportmittel: Man ritt auf ihnen oder spannte sie vor Kutschen und Karren. Bei der Feldarbeit zogen sie Pflüge und die Kavallerie galloppierte auf ihnen in die Schlacht. Heute dienen die Vierbeiner meist als Sport- und Freizeitpferde, es gibt aber auch noch Arbeitspferde.

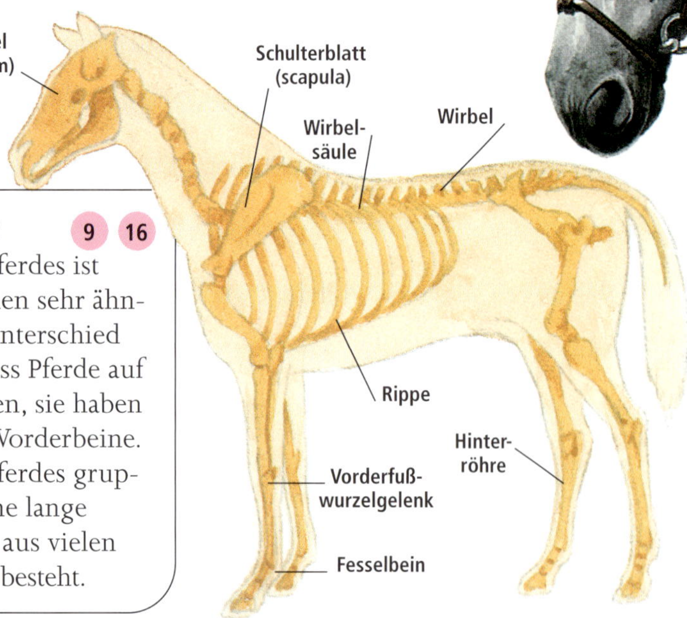

Pferdeskelett 9 16

Das Skelett des Pferdes ist dem des Menschen sehr ähnlich. Der Hauptunterschied besteht darin, dass Pferde auf allen vieren laufen, sie haben statt Armen also Vorderbeine. Das Skelett des Pferdes gruppiert sich um eine lange Wirbelsäule, die aus vielen kleinen Wirbeln besteht.

Springreiten 3 18

Springreiten ist eine von drei Pferdesportarten. Die anderen sind Dressur, bei der Gehorsam und reiterliche Kontrolle abgefragt werden, und Vielseitigkeit. Beim Springreiten muss der Reiter das Pferd möglichst fehlerfrei durch einen Parcours mit verschiedenen Hindernissen reiten.

Dieser Fuchs zeigt Aggression

Der Palomino riecht ein Weibchen und flehmt

Rappe

Brauner

Ausbildung 1 12

Die Ausbildung beginnt, wenn ein Pferd ein Jahr oder älter ist. Männliche Pferde heißen Hengste, die Weibchen nennt man Stuten. Pferdebabys heißen Fohlen. Wenn Pferde für das Springen trainiert werden, tragen sie Gamaschen oder Bandagen, damit ihre Gelenke geschützt werden.

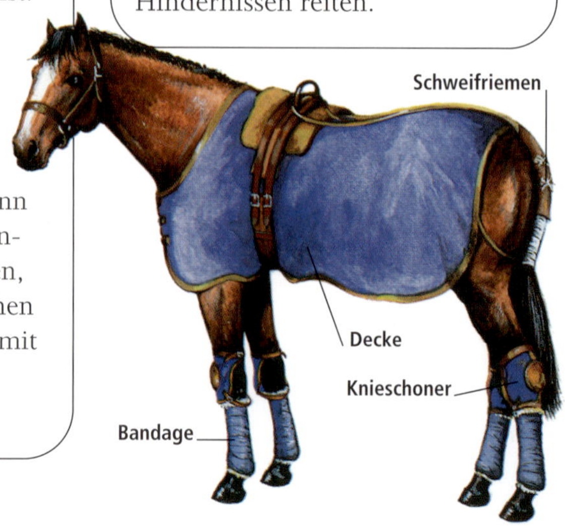

Gesichtsausdruck 10 15

Wenn Pferde die Ohren anlegen, zeigen sie Aggression. Wenn ein Hengst eine Stute riecht, flehmt er; er zieht die Oberlippe hoch.

Cowboys

2 5 11

Cowboys treiben Viehherden zusammen. Heute arbeiten die meisten auf großen Farmen in den USA, den Ranches. Cowboys fangen Rinder mit dem Lasso, einem langen Seil mit Schlinge. Sie tragen breite Hüte, um sich vor der Sonne zu schützen.

Cowboy mit Lasso

Arbeitspferde

4 8

Die berittene Polizei wird oft eingesetzt, um große Menschenmengen zu kontrollieren. Pferde ziehen in vielen Ländern noch Karren und Pflüge. Das größte und kräftigste Pferd ist das Shirehorse, eine Kaltblutrasse, die eine Tonne wiegen kann.

Shetlandpony

Ponys

6 7 14

Ponys sind Kleinpferde. Sie sind nicht so schnell wie Großpferde, aber sehr zäh. Sie können bei jedem Wetter draußen leben. Es gibt einige wild lebende Arten, wie das Kaspische Pony im Iran und das Exmoor-Pony in Großbritannien.

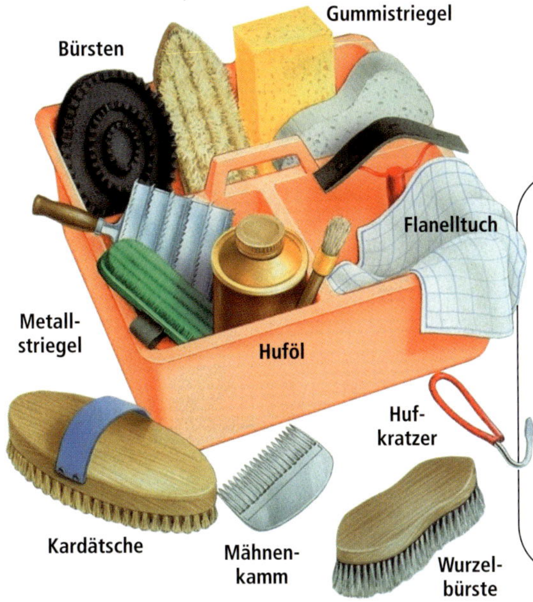

Pflege

13 17

Pferde werden regelmäßig geputzt. Mit dem Striegel massiert man das Pferd zuerst und entfernt die losen Haare, mit der Kardätsche wird das Fell dann von Staub befreit und zum Glänzen gebracht. Mit dem Mähnenkamm kämmt man das Langhaar.

FRAGEN: Katzen

Stufe 1

1. Was ist ein Kitten?
2. Ist Katzenminze eine Pflanze oder ein Tier?
3. Schleicht sich die Katze an und stürzt sich mit einem Satz auf ihre Beute, oder jagt sie die Beute bis zur Erschöpfung umher?
4. Wofür braucht ein Katzenbesitzer eine Bürste?
5. Können Katzen klettern?
6. Spielen Katzenkinder lieber mit einem Wollknäuel oder mit den Stricknadeln?
7. Können Katzen gut springen?

Stufe 2

8. Katzen haben Krallen. Richtig oder falsch?
9. Wozu dient ein Kratzbaum?
10. Leben Katzen lieber allein oder in Gruppen?
11. Wie lange bleiben die Augen bei der neugeborenen Katze geschlossen?
12. Wie oft sollten Katzen gefüttert werden?
13. Wer kämpft häufiger, die männliche oder die weibliche Katze?
14. Wie nennt man eine männliche Katze?
15. Warum sollte man einer Katze einen eigenen Futternapf geben?

Stufe 3

16. Welchen Körperteil können Katzen einziehen?
17. Von welchem Tier stammt die Hauskatze ab?
18. Warum setzen Katzen Duftmarken?

SUCH DIE ANTWORT

Katzen

Katzen sind beliebte Haustiere. Anders als Hunde muss man sie nicht jeden Tag spazieren führen, und es macht ihnen nichts aus, wenn sie allein gelassen werden, während man in der Arbeit oder in der Schule ist. Die meisten Menschen halten sich Katzen als Gesellschafter, doch früher bestand ihre Hauptaufgabe darin, das Haus frei von Mäusen und Ungeziefer zu halten.

Körperbau

5 7 8 16

Katzen sind sehr muskulös und besitzen eine große Geschmeidigkeit. Sie können sehr weit springen, und wenn sie fallen, drehen sie sich in der Luft und landen auf den Füßen. Katzen sind auch gute Kletterer. An den Pfoten haben sie scharfe Krallen, die sie einziehen und ausfahren können.

Familie

1 10 11 17

Katzen sind Einzelgänger. Sie stammen von der afrikanischen Wildkatze ab, die fast immer alleine umherstreift. Katzen gebären mehrere Junge auf einmal, die man auch Kitten nennt. Die Augen der Katzenbabys sind in der ersten Woche noch geschlossen.

Katzenzubehör

2 4 9

Katzen lieben es, ihre Krallen an einem Kratzbaum zu schärfen. Sie mögen auch Spielzeug und sind verrückt nach dem Kraut Katzenminze. Katzenbesitzer pflegen das Katzenfell mit der Bürste, nachdem sie es mit Shampoo gewaschen haben.

Lernen

3 6

Katzenkinder spielen gern mit vielen Gegenständen, zum Beispiel mit Wollknäueln. Dadurch lernen sie, ihren Körper zu beherrschen. Spielerisch erlernen sie das Jagen, wenn sie sich langsam an ihr Spielzeug heranschleichen und sich dann ganz plötzlich daraufstürzen.

Futter

12 15

Katzen sollten mindestens einmal am Tag gefüttert werden, entweder mit Trockenfutter oder mit Nassfutter aus der Dose. Am besten gibt man das Futter in einen Futternapf. Die Katze lernt, den Napf mit der Fütterung zu verbinden, und kommt sofort, wenn der Napf gefüllt wird.

Nassfutter

Revier

13 14 18

Sowohl Wild- als auch Hauskatzen verteidigen ihr Territorium oder Revier vor Eindringlingen. Besonders männliche Katzen, die Kater, kämpfen gegen andere, die sich in ihr Revier wagen. Katzen setzen Duftmarken, um ihr Revier zu markieren und Eindringlinge zu warnen.

Katze bei der Verteidigung

Duftmarken setzen

Kämpfende Katzen

FRAGEN: Hunde

Stufe 1

1. Wie nennt man ein Hundebaby?
2. Sind die meisten Polizeihunde Schäferhunde oder Dalmatiner?
3. Wurden Pitbullterrier als Kampfhunde oder als Apportierhunde gezüchtet?
4. Sind Labradors eher friedlich oder aggressiv?
5. Der Terrier ist die größte Hunderasse. Richtig oder falsch?

Stufe 2

6. Wie nennt man eine Gruppe verwandter Hundebabys?
7. Wie lange dauert es, bis ein Hund erwachsen ist: sechs Monate, ein Jahr oder drei Jahre?
8. Wie heißt eine Hunderasse mit „S“, die oft als Spürhund ausgebildet wird?
9. Wie hilft ein hörender Hund seinem tauben Besitzer?
10. Wenn ein Hund mit dem Schwanz wedelt, ist er dann glücklich oder wütend?
11. Lässt ein trauriger Hund seinen Schwanz hängen oder stellt er ihn auf?
12. Welches wilde Tier ist der Vorfahr aller Haushunde?
13. Welche Hunderasse mit „G“ wird oft zu Blindenhunden ausgebildet?
14. Wer ist der bessere Wachhund: Rottweiler oder Labrador?

Stufe 3

15. Wie lange sollte man warten, bevor man Welpen weggibt?
16. In welchem Alter lassen sich Hunde am besten ausbilden?
17. Wie heißt der Schwanz eines Hundes?
18. Wie erkennt man, ob ein Hund Angst hat?
19. Welche Hunderasse wurde für die Jagd auf große Tiere gezüchtet?

SUCH DIE ANTWORT

Hunde

Man sagt, der Hund sei der beste Freund des Menschen. Hunde sind freundlich, haben einen starken Beschützerinstinkt und sind treue Gefährten. Sie stammen vom Wolf ab, der im Rudel lebt. Ein Hund betrachtet seinen Besitzer daher als Rudelgefährten. Hunde werden heute so gezüchtet, dass sie zutraulich und wenig aggressiv sind.

Welpen (1) (6) (15)

Ein Hundebaby nennt man Welpe. In einem Wurf kommen mehrere Welpen gleichzeitig zur Welt. Viele Besitzer verkaufen die Welpen ihrer Hündin. Sie müssen jedoch warten, bis die Welpen ein paar Wochen alt sind, bevor sie sie von der Mutter trennen.

Mutter mit Welpen

Aufzucht (7) (16)

Welpen brauchen etwa ein Jahr, bis sie ausgewachsen sind. Das erste Jahr ist die beste Zeit, um sie auszubilden, da sich in dieser Zeit die Gehirne entwickeln. (Beim ausgewachsenen Hund dauert das Training länger.) Welpen sind sehr verspielt.

Gelber Labrador

Lernen (2) (8)

Hunde sind äußerst gelehrig. Bei der Polizei zum Beispiel werden Schäferhunde für die Verbrecherjagd und Spaniels als Spürhunde ausgebildet. Auch Haushunde kann man erziehen, indem man sie gezielt mit Leckerbissen für positives Verhalten belohnt.

Schwanz (10) (11) (17) (18)

Der Schwanz heißt Rute. Ein glücklicher Hund wedelt mit dem Schwanz, ein trauriger lässt ihn hängen. Ein zutraulicher Hund hält die Rute hoch, ein ängstlicher klemmt sie zwischen den Beinen ein. Bei manchen Rassen wird der Schwanz gekürzt (kupiert), was aber in Deutschland verboten ist.

Hunderassen 5 12 19

Alle Hunde stammen vom Wolf ab, doch über die Jahrhunderte sind durch Zuchtauswahl viele verschiedene Rassen entstanden. Hunderassen werden nach bestimmten Merkmalen eingeteilt. Die kleinen Terrier zum Beispiel wurden für die Jagd auf Kleintiere, Jagdhunde eher für die Jagd auf große Tiere gezüchtet.

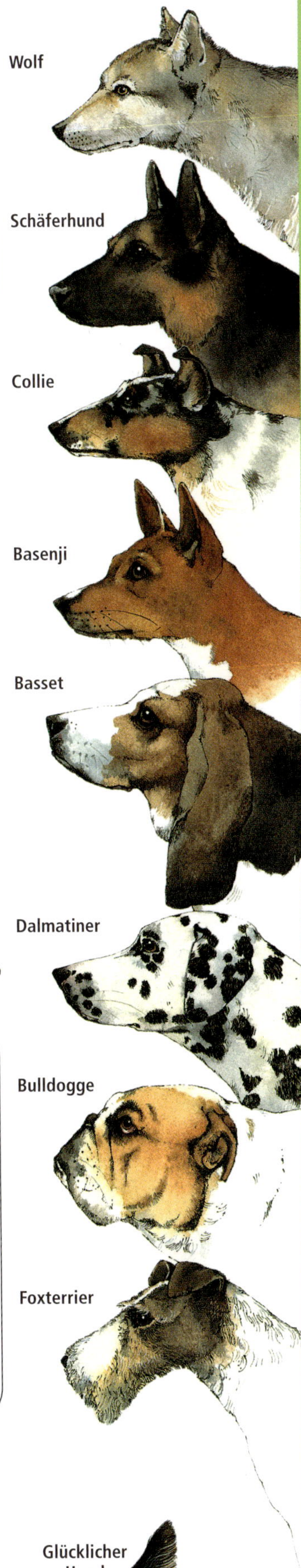

Führhunde 9 13

Golden Retriever und schwarze Labradors werden oft als Blindenhunde ausgebildet. Sie führen ihren Besitzer sicher durch die Straßen. Für Gehörlose gibt es ausgebildete Hunde, die ihren Besitzer etwa aufmerksam machen, wenn es an der Tür klopft.

Temperament 3 4 14

Hunderassen haben unterschiedliches Temperament. Labradors sind freundlich und menschenbezogen, also ideale Haustiere. Pitbullterrier und Rottweiler sind als Kampfhunde gezüchtet und eher als Wachhunde geeignet.

FRAGEN:

Wo auf der Welt?

Stufe 1

1. Lebt das europäische Bison in Polen oder in Madagaskar?
2. Leben Tiger in Europa oder in Asien?
3. Welcher Bär mit „P“ lebt in den Bambuswäldern Chinas?

Stufe 2

4. Ist der Tamarin eine Affenart oder eine Schildkrötenart?
5. Welche Insel vor Afrika ist die Heimat aller Lemurenarten der Welt?
6. Wo lebt der Numbat oder Ameisenbeutler?
7. In welchem Land lebt der iberische Luchs?

Stufe 3

8. Wie heißt das größte Tier, das auf Bäumen lebt?
9. Tasmanischer Wolf ist ein anderer Begriff für welches Tier?
10. Wie heißt die größte Vogelart Nordamerikas?

SUCH DIE ANTWORT  Wo auf der Welt?

In vielen Teilen der Welt sterben Tierarten mit beängstigender Geschwindigkeit aus. Manche wurden fast bis zur Auslöschung gejagt, andere sind vom Verschwinden ihrer natürlichen Lebensräume oder durch den Klimawandel bedroht. Zu den gefährdeten Arten gehören große Säugetiere wie der asiatische Elefant, aber auch viele Vogel-, Fisch- und Insektenarten.

Nordamerika (10)
Der kalifornische Kondor, der größte Vogel Nordamerikas, ist vom Aussterben bedroht. 2002 gab es nur noch 200 Exemplare – alle in Gefangenschaft.

Europa (1) (7)
Zu den gefährdeten Arten gehört der europäische Bison, der in Polen und Westrussland heimisch ist, und der Iberische Luchs, der ausschließlich in Spanien lebt.

Asien (2) (3) (8)
In Asien leben viele einzigartige Tierarten, von denen viele vom Aussterben bedroht sind. Dazu gehören Pandabär, Tiger, Gibbon und der Orang-Utan, das größte Tier, das auf Bäumen lebt.

Südamerika (4)
Der Tamarin, eine kleine Affenart, lebt in den Küstenwäldern Brasiliens und gehört zu den seltensten Tieren der Welt.

Afrika (5)
Die Insel Madagaskar vor der Ostküste Afrikas ist die Heimat der Lemuren. Diese Primaten sind vom Aussterben bedroht.

Australien (6) (9)
Der Tasmanische Wolf, auch Beutelwolf genannt, gilt heute als ausgestorben. Andere bedrohte Arten sind der Numbat oder Ameisenbeutler, der Wombat und der australische Seelöwe.

Antworten 1) In Polen **2)** In Asien **3)** Der Pandabär **4)** Eine Affenart **5)** Madagaskar **6)** In Australien **7)** In Spanien **8)** Orang-Utan **9)** Beutelwolf **10)** Der kalifornische Condor

QUIZ ZWEI

Geografie

FRAGEN:
Kontinente

Stufe 1

1. Wo fließt der Nil?
2. Welcher Kontinent liegt im Osten Europas?
3. Ist Asien der Kontinent mit der zweithöchsten Bevölkerungszahl?
4. Gehört Mittelamerika zu Nord- oder zu Südamerika?
5. Wie heißt der kleinste Kontinent?

Stufe 2

6. Welcher ist der größte Staat der Welt?
7. Was trennt Europa von Afrika?
8. Welcher Meilenstein in der Bevölkerungsentwicklung wurde 1802 überschritten?
9. Ist Sydney die Hauptstadt von Australien?
10. In welchem Kontinent liegen die höchsten Berge der Welt?
11. Zu welcher großen Landmasse gehört Europa?
12. Wie viele Milliarden Menschen gab es 1999 auf der Welt: eine, fünf, sechs oder elf?
13. Liegen die Anden an der Ost- oder an der Westküste Südamerikas?

Stufe 3

14. Wie viel der Fläche des Amazonas-Gebiets liegt außerhalb Brasiliens?
15. Wie heißen die Inselgruppen Australasiens?
16. Um wie viele Millionen stieg die Erdbevölkerung im Jahr 2004 an?
17. Wie viele Länder gibt es in Afrika: 47, 52 oder 53?
18. Auf welchem Kontinent liegt der größte Süßwassersee der Welt?
19. Wie lang ist die Gebirgskette der Anden?

SUCH DIE ANTWORT Kontinente

Vor Millionen von Jahren gab es auf der Erde nur einen einzigen „Superkontinent“, Pangäa. Im Laufe der Zeit driftete die Landmasse auseinander und es entstanden die sieben Kontinente, die wir heute kennen. Die Antarktis ist der einzige unbewohnte Erdteil, denn 98% des Landes wird von Eis bedeckt. Sie ist zudem der kälteste, windigste und trockenste Kontinent.

Europa 2 7 11

Der Kontinent Europa ist Teil einer größeren Landmasse, die Eurasien genannt wird. Das Uralgebirge im Osten bildet die Grenze zwischen Europa und Asien. Das Mittelmeer im Süden trennt Europa von Afrika.

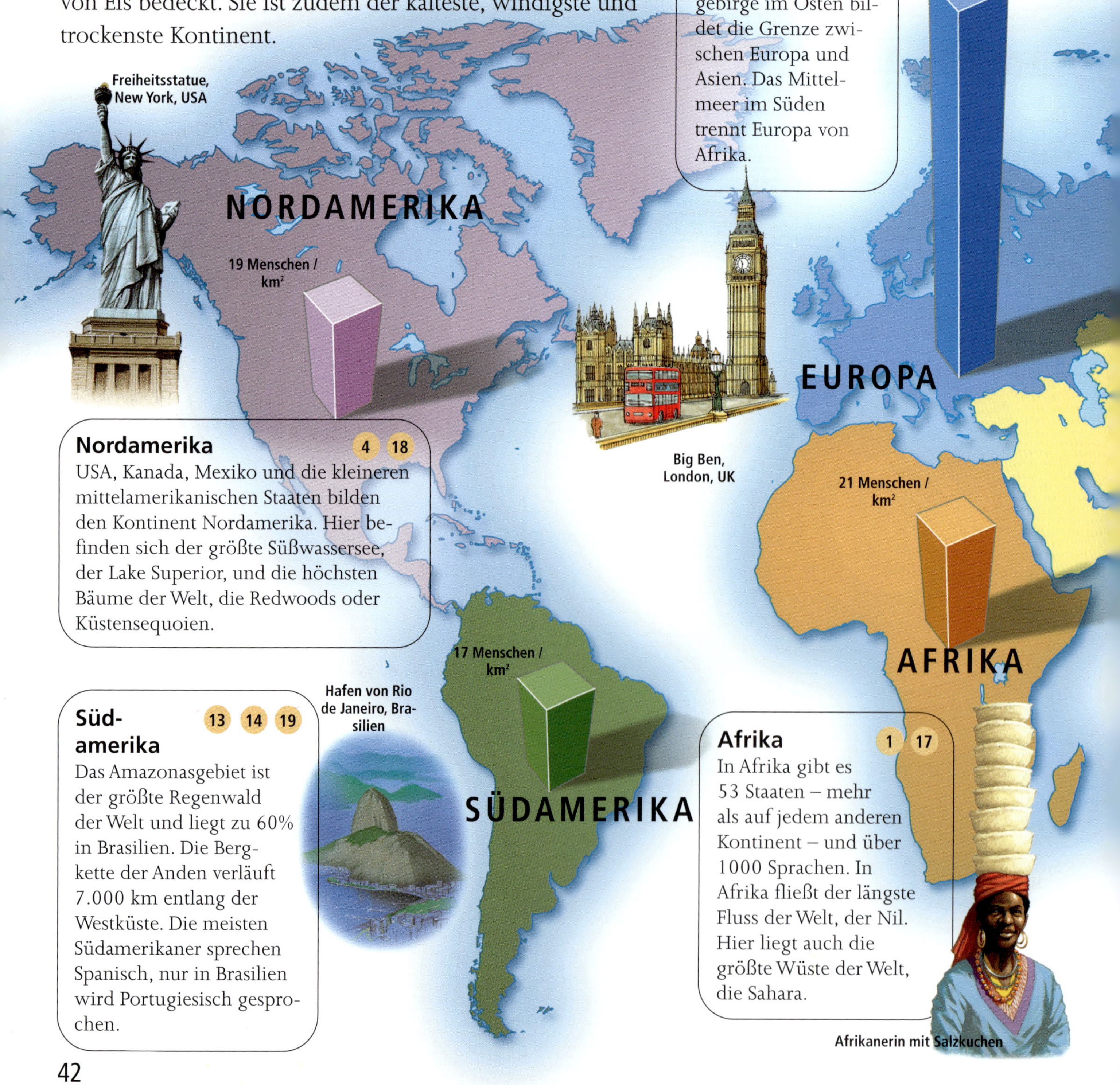

Freiheitsstatue, New York, USA

Big Ben, London, UK

Hafen von Rio de Janeiro, Brasilien

Afrikanerin mit Salzkuchen

Nordamerika 4 18

USA, Kanada, Mexiko und die kleineren mittelamerikanischen Staaten bilden den Kontinent Nordamerika. Hier befinden sich der größte Süßwassersee, der Lake Superior, und die höchsten Bäume der Welt, die Redwoods oder Küstensequoien.

Südamerika 13 14 19

Das Amazonasgebiet ist der größte Regenwald der Welt und liegt zu 60% in Brasilien. Die Bergkette der Anden verläuft 7.000 km entlang der Westküste. Die meisten Südamerikaner sprechen Spanisch, nur in Brasilien wird Portugiesisch gesprochen.

Afrika 1 17

In Afrika gibt es 53 Staaten – mehr als auf jedem anderen Kontinent – und über 1000 Sprachen. In Afrika fließt der längste Fluss der Welt, der Nil. Hier liegt auch die größte Wüste der Welt, die Sahara.

Bevölkerungswachstum 8 12 16

Die Weltbevölkerung wächst immer schneller, obwohl in manchen Ländern die Geburtenraten sinken. 1802 wurde die Milliardengrenze überschritten, 1999 gab es dann bereits sechs Milliarden Menschen. 2004 wuchs die Bevölkerung um 75 Millionen pro Jahr.

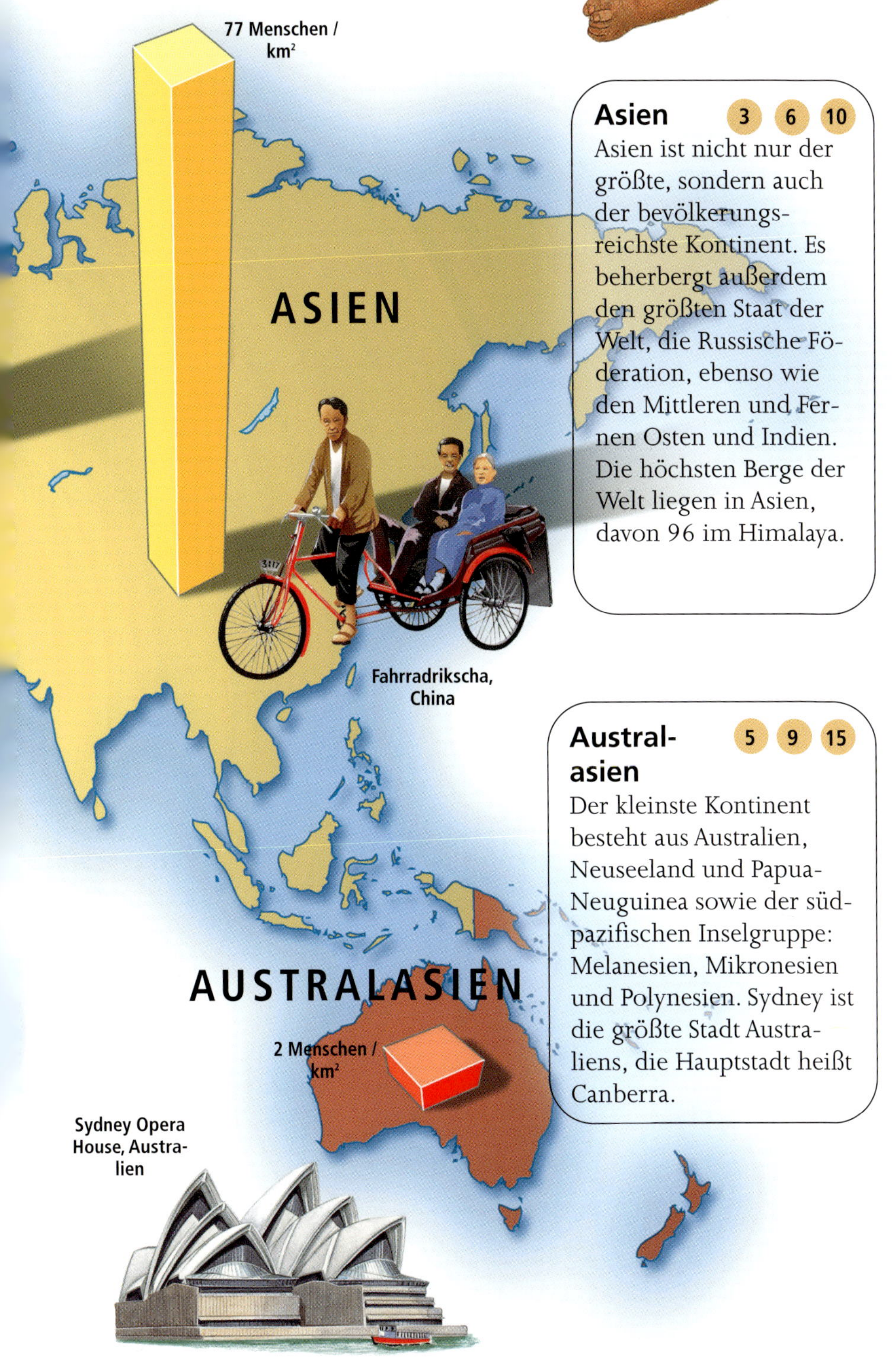

Fahrradrikscha, China

Sydney Opera House, Australien

Asien 3 6 10

Asien ist nicht nur der größte, sondern auch der bevölkerungsreichste Kontinent. Es beherbergt außerdem den größten Staat der Welt, die Russische Föderation, ebenso wie den Mittleren und Fernen Osten und Indien. Die höchsten Berge der Welt liegen in Asien, davon 96 im Himalaya.

Australasien 5 9 15

Der kleinste Kontinent besteht aus Australien, Neuseeland und Papua-Neuguinea sowie der südpazifischen Inselgruppe: Melanesien, Mikronesien und Polynesien. Sydney ist die größte Stadt Australiens, die Hauptstadt heißt Canberra.

FRAGEN: Internationale Gemeinschaft

Stufe 1

1. Die Vereinten Nationen wurden während des 1. Weltkriegs gegründet. Richtig oder falsch?
2. Was bedeutet NATO: North Atlantic Treaty Organization oder North Antarctic Treaty Organization?
3. Alle Friedenstruppen sind bewaffnet. Richtig oder falsch?
4. Wie heißt die Einheitswährung der Europäischen Union?
5. Welche Organisation entsendet weltweit Sanitäter und kümmert sich um Katastrophenschutz?

Stufe 2

6. Wann wurde die NATO gegründet?
7. Welche Konvention schützt verwundete Soldaten und Kriegsgefangene?
8. In welcher Stadt liegt das UN-Hauptquartier?
9. Wie viele Länder sind in den Vereinten Nationen (UN)?
10. Welcher Vertrag legte den Grundstein für die Europäische Union?
11. In welchem Gebäude treffen sich die Mitgliedsstaaten der UN?
12. Für welchen Zweck setzen Friedenstruppen ihre Waffen ein?

Stufe 3

13. In welchem Jahr wurde das UN-Hauptquartier eröffnet?
14. Welcher Vertrag führte zur Gründung der Europäischen Union?
15. Wie lautet der volle Name für das Rote Kreuz?
16. Wie viel Geld wurde gespendet, um das Grundstück für das UN-Hauptquartier zu kaufen?
17. Wie lautet der Name der militärischen Befehlszentrale der Nato?
18. Wer benutzte als Erster den Begriff „United Nations“ (Vereinte Nationen)?

SUCH DIE ANTWORT

Internationale Gemeinschaft

Die Aufgabe von Länder und Kontinente übergreifenden Organisationen ist die gegenseitige Unterstützung. Sie organisieren humanitäre und militärische Hilfe sowie den internationalen Handel. Viele dieser Einrichtungen versuchen, die Welt friedlicher zu machen.

Vereinte Nationen (1) (9) (18)

Der Begriff Vereinte Nationen wurde erstmals vom US-Präsidenten F. D. Roosevelt während des 2. Weltkriegs verwendet. Die UN wurden aber erst 1945 offiziell gegründet. Seither ist die Zahl der Mitgliedsstaaten von 51 auf 191 gewachsen.

UN-Flagge

Friedenstruppen (3) (12)

Wenn bewaffnete Konflikte zwischen Ländern ausbrechen, werden manchmal UN-Friedenstruppen zur Hilfe gerufen. Sie errichten Flüchtlingslager und helfen, Recht und Ordnung wiederherzustellen. Es gibt bewaffnete und unbewaffnete UN-Truppen. Bewaffnete Truppen dürfen ihre Waffen nur zur Selbstverteidigung einsetzen.

Hauptquartier (8) (11) (13) (16)

Das UN-Hauptquartier am Ufer des East River in New York wurde am 9. Januar 1951 offiziell eingeweiht. Der amerikanische Multimillionär John D. Rockefeller spendete 8,5 Millionen Dollar für den Grundstückskauf. Die Mitgliedsstaaten treffen sich im Generalversammlungsgebäude.

UN-Hauptquartier

Flaggen der UN-Mitgliedsstaaten

Europarat in Brüssel

Europäische Union

4 10 14

Mit dem Vertrag von Paris wurde 1951 die Montanunion beschlossen, der Grundstein für die Europäische Union. Darauf folgte die Gründung der Europäischen Gemeinschaft (EG). 1992 wurde im Vertrag von Maastricht die Europäische Union gegründet und eine Einheitswährung, der Euro, festgelegt.

5-Euro-Schein

NATO

2 6 17

Die North Atlantic Treaty Organization (NATO) wurde 1949 gegründet, um den Frieden zwischen seinen 26 Mitgliedsstaaten zu sichern. Alle Mitglieder sind verpflichtet, einander im Verteidigungsfall zu helfen. Das Supreme Headquarters Allied Powers Europe (SHAPE) ist die militärische Befehlszentrale der NATO.

Rotes Kreuz

5 7 15

Das Internationale Komitee vom Roten Kreuz und die Rothalbmondbewegung liefern medizinische Versorgung in Kriegs- und Friedenszeiten. Die Genfer Konvention schützt Zivilisten, verwundete Soldaten und Kriegsgefangene.

FRAGEN: Flaggen

Stufe 1

1. In welchen zwei Farben gibt es Piratenflaggen?
2. Wo verwendet man Marineflaggen: auf See oder im All?
3. Bei welchem Sport wird eine schwarz-weiß karierte Flagge geschwenkt?
4. Welche Flaggen wurden bei der Mondlandung gehisst?
5. Welches Land hat die älteste Nationalflagge: Schottland oder die USA?

Stufe 2

6. Bei welchem Sport werden Flaggen verwendet: Rugby, Radrennen oder Rudern?
7. Wie nennt man Marineflaggen noch?
8. Welches Ereignis führte zur Neugestaltung der französischen Flagge?
9. Benutzt man eine einzelne Signalflagge oder mehrere zusammen?
10. Was ist Semaphore?
11. Wie viele US-Flaggen wurden auf dem Mond gehisst: vier, fünf oder sechs?
12. Welche Farbe kommt bei Marineflaggen nicht vor: Gelb, Schwarz oder Grün?

Stufe 3

13. Wofür braucht ein Schiedsrichter eine Flagge beim American Football?
14. Wie wird ein „R“ auf Semaphore signalisiert?
15. Was bedeutet ein Stundenglas auf einer Piratenflagge?
16. Welche Flaggenfarben werden für Semaphore verwendet?
17. In welchem Jahrhundert gab es die ersten Piratenflaggen?
18. Welches Gefährt brachte eine US-Flagge auf den Mars?

SUCH DIE ANTWORT

Flaggen

Seit Jahrhunderten werden Flaggen sowohl zur Identifikation als auch zur Kommunikation eingesetzt. Im Mittelalter etwa konnte man an den Flaggen die Anführer erkennen. Flaggen sind in Farbe und Gestaltung sehr unterschiedlich, doch alle übertragen eine unmittelbare visuelle Botschaft.

Nationalflaggen 5 8

Nationalflaggen identifizieren individuelle Länder. Schottland besitzt die älteste Nationalflagge. Manche Länder ändern auch ihre Flagge: Die französische Flagge wurde 1794 nach der französischen Revolution zur berühmten Trikolore umgestaltet.

Marineflaggen 2 7 9 12

Schiffe kommunizieren mit Marineflaggen, die man auch Signalflaggen nennt. Diese haben verschiedene Bedeutung, je nachdem, ob man sie einzeln oder mehrere zusammen benützt. Die Farben der Signalflaggen sind auf See gut sichtbar: Blau, Weiß, Rot, Schwarz und Gelb.

Sportflaggen 3 6 13

Flaggen werden in vielen Sportarten für die Kommunikation mit den Sportlern verwendet, zum Beispiel beim Rugby, Rudern und Radrennen. Die Schiedsrichter beim American Football zeigen Fouls mit Flaggen an. Die schwarz-weiß karierte Flagge signalisiert beim Auto- und Motorradrennen das Ende der Strecke.

Karierte Flagge

Semaphore 10 14 16

Für die Buchstaben des Flaggensignalsystems Semaphore werden zwei quadratische rote und gelbe Flaggen in verschiedenen Positionen gehalten. Arme und Flagge geradeaus bedeutet „R“.

Signalflaggen

Black Barts Flagge

Piratenflaggen (1) (15) (17)

Die rote oder schwarze Piratenflagge war mit furchterregenden Bildern wie Totenschädel oder Stundenglas versehen, was bedeuten sollte, dass die Zeit für das Opfer bald abgelaufen ist. Diese Flaggen wurden von britischen Piraten seit etwa 1700 verwendet.

Christopher Moodys Flagge

Calico Jacks Flagge

Flaggen der Entdecker (4) (11) (18)

Forscher oder Raumfahrer hissen auf neu betretenem Land oft ihre Nationalflagge. Sechs US-Flaggen wurden auf dem Mond aufgestellt, für jeden Spaceshuttle eine. Auch das Landegerät der Viking-Raumsonde auf dem Mars war mit einer US-Flagge ausgestattet.

US-Flagge auf dem Mond

FRAGEN:

Naturwunder

Stufe 1

1. Wie heißt der größte Berg der Welt?
2. Wie heißt der größte Wasserfall der Welt?
3. Der K2 liegt in Europa. Richtig oder falsch?
4. Das Great Barrier Reef liegt vor der Küste welchen Landes?
5. Das Great Barrier Reef kann man vom Weltall aus sehen. Richtig oder falsch?
6. Was ist länger: das Great Barrier Reef oder der Grand Canyon?

Stufe 2

7. Wer erklomm als Erster den Gipfel des Mount Everest?
8. Wie wird die Länge des Grand Canyon gemessen?
9. Wie viel höher ist der Salto Angel als die Niagarafälle: 10-, 15- oder 20-mal?
10. Was ist der Hillary Step?
11. Wie alt sind die Felsen des Grand Canyon?
12. In welchem Kontinent liegt der breiteste Wasserfall der Welt?
13. Wie lautet ein anderes Wort für *Aurora borealis?*

Stufe 3

14. Wie entsteht das Nordlicht?
15. Wie viel älter als der Himalaya sind die Alpen?
16. Wie hoch ist der Mount Everest?
17. Was ist der lateinische Name des südlichen Polarlichts?
18. Welcher Wasserfall ist 10,783 m breit?

SUCH DIE ANTWORT Naturwunder

Spektakuläre Naturerscheinungen gibt es überall auf der Welt. Dazu gehören beeindruckende Wasserfälle, feuerspeiende Vulkane und Naturphänomene wie das Nordlicht. Die Erosion durch Wind und Wasser hat erstaunliche Erscheinungen geschaffen, zum Beispiel die Canyons. Hohe Berge sind durch die Verschiebung der Kontinentalplatten entstanden.

Mount Everest

1 3 15 16

Der Everest ist der höchste Berg der Welt und steht im Himalaya-Gebirge in Asien. Sein Gipfel ist 8850 m hoch. Der zweithöchste Berg, der K2, befindet sich ebenfalls im Himalaya. Dieses Gebirge ist 60 Millionen Jahre alt – jünger als die Alpen in Europa, die vor 75 Millionen Jahren entstanden.

Die Besteigung des Everest

7 10

Im Jahr 1953 haben der Neuseeländer Edmund Hillary und der Nepalese Tenzing Norgay als erste Menschen den Gipfel des Mount Everest erklommen. Eine steile Stufe des Berges heißt seitdem Hillary Step.

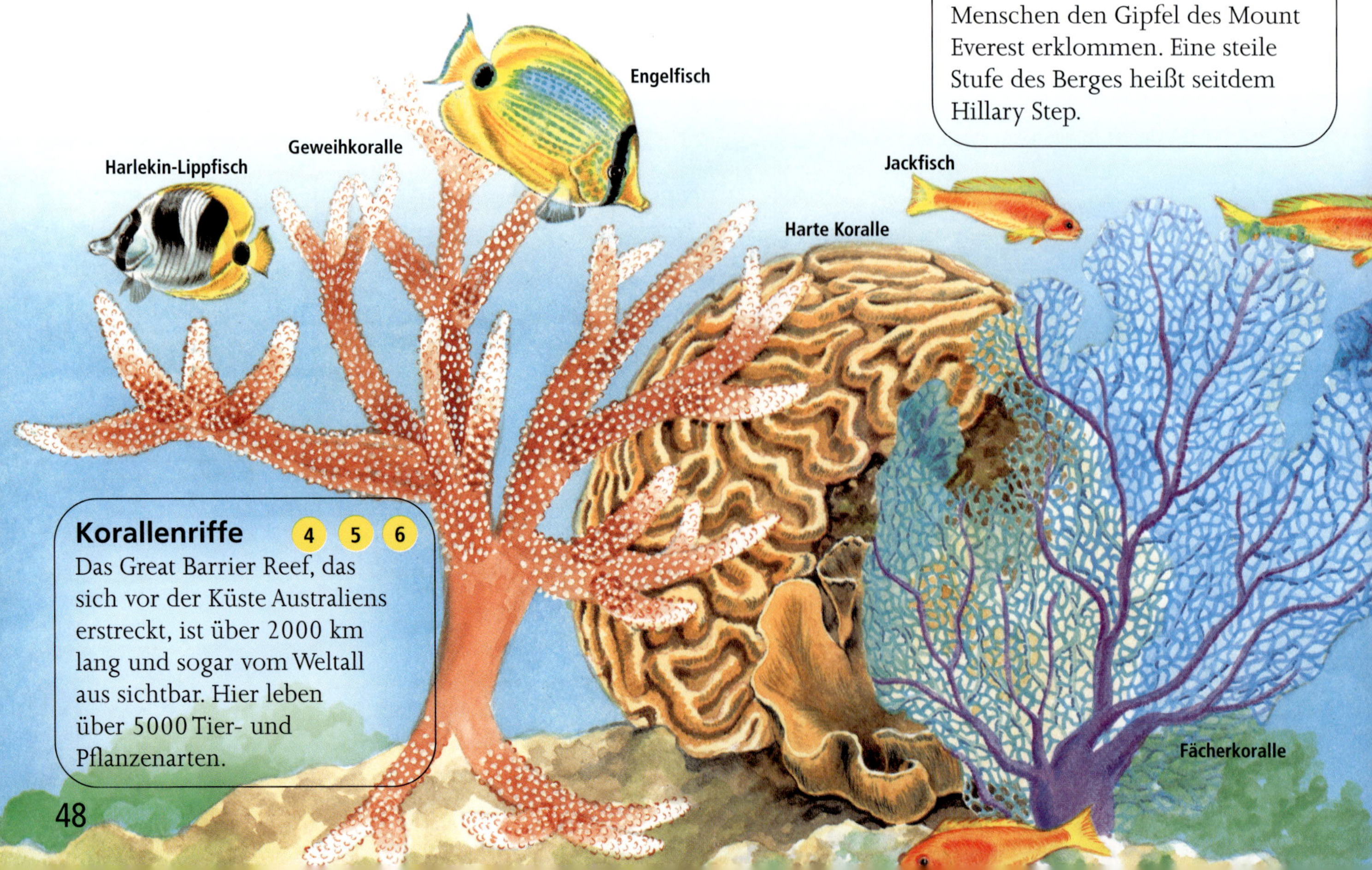

Korallenriffe

4 5 6

Das Great Barrier Reef, das sich vor der Küste Australiens erstreckt, ist über 2000 km lang und sogar vom Weltall aus sichtbar. Hier leben über 5000 Tier- und Pflanzenarten.

Victoriafälle, Afrika

Wasserfälle (2) (9) (12) (18)

Der Salto Angel im Südosten Venezueleas in Südamerika stellt mit 979 m den höchsten Wasserfall der Welt dar. Er ist 15-mal höher als die Niagarafälle in Nordamerika. Der breiteste Wasserfall ist der Khône-Wasserfall in Laos in Asien. Er ist 10,783 m breit.

Polarlicht (13) (14) (17)

Beim Nordlicht (*aurora borealis*) und Südlicht (*aurora australis*) sieht man einen tanzenden bunten Lichtschein am Nachthimmel. Polarlichter entstehen, wenn geladene Teilchen des Sonnenwinds auf die Erdatmosphäre treffen und mit Gasmolekülen zusammenstoßen, die sie zum Leuchten bringen.

Canyons (6) (8) (11)

Der Grand Canyon in Arizona, USA, ist die breiteste Schlucht der Welt. Er ist 446 km lang und 1500 m tief. Die Länge des Canyons wird am Colorado-River gemessen, der durch ihn hindurchfließt. Die ältesten Felsen sind über 2 Milliarden Jahre alt. Der Canyon selbst ist wahrscheinlich nur fünf oder sechs Millionen Jahre alt.

Grand Canyon, USA

FRAGEN: Küsten

Stufe 1

1. Ein Tsunami entsteht durch Wind. Richtig oder falsch?
2. Wie nennt man eine Höhle in einer Felsküste?
3. Wie nennt man die Abnutzung von Land: Erosion oder Korrosion?
4. Welches Material wird von den Wellen an den Strand gespült?
5. Welches Phänomen mit „W“ erzeugt Wellen?
6. Wie nennt man einen hoch aufspritzenden Wasserstrahl?

Stufe 2

7. Was ist das Besondere an der Painted Cave in Kalifornien?
8. Was bedeutet das Wort „Tsunami“?
9. Wodurch wird das Wasser durch die Öffnung einer natürlichen Fontäne gepresst?
10. Fetch nennt man das Material, das am Strand angespült wird. Richtig oder falsch?
11. Eine Felssäule ist ein Sandberg. Richtig oder falsch?
12. Ist das Meerwasser sauer oder basisch?

Stufe 3

13. Was entsteht zuerst: eine Grotte oder eine natürliche Fontäne?
14. Wie schnell bewegt sich eine Tsunami-Welle?
15. Was wird durch Buhnen aufgehalten?
16. Auf welcher Insel liegt die Painted Cave?
17. Wie hoch kann ein Tsunami werden?
18. Aus welcher Küstenerscheinung entsteht eine Felssäule?

SUCH DIE ANTWORT

Küsten

Die Küstenlinien der Welt sind ca. 504 000 km lang. Das entspricht dem 12-fachen Erdumfang. Primärküsten entstehen durch Veränderungen der Landmasse, wie zum Beispiel ein Flussdelta. Viele dieser Küsten sind über Jahrtausende durch den sinkenden Meeresspiegel geformt worden. Sekundärküsten entstehen durch Veränderungen im Meer, wie Korallenriffe.

Küstenerosion

3 12

Küsten bleiben nicht immer gleich. Sie verändern sich unaufhörlich, da sie durch Wasser und angespültes Gesteinsmaterial ausgewaschen werden. Diesen Prozess nennt man Erosion. Das Meerwasser selbst ist sauer, was ebenfalls zur Erosion beiträgt.

Grotten

2 7 16

Eine Höhle in einem Küstenfelsen nennt man Grotte oder Brandungshöhle. Grotten entstehen durch Erosion: Weiche Stellen im Felsen werden durch die Wellen ausgewaschen. Die längste Grotte der Welt ist die Painted Cave auf Santa Cruz Island in Kalifornien, USA.

Natürliche Wasserfontänen

6 9 13

Eine natürliche Wasserfontäne entsteht durch Erosion, wenn die Wellen eine Brandungshöhle nach oben hin öffnen. Manchmal wird durch aufgestauten Luftdruck Wasser durch die Öffnung gepresst, eine Fontäne entsteht.

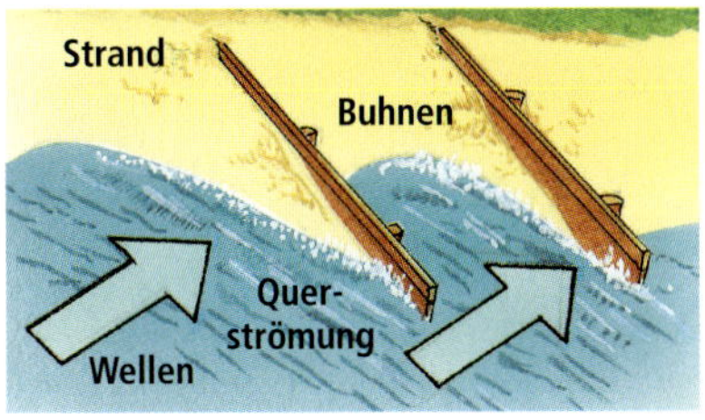

Querströmungen

4 15

Wellen spülen Material wie Kieselsteine und Sand an den Strand. Wenn die Wellen in einem schrägen Winkel auftreffen (Querströmung), wird dieses Material seitwärts geschoben. Daher sieht man öfter hölzerne Barrieren, Buhnen, die die Querströmung aufhalten sollen.

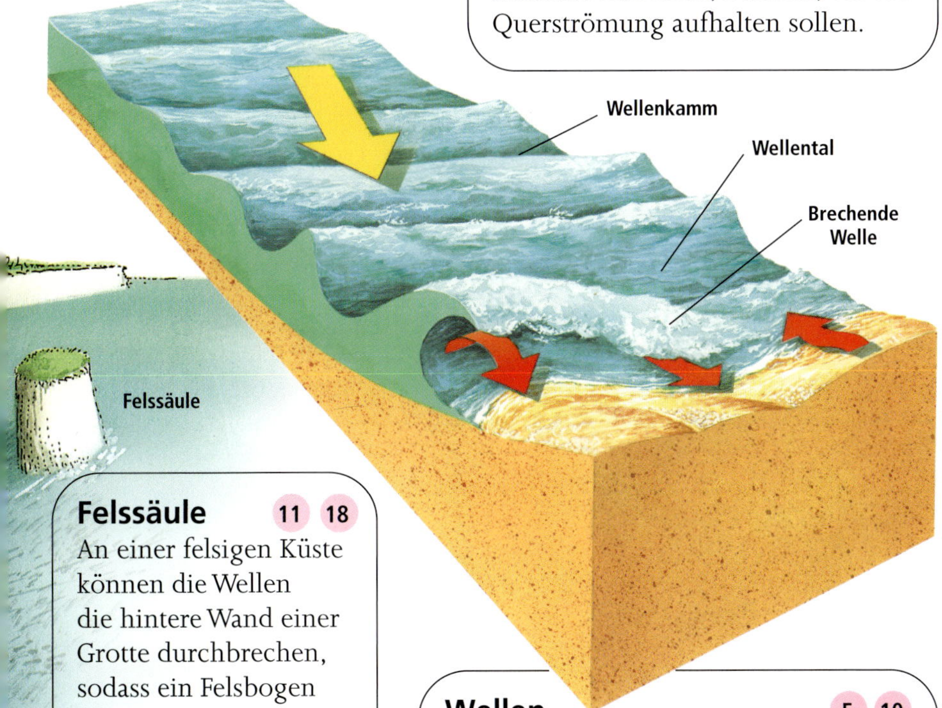

Felssäule

11 18

An einer felsigen Küste können die Wellen die hintere Wand einer Grotte durchbrechen, sodass ein Felsbogen entsteht. Im Laufe der Zeit bricht der Bogen dann ein und hinterlässt eine Felssäule.

Wellen

5 10

Wellen entstehen durch Wind. Höhe, Länge und Geschwindigkeit einer Welle werden durch die Windgeschwindigkeit, die Dauer und die überstrichene Weglänge, den sogenannten Fetch, beeinflusst.

Tsunami

1 8 14 17

Ein Tsunami (japanisch für „Hafenwelle) ist keine Gezeitenwelle. Er entsteht durch eine Explosion oder einen Vulkanausbruch unter Wasser. Die entstehenden Wellen bewegen sich mit einer Geschwindigkeit von über 700 km/h fort und bilden eine „Mauer“ aus Wasser, die an Land bis zu 30 m hoch werden kann.

FRAGEN: Flüsse

Stufe 1

1. Wie nennt man den Anfang eines Flusses?
2. In welchem Kontinent liegen die Großen Seen?
3. Fließen Wasserfälle über weichen oder harten Felsen?
4. Wie nennt man den Prozess, bei dem sich Wasser kontinuierlich zwischen Land und Meer bewegt?
5. Wie heißt das flache Land an beiden Seiten eines Flusses?

Stufe 2

6. Was bedeutet Niederschlag?
7. Welche Seen entstehen durch Inlandeis?
8. Was entsteht, wenn ein Fluss flache Seen überflutet?
9. Erhöhen oder verringern Zuflüsse das Wasservolumen eines Flusses?
10. Was passiert mit verdunstetem Wasser?
11. Wie lautet das Fremdwort für Flussmündung?
12. Die Quelle liegt höher als der Wasserfall. Richtig oder falsch?
13. Was verhindert in einem Sumpfgebiet das Abfließen des Wassers?
14. Was bildet sich am Boden eines Wasserfalls?

Stufe 3

15. Welcher Wasserfall in den USA mit „Y“ entstand aus einem Gletscher?
16. Wie nennt man fruchtbares Land, das sich in einer Flussniederung bildet?
17. Was kann aus Sedimenten in einer Flussmündung entstehen?
18. Wie entstand der Tanganjika-See?

SUCH DIE ANTWORT

Flüsse

Ein Fluss führt Süßwasser, das abwärts in einen anderen Fluss, einen See oder ins Meer fließt. Der Lauf wird durch Felsen, den Boden und die Wassermenge des Flusses bestimmt. Die beiden am häufigsten vorkommenden Muster heißen mäandernd und verwildert. Ein mäandernder Fluss hat viele Kurven und Biegungen, ein verwilderter Fluss viele Kanäle, die sich ständig verändern.

Der Wasserkreislauf

4 6 10

Wasser bewegt sich kontinuierlich zwischen Land und Meer hin und her. Meerwasser wird durch die Sonne erhitzt und verdampft. Dann kondensiert es und bildet Wolken. Wenn die Wolken auf kalte Luft treffen, entsteht Niederschlag (Regen, Hagel oder Schnee), und das Wasser gelangt in Flüsse, die es wieder zum Meer transportieren.

Das Flusssystem

1 9 12

Ein Fluss entspringt an einer Quelle (oft ein natürliches Loch im Boden, durch das Wasser sickert) und fließt anschließend abwärts bis zu seinem Ende, der Flussmündung. Die Quelle befindet sich stets am höchsten Punkt des Flusses. Kleinere Flüsse, die Zuflüsse, speisen ihr Wasser in das Flusssystem ein und erhöhen dadurch das Wasservolumen.

Sumpfgebiete

8 13

Süßwasser-Sumpfgebiete entstehen, wenn Wasser aus einem Fluss flache Seen überflutet. Sie kommen häufig auf einem harten Untergrund aus Granit, Schiefer oder Quarz vor, der verhindert, dass das Wasser tiefer in den Boden sickert. In Sumpfgebieten wachsen oft Riedgras und Schilf.

Wasserfälle (3) (14) (15)

Die meisten Wasserfälle bilden sich an Stellen, wo weiches Gestein neben hartem Gestein liegt (Stadium 1). Das weiche Gestein wird vom Fluss ausgewaschen und hinterlässt eine Stufe aus hartem Gestein, über die das Wasser hinunterfällt (2). Durch das am Boden auftreffende Wasser entsteht ein Tosbecken (3). Andere Wasserfälle wie die Yosemite Falls in Kalifornien, USA, sind durch Gletscher entstanden.

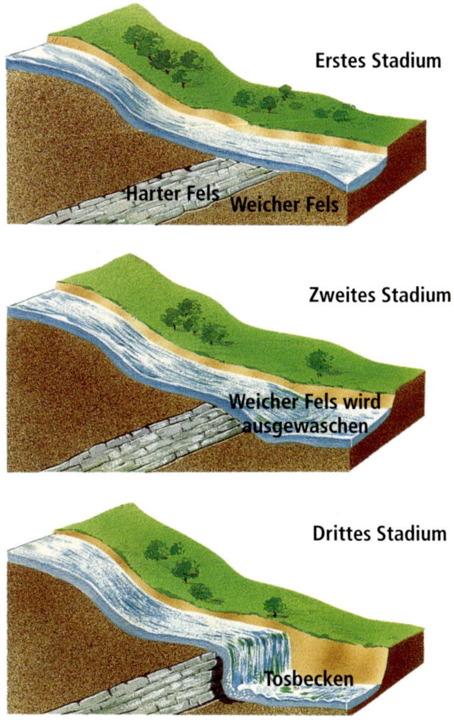

Seen (2) (7) (18)

Süßwasserseen wie die Großen Seen in Nordamerika bilden sich durch Gletscher oder Inlandeis. Andere wie der Tanganjika-See in Afrika entstehen über einem Grabenbruch, wo die Kontinentalplatten auseinanderdriften.

Flussniederungen (5) (16)

Das flache Land am Ufer eines Flusses nennt man Flussniederung. Bei einer Überschwemmung werden Sand und Schlamm an Land gespült. Wenn das Wasser abfließt, entsteht aus diesen Sedimenten fruchtbares Land, das Schwemmland.

Flussmündung (11) (17)

Ein Fluss vermischt sich mit Meerwasser und bildet ein Mündungsgebiet, das Ästuar. Eine Mündungsform ist das Delta, das aus Sedimenten im Fluss entsteht.

FRAGEN: Wüsten

Stufe 1

1. Wie nennt man die Hügel aus Wüstensand?
2. Welches Tier trägt Menschen und Güter durch die Wüste?
3. Sand bindet Wasser. Richtig oder falsch?
4. Welche Stachelpflanze kann in der Wüste überleben?
5. Wie nennt man die „Wohnung“ eines Erdmännchens?

Stufe 2

6. Ist ein Tuareg eine Sanddüne oder das Mitglied eines Wüstenvolks?
7. Welcher Dünentyp bildet sich, wenn der Wind aus allen Richtungen weht?
8. Wie nennt man ein Kamel mit einem Höcker?
9. Wie nennt man es, wenn Wind feinen Sand vom Gestein abträgt?
10. Wie nennt man den Abhang einer Sanddüne?
11. Welcher Dünentyp wird durch Wind erzeugt, der in zwei verschiedene Richtungen weht?
12. Ist ein Hoodoo Rock eine Art Sanddüne, eine Felsformation oder ein Wüstennagetier?
13. In welcher Wüste kann man auf Tuaregs treffen?

Stufe 3

14. Welche Wüstenpflanze wird über 200 Jahre alt?
15. Wie lautet eine andere Bezeichnung für den Wüstenfuchs?
16. Was ist ein Barchan?
17. Welche Substanz entsteht aus zementiertem Sand und Kies?
18. Wodurch kann das Kamel in der Wüste überleben?

SUCH DIE ANTWORT

Wüsten

Wüsten sind trockene, niederschlagsarme Gebiete, in denen nur bestimmte Tiere und Pflanzen überleben können. Als trockenste Wüste gilt die Atacama-Wüste in Chile, Südamerika. Es gibt heiße Wüsten, wie die Sahara in Afrika, oder kalte, wie die Antarktis. Heiße Wüsten werden nachts sehr kalt, da Felsen Wärme schnell abgeben und es wenig Vegetation gibt, die Hitze speichert.

Wüstenwinde 9 12

Der Wind trägt die Felsen in der Wüste durch Deflation (so bezeichnet man das Wegblasen von feinem Sand) und Abrieb ab. Dadurch entstehen bizarre Felsformationen: Tafelberge, Spitzkuppen, Felsnadeln, Bögen oder die sogenannten Hoodoo Rocks, Felsen, die aussehen wie gigantische Pilze.

Nomaden 6 13

Nomaden sind Menschen, die von Ort zu Ort ziehen. Das Nomadenvolk der Tuareg lebt in der Sahara in Afrika.

Wüstentiere 5 15

Viele Wüstentiere wie der Wüstenfuchs, auch Fennek genannt, sind nachtaktiv. Andere wie das Erdmännchen leben im Bau, um sich vor der sengenden Hitze zu schützen.

Karawanen 2 8 18

Die Tuaregs ziehen mit Kamelkarawanen durch die Wüste, die Menschen und Güter transportieren. Dromedare, einhöckrige Kamele, kommen tagelang ohne Wasser aus. Mit dick gepolsterten Füßen laufen sie schmerzfrei über den heißen Sand.

Dünentypen

7 11 16

Eine Sicheldüne, auch Barchan genannt, bildet sich, wenn der Wind aus einer Richtung weht. Eine Sterndüne entsteht, wenn der Wind in alle Richtungen bläst. Eine Längsdüne formt sich, wenn der Wind aus zwei verschiedenen Richtungen bläst.

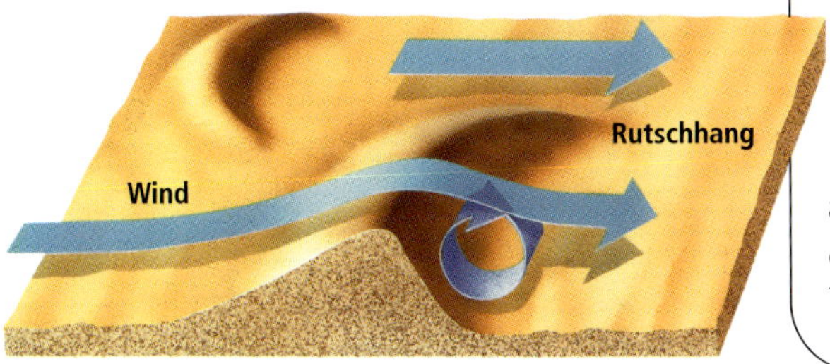

Entstehung von Dünen

1 10

Eine Düne entsteht, wenn der Wind den Wüstensand aufhäuft, bis auf einer Seite ein Abhang, der sogenannte Rutschhang, entsteht.

Die Form einer Düne hängt von Windgeschwindigkeit und -richtung ab. Es gibt auch Wanderdünen, die durch den Wind fortbewegt werden.

Boden

3 17

Das Wasser sickert durch den Sand, wird aber von Gesteinsschichten aufgefangen. In vielen Wüsten findet man Schichten aus zementiertem Sand und Kies, die Kalkkruste.

Kakteen

4 14

In den Wüsten Nord- und Südamerikas wachsen Kakteen. Sie sind Sukkulenten, die Wasser speichern können, um zu überleben. Die meisten Kakteen haben Stacheln statt Blätter. Der Saguarokaktus wird bis zu 200 Jahre alt und 12 m hoch.

FRAGEN:
Die Pole

Stufe 1

1. Auf welchem Kontinent liegt der Südpol?
2. Der Polarforscher Robert Scott erreichte den Südpol. Richtig oder falsch?
3. Gibt es im Polarkreis Gletscher?
4. Eisberge sind Eisstücke, die von einem Gletscher abgebrochen sind. Richtig oder falsch?

Stufe 2

5. Wie entsteht ein Gletscher?
6. Wie viel von einem Eisberg ragt aus dem Wasser heraus?
7. Wer erreichte als erster Mensch den Südpol?
8. Warum bewegen sich Gletscher?
9. Heute fahren die meisten Inuit mit Hundeschlitten über das arktische Eis. Richtig oder falsch?
10. Welche imaginäre Linie verläuft zwischen beiden Polen?
11. Was ist eine Moräne?
12. Welche Sprache sprechen die Inuit?
13. Welches Kleidungsstück mit „P“ tragen die arktischen Völker?

Stufe 3

14. Leben die Inuit in der Nähe des Nord- oder des Südpols?
15. In welchem Jahr erreichte der erste Mensch den Südpol?
16. An welchem Pol findet man abgeflachte Tafeleisberge?
17. Wie weit hätten Scott und seine Crew noch reisen müssen, um ihr Leben zu retten?
18. Welches arktische Volk lebt in Grönland?

SUCH DIE ANTWORT

Die Pole

Der südlichste und der nördlichste Punkt der Erde heißen Pole. Die Polarregionen der Arktis im Norden und der Antarktis im Süden sind die kältesten Gegenden der Erde. An den Polen selbst geht die Sonne im Sommer monatelang nicht unter, im Winter herrscht hingegen über mehrere Monate völlige Dunkelheit.

Ureinwohner 12 14 18

Die Inuit leben in den arktischen Regionen von Sibirien, Alaska, Kanada und Grönland. Sie sprechen eine eigene Sprache, die Inuktitut heißt. Andere Eisvölker sind die Kalaalit in Grönland und die Yupik in der Russischen Föderation.

Norden und Süden 1 10

Die Achse, um die sich die Erde dreht, verläuft zwischen dem Nord- und dem Südpol. Der Nordpol befindet sich auf dem Eis im arktischen Ozean. Der Südpol dagegen liegt auf dem Kontinent Antarktis.

Leben in der Arktis 9 13

Arktische Völker waren früher umherziehende Jäger und Fischer, doch heute leben sie in modernen Gemeinschaften. Mit Parkas aus Fell schützen sie sich gegen die Kälte. Früher zogen sie mit Hundeschlitten über das Eis, heute allerdings mit Schneemobilen.

Scott 2 7 15 17

Robert Falcon Scott versuchte, als Erster den Südpol zu erreichen. Er kam am 17. Januar 1912 dort an, doch der Norweger Roald Amundsen war ihm am 14. Dezember 1911 zuvorgekommen. Scott und seine Mannschaft starben in der Antarktis den Hungertod, noch etwa 17 km entfernt von der Versorgungsstation.

Gletscher

Gletscher

3 5 8 11

Gletscher entstehen aus Schnee, der sich über viele Jahre hinweg auftürmt und zu Eis kristallisiert. Die meisten Gletscher liegen in Gebirgen oder in der Polarregion. Gletscher beginnen sich mit der Zeit zu bewegen, aufgrund des Gewichts des Eises, das im Inneren einen hohen Druck erzeugt, und der Schwerkraft. Ein schmelzender Gletscher hinterlässt Schuttablagerungen, die man Moränen nennt.

Spitzer Eisberg

Eisberge

4 6 16

Bei Eisbergen handelt es sich um große Eisbrocken, die von Gletschern abbrechen. Diesen Vorgang nennt man „Kalben" des Gletschers. Neun Zehntel eines Eisbergs befinden sich unter Wasser. Spitze Eisberge findet man in der Arktis, flache Tafeleisberge bilden sich in der Antarktis.

FRAGEN:
Wo auf der Welt?

Stufe 1

1. Welche Stadt hat den Spitznamen „Big Apple"?
2. In welchem Land liegt Rio de Janeiro?
3. Welche Stadt ist das häufigste Touristenziel in Europa?

Stufe 2

4. Welches berühmte Ereignis findet jedes Jahr in Rio de Janeiro statt?
5. Wie wurde die indische Stadt Mumbai früher genannt?
6. Wie heißt die älteste Stadt in Südafrika?
7. Wie heißt die größte Insel in Japan?

Stufe 3

8. Wie viel Prozent der japanischen Bevölkerung leben in der Hauptstadt?
9. Wie nennt man die Einwohner von Sydney in Australien?
10. In welcher Stadt befindet sich das größte U-Bahn-Netz der Welt?

SUCH DIE ANTWORT

Wo auf der Welt?

Weltstädte sind sehr große Siedlungen, größer und dichter besiedelt als Städte und Dörfer. Die meisten Weltstädte entstanden aus Bauern- oder Jägersiedlungen, einige wurden am Reißbrett entworfen. Einige berühmte Weltstädte sind größer oder reicher als manche Staaten – wenn New York ein Staat wäre, läge es auf Platz 16 auf der Liste der reichsten Länder.

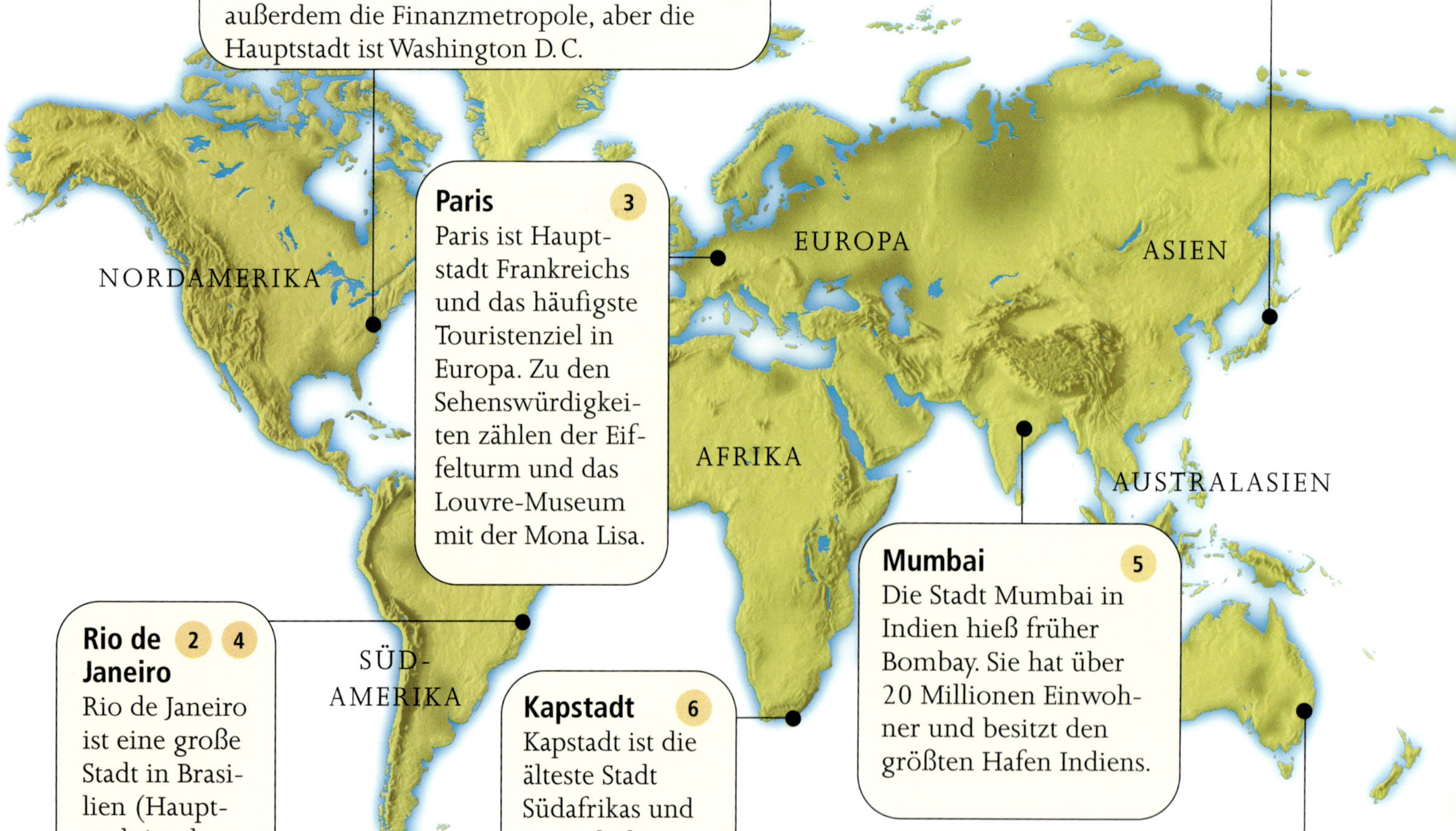

New York 1
New York, der „Big Apple", ist die Stadt mit der höchsten Einwohnerzahl der USA. Sie ist außerdem die Finanzmetropole, aber die Hauptstadt ist Washington D.C.

Paris 3
Paris ist Hauptstadt Frankreichs und das häufigste Touristenziel in Europa. Zu den Sehenswürdigkeiten zählen der Eiffelturm und das Louvre-Museum mit der Mona Lisa.

Tokio 7 8 10
Tokio ist die Hauptstadt von Japan, dem „Land der aufgehenden Sonne". Es liegt auf der größten der vier japanischen Hauptinseln, Honshu, und hier leben ca. 10% der japanischen Bevölkerung. Tokio hat das größte U-Bahn-Netz der Welt.

Rio de Janeiro 2 4
Rio de Janeiro ist eine große Stadt in Brasilien (Hauptstadt ist aber Brasilia). In Rio findet der berühmte Karneval statt.

Kapstadt 6
Kapstadt ist die älteste Stadt Südafrikas und ist nach dem Kap der Guten Hoffnung benannt, dem südwestlichsten Punkt Afrikas.

Mumbai 5
Die Stadt Mumbai in Indien hieß früher Bombay. Sie hat über 20 Millionen Einwohner und besitzt den größten Hafen Indiens.

Sydney 9
Sydney ist berühmt für sein Opernhaus, das im Hafen liegt. Die Einwohner Sydneys nennen sich Sydneysider.

Antworten 1) New York, USA **2)** Brasilien **3)** Paris, Frankreich **4)** Der Karneval **5)** Bombay **6)** Kapstadt **7)** Honshu **8)** 10% **9)** Sydneysider **10)** Tokio, Japan

QUIZ DREI

Wissenschaft und Erfindungen

Raumfahrt
Das Sonnensystem
Vulkane und Erdbeben
Steine und Mineralien
Wetter
Knochen und Muskeln
Medizin
Züge
Flugpioniere
Segeln
U-Boote
Haushaltsgeräte
Roboter
Computer und Spiele
Das Telefon
Entdeckungen

FRAGEN:
Raumfahrt

Stufe 1

1. Das erste Lebewesen im Weltall war eine Maus. Richtig oder falsch?
2. Wer war der erste Mensch auf dem Mond: Neil Armstrong, Nelly Armstrong oder Louis Armstrong?
3. Wie hieß die Gruppe der Ostblockstaaten früher?
4. Welches Objekt mit „S“ umkreist die Erde?

Stufe 2

5. Wie lautet der Name des ersten Lebewesens im All mit „L“?
6. Wie hieß der erste künstliche Satellit?
7. Wie hieß der erste Astronaut, der je das Weltall bereiste?
8. In welchem Jahr betraten die ersten Menschen den Mond: 1959, 1969 oder 1979?
9. In welchem Jahr flog der erste Mensch in den Weltraum: 1941, 1951 oder 1961?
10. Wer tat den Ausspruch: „Ein kleiner Schritt für einen Menschen, aber ein Riesenschritt für die Menschheit.“?
11. Mit welchem Vehikel können sich Astronauten auf dem Mond bewegen?
12. Wie lange blieb der erste Mensch bei der ersten Raumfahrt im All: 89 Minuten, 89 Stunden oder 89 Tage?

Stufe 3

13. Welche war die letzte Apollo-Mission, bei der Menschen auf dem Mond landeten?
14. In welchem Jahr erreichte sie den Mond?
15. Wie nannten sich die Sowjet-Astronauten?
16. Wie hieß das erste bemannte Raumschiff mit „W“?
17. Was startete am 12. April 1981?
18. Wo liegt das Kosmodrom Baikonur: in Kasachstan, Usbekistan oder in der Ukraine?

SUCH DIE ANTWORT

Raumfahrt

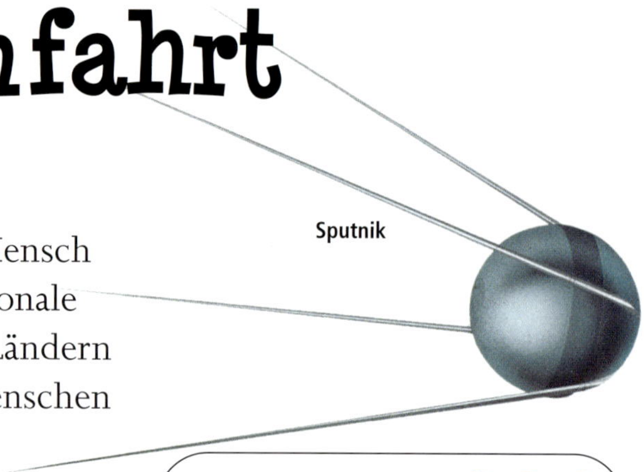

Kaum zu glauben, dass vor 50 Jahren noch nie ein Mensch das Weltall betreten hatte. Heute umkreist eine internationale Raumstation mit einer Mannschaft aus verschiedenen Ländern die Erde. Die Geschichte der Raumfahrt haben viele Menschen von Anfang an mitverfolgt. Es ist eine aufregende Geschichte – und sie ist noch lange nicht vorbei.

Sputnik 3 4 6

Sputnik 1 war der erste künstlich hergestellte Satellit. (Unter einem Satelliten versteht man ein Objekt, das die Erde umkreist.) Er wurde am 4. Oktober 1957 in Kasachstan gestartet, das damals noch zur Sowjetunion gehörte.

Laika 1 5 18

Das erste Lebewesen im Weltall war die Hündin Laika. Sie startete 1957 an Bord des sowjetischen Satelliten *Sputnik 2* vom Kosmodrom Baikonur in Kasachstan.

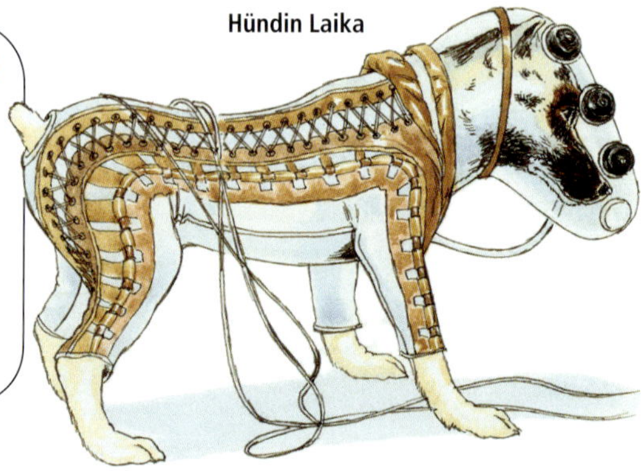

Mondlandung 2 8 10

1969 betrat Neil Armstrong von der US-Mission *Apollo 11* als erster Mensch den Mond. Er tat dabei den berühmten Ausspruch: „Ein kleiner Schritt für einen Menschen, aber ein Riesenschritt für die Menschheit.“

Raumfahrer 7 9 12 16

Am 12. April 1961 wurde Yuri Gagarin als erster Mensch in das Weltall geschickt. Er befand sich an Bord des Raumschiffs *Wostock 1*.
89 Minuten lang umkreiste der Pilot der sowjetischen Armee damals die Erde.

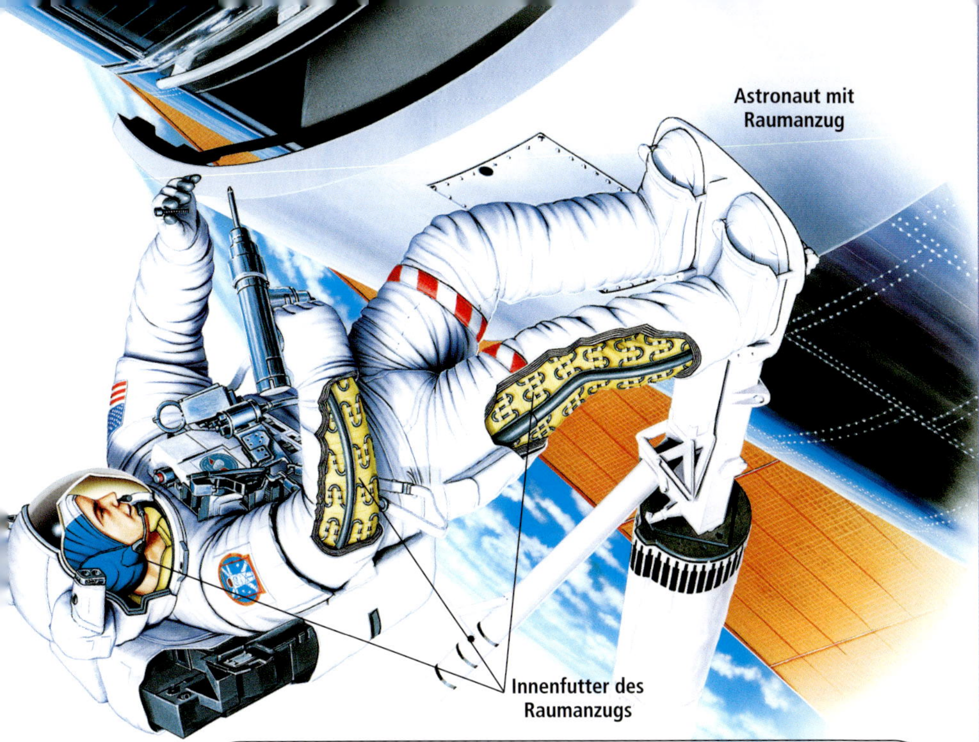

Raumanzüge

15

Raumanzüge sind so konstruiert, dass Menschen damit im Weltall überleben können. Anfangs wurden sie von Astronauten und Kosmonauten (sowjetischen Astronauten) innerhalb des Raumschiffs getragen. Heute braucht man sie vor allem außerhalb des Raumschiffs im Weltall – zum Beispiel bei Reparaturen am Raumschiff.

Mondfahrten

11 13 14

Insgesamt haben die Amerikaner sechs erfolgreiche Reisen zum Mond unternommen. Bei der vierten Mission, *Apollo 15*, war ein Mondauto an Bord, mit dem die Astronauten auf dem Mond herumfahren konnten. Die letzte bemannte Mission, *Apollo 17*, landete am 7. Dezember 1972. Seither war niemand mehr auf dem Mond.

Spaceshuttle

17

Die ersten Raumfahrer verwendeten massive, teure Raketen, die nur einmal benutzt werden konnten. Am 5. Januar 1972 beschloss die amerikanische Regierung, ein wiederverwendbares Raumfahrzeug zu entwickeln. Das Ergebnis war der Spaceshuttle, der am 12. April 1981 zum ersten Mal gestartet wurde. Seither gab es über 100 Starts.

FRAGEN: Das Sonnensystem

Stufe 1

1. Auf welchem Planeten leben Menschen?
2. Wie viele Planeten gibt es in unserem Sonnensystem: sechs, acht oder neun?
3. Die Erde ist der größte Planet in unserem Sonnensystem. Richtig oder falsch?

Stufe 2

4. Herrscht auf der von der Sonne abgewandten Seite eines Planeten Nacht oder Tag?
5. Wie viele Planeten unseres Sonnensystems beginnen mit dem Buchstaben „M“?
6. Welcher Planet ist am weitesten von der Sonne entfernt?
7. Welche großen Planeten werden als Gasriesen bezeichnet?
8. Wie heißt der kleinste Planet im Sonnensystem?
9. Die Sonne ist ein Stern. Richtig oder falsch?
10. Gibt es Planeten im Sonnensystem, die größer als die Sonne sind?
11. Entstanden die Planeten zur selben Zeit wie die Sonne oder lange davor?
12. Wie heißt ein Planet mit „S“, der hauptsächlich aus Wasserstoff und Helium besteht?
13. Wie lange braucht die Erde, um die Sonne zu umkreisen: einen Tag, einen Monat oder ein Jahr?
14. Wie heißt die Umlaufbahn eines Planeten um die Sonne mit „O“?
15. Wer braucht länger, um die Sonne zu umkreisen: die Erde oder Pluto?
16. Wie viele Planeten im Sonnensystem haben Ozeane aus Wasser?

Stufe 3

17. Wie heißt eine Teilchenwolke, aus der Planeten entstehen?
18. Welcher Planet ist weiter von der Sonne entfernt: Uranus oder Saturn?
19. Wer ist größer: die Erde oder der Mars?

SUCH DIE ANTWORT

Das Sonnensystem

Als Sonnensystem bezeichnet man die Gruppe von Planeten, die die Sonne umkreisen. Einer davon ist die Erde. Einige der Planeten sind kleiner als die Erde, andere viel größer. Unser Sonnensystem existiert seit etwa 4600 Millionen Jahren; es formte sich 10 400 Millionen Jahre nach dem „Urknall“, mit dem das Universum entstand.

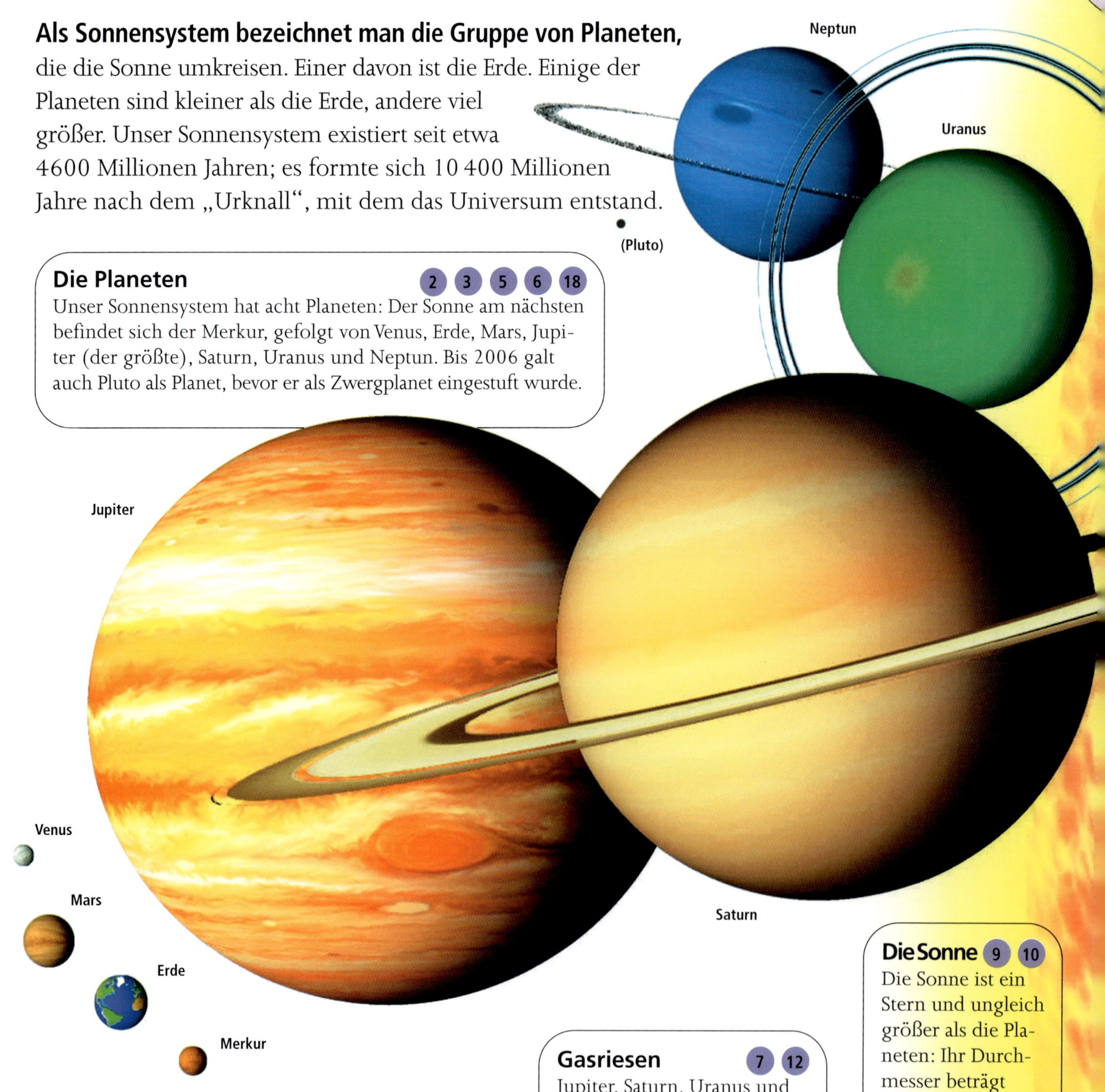

Die Planeten (2) (3) (5) (6) (18)

Unser Sonnensystem hat acht Planeten: Der Sonne am nächsten befindet sich der Merkur, gefolgt von Venus, Erde, Mars, Jupiter (der größte), Saturn, Uranus und Neptun. Bis 2006 galt auch Pluto als Planet, bevor er als Zwergplanet eingestuft wurde.

Die kleineren Planeten (8) (19)

Zu den kleineren Planeten gehören Merkur, Venus, Erde und Mars. Die Erde ist der größte, Merkur der kleinste Planet dieser Gruppe. Alle besitzen eine feste Oberfläche.

Gasriesen (7) (12)

Jupiter, Saturn, Uranus und Neptun sind sogenannte Gasriesen. Ihr kleiner, felsiger Kern wird von dicken Gaswolken umhüllt, die hauptsächlich aus Wasserstoff und Helium bestehen.

Die Sonne (9) (10)

Die Sonne ist ein Stern und ungleich größer als die Planeten: Ihr Durchmesser beträgt 1 392 000 km und sie ist mehr als eine Million Mal größer als die Erde. Für einen Stern ist sie dennoch klein.

Der Orbit

13 14 15

Alle Planeten umkreisen die Sonne auf einer Umlaufbahn, dem Orbit. Je näher sich ein Planet an der Sonne befindet, desto kleiner ist sein Orbit. Die Erde braucht für einen Umlauf um die Sonne genau ein Jahr. Pluto dagegen benötigt für einen Umlauf über 248 Jahre.

Entstehung der Planeten

11 17

Die Planeten entstanden etwa zur selben Zeit wie die Sonne aus einem Planetarischen Nebel (einer Art Wolkenwirbel aus Gas- und Staubteilchen). Mit der Zeit ballten sich die Teilchen, die von der Schwerkraft angezogen wurden, zu Planeten zusammen.

Die Erde

1 4 16

Der Planet Erde ist der einzige bekannte Planet, auf dem Leben existiert. Er ist der fünftgrößte Planet in unserem Sonnensystem und der einzige mit Ozeanen aus Wasser. In einem Jahr kreist die Erde einmal um die Sonne und dreht sich dabei in 24 Stunden einmal um sich selbst. Auf dem der Sonne zugewandten Teil ist es Tag, auf dem abgewandten herrscht Nacht.

FRAGEN: Vulkane und Erdbeben

Stufe 1

1. Besteht die Erdoberfläche aus festem oder flüssigem Gestein?
2. Wie lautet ein anderes Wort für Erdoberfläche: Haut, Kruste oder Jacke?
3. Wie heißt das Fremdwort für einen Vulkanausbruch?
4. Ein Seismologe ist ein Erdbeben. Richtig oder falsch?

Stufe 2

5. Nach welcher Skala mit „R“ wird die Stärke eines Erdbebens bemessen?
6. Was ist dicker: Kontinentalplatten oder Ozeanplatten?
7. Sind die meisten Erdbeben so stark, dass sie Gebäude zerstören?
8. Wie dick ist der Erdmantel: 290 km oder 2.900 km?
9. Entsteht ein Grabenbruch, wenn sich Platten übereinanderschieben oder wenn sie auseinanderdriften?
10. Erdbeben gibt es häufig dort, wo sich zwei Platten aneinander vorbeibewegen. Richtig oder falsch?
11. Japan liegt an einer Stelle, an der zwei Platten aufeinandertreffen. Richtig oder falsch?
12. Wie heißt geschmolzenes Gestein, das bei einem Vulkanausbruch austritt?
13. Wie nennt man die Bewegung der Platten der Erdkruste?
14. Wie heißt das Phänomen, dass sich eine Platte unter eine andere schiebt?
15. Vulkane entstehen an Stellen, wo zwei Platten auseinanderdriften. Richtig oder falsch?

Stufe 3

16. Woraus besteht der Erdkern?
17. Was macht einen größeren Teil der Erde aus: Erdmantel oder Erdkruste?
18. Auf welcher Platte entsteht ein Vulkan, wenn sich eine Kontinental- und eine Ozeanplatte treffen?

SUCH DIE ANTWORT

Vulkane und Erdbeben

Die Erdkruste ist in ständiger Bewegung. Vulkane und Erdbeben entstehen, wenn sich Krustenteile (Platten) aufeinander zu- oder voneinander wegschieben. In bestimmten Gebieten gibt es sehr viele Vulkane und Erdbeben. Durch Messen der Bodenvibrationen („seismische Aktivität“) können Wissenschaftler schwere Erdbeben oder Vulkanausbrüche vorhersagen.

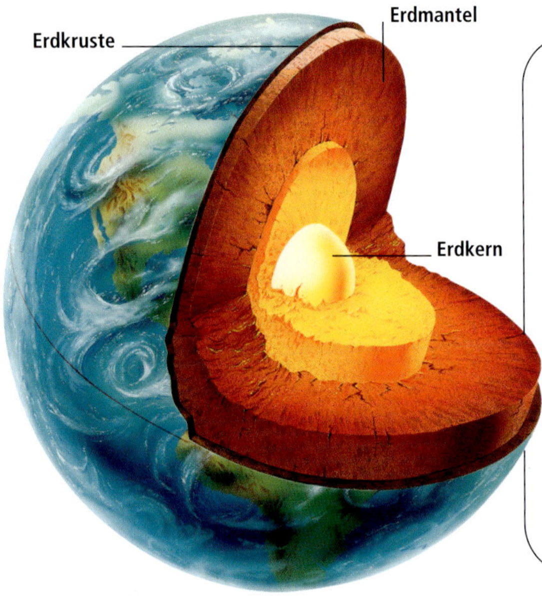

Erde 1 2 8 16 17

Die feste Oberfläche der Erde nennt man Erdkruste. Sie ist zwischen 5 und 80 km dick. Darunter liegt der Erdmantel, der 2900 km dick ist und aus geschmolzenem Gestein besteht. Das Zentrum, der Erdkern, besteht zum Großteil aus Eisen. Er ist außen flüssig und innen fest und ca. 4500°C heiß.

Vulkane 3 12 18

Vulkane entstehen, wenn geschmolzenes Gestein durch die Kruste nach oben gedrückt wird. In einer Subduktionszone schmilzt die Ozeanplatte. Flüssiges Gestein wird nach oben gepresst und schießt bei einer Eruption als Lava heraus.

Auseinanderdriften 9 15

Wenn Platten auseinanderdriften, bildet sich ein Graben. Flüssiges Gestein aus dem Mantel füllt die Hohlräume – ein Vulkan entsteht.

Subduktion 6 14

Wenn eine Kontinental- und eine Ozeanplatte aufeinander zudriften, rutscht die Ozeanplatte oft unter die dickere Kontinentalplatte. Diese Erscheinung heißt Subduktion.

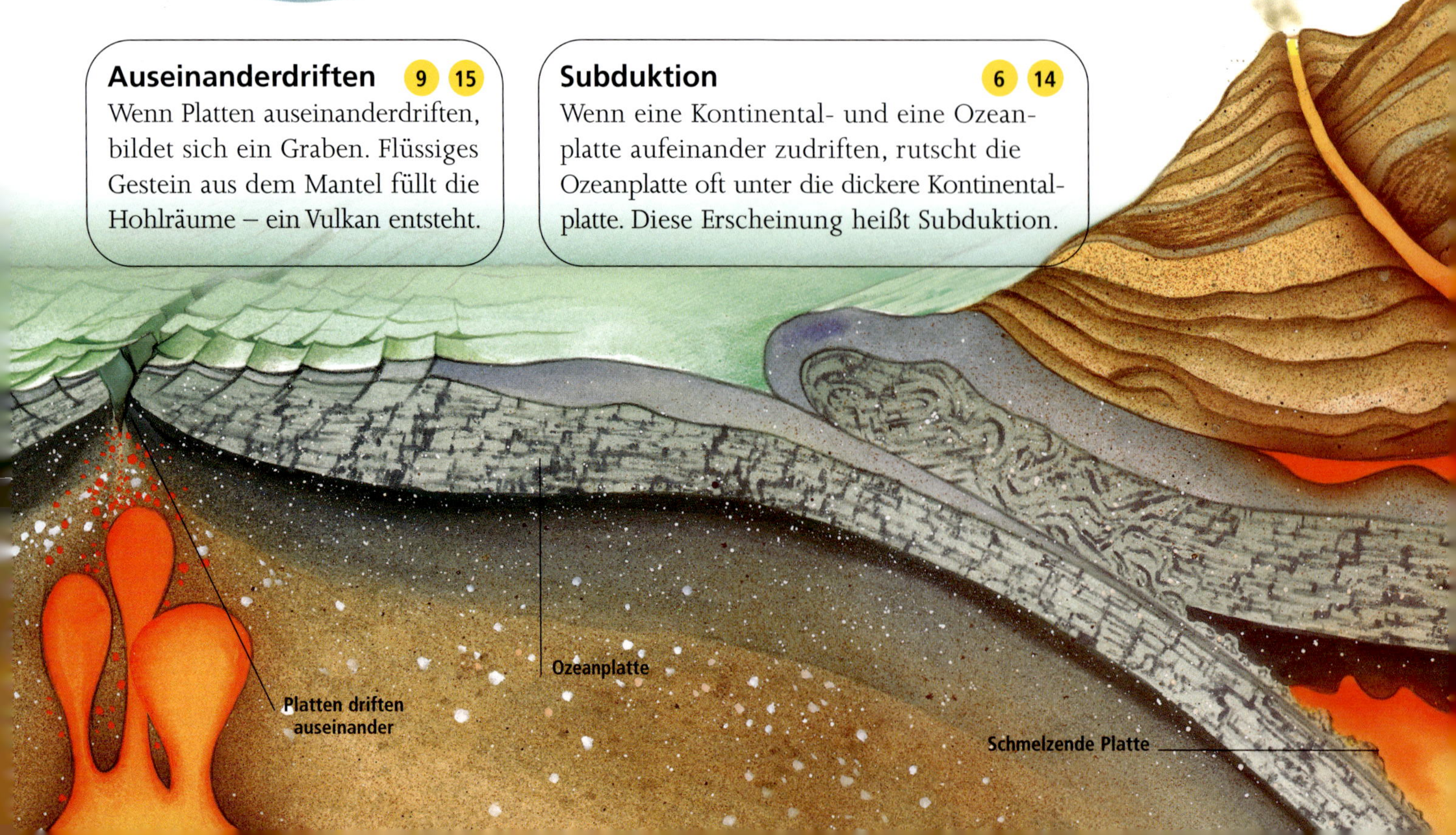

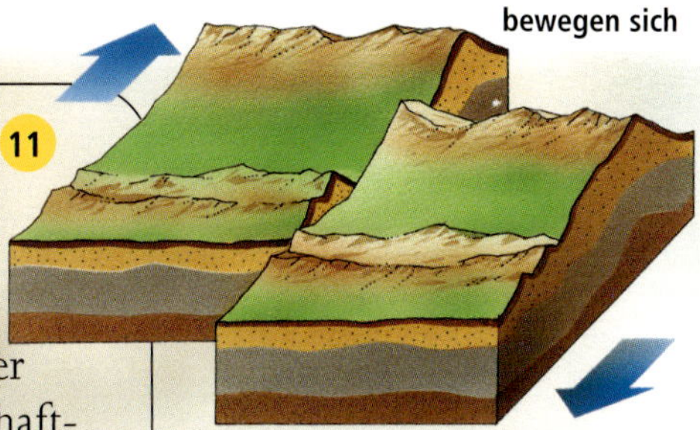

Erdbeben (4) (5) (7) (11)

Erdbeben gibt es häufig dort, wo sich zwei Platten treffen, wie in Japan. Die meisten Beben sind harmlos, manche beschädigen aber auch Gebäude. Spezielle Wissenschaftler, die Seismologen, messen die Stärke eines Bebens auf der Richterskala.

Tektonik (10) (13)

Die Bewegung der Platten heißt Plattentektonik. Wenn sich zwei Platten seitlich aneinander vorbeischieben, entstehen starke Reibungskräfte, die zu Erdbeben führen.

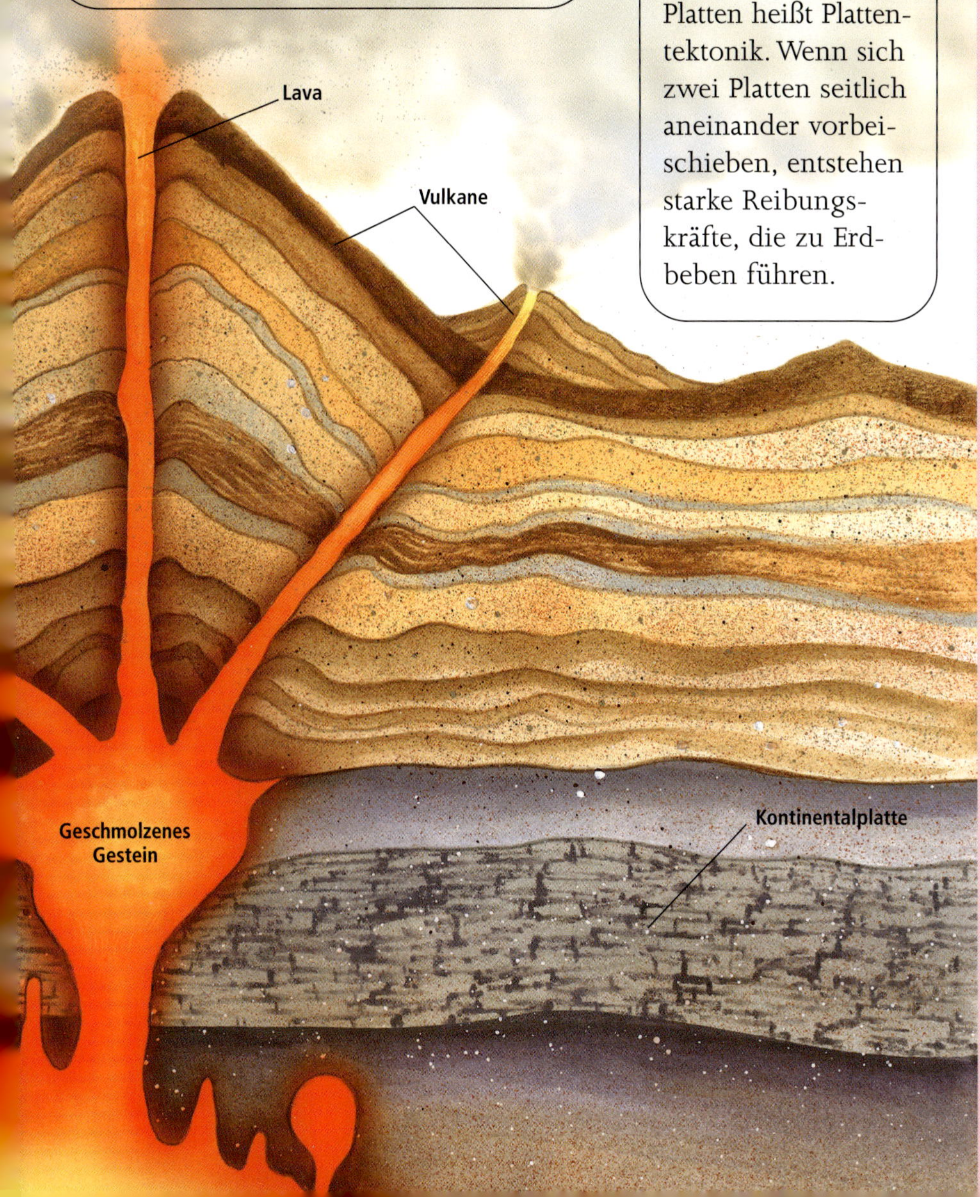

FRAGEN: Steine und Mineralien

Stufe 1

1. Smaragde sind violett. Richtig oder falsch?
2. Welche Farbe hat der Rubin?
3. Gold ist ein Metall. Richtig oder falsch?
4. Wie viele Seiten hat ein Hexagon: eine, drei oder sechs?

Stufe 2

5. Wie heißt ein sehr hartes vulkanisches Gestein mit „G“, das häufig für Gebäude verwendet wird?
6. Kristalle bilden sich unterirdisch. Richtig oder falsch?
7. Entsteht sedimentäres Gestein am Grund von Meeren, Seen und Flüssen oder tief im Inneren der Erde?
8. Wie nennt man Gestein, das unter großem Druck oder großer Hitze entsteht: metamorph, mathematisch oder metaphysisch?
9. Ist Basalt ein vulkanisches oder ein sedimentäres Gestein?
10. Edelsteine werden durch Polieren und Schleifen zu Schmucksteinen verarbeitet. Richtig oder falsch?
11. Aus welchem Element mit „K“ besteht ein Diamant?
12. Welcher Stein ist am wertvollsten: Diamant, Smaragd oder Granat?
13. Wie heißt ein sehr wertvoller blauer Edelstein mit „S“?
14. Wie lautet das Fremdwort für Gesteinsschichten?

Stufe 3

15. Wo befindet sich der Giant's Causeway?
16. Wie nennt man geschmolzenes Gestein mit „M“, das abkühlt und zu vulkanischem Gestein wird?
17. Wie nennt man einen Stein, dessen Kanten durch Einwirkung von Wasser rund abgeschliffen sind?
18. Welches „E“ bezeichnet Stoffe, die sich nicht in einfachere Substanzen aufspalten lassen?

SUCH DIE ANTWORT

Steine und Mineralien

Die Erdkruste besteht aus felsigem Gestein, das wiederum aus verschiedenen Mineralien besteht. Aussehen und Eigenschaften eines Gesteins sind durch seine Entstehung bedingt. Seit jeher nutzen Menschen Steine für die unterschiedlichsten Zwecke, wie die Herstellung von Schmuck oder den Bau von Häusern.

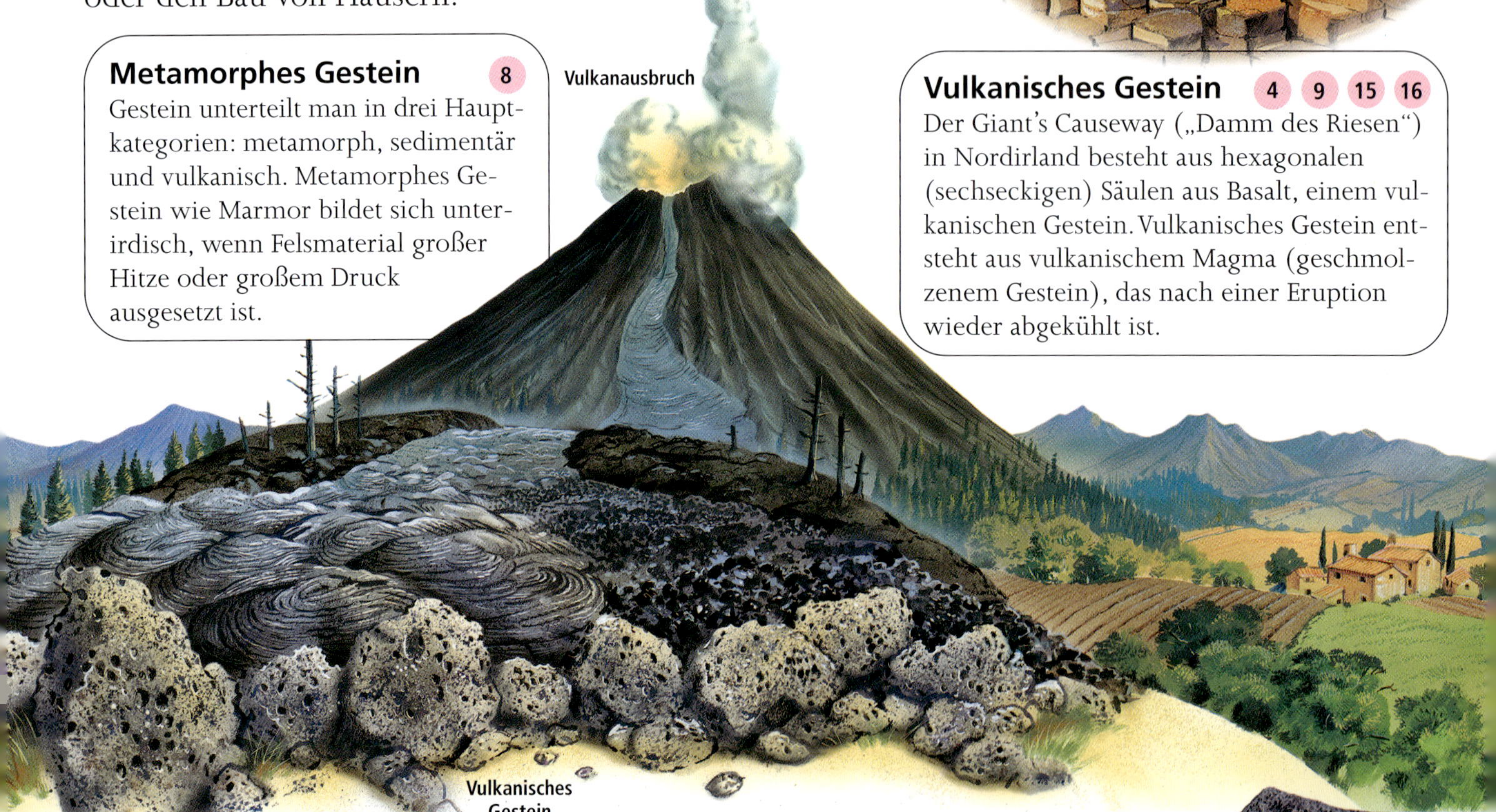

Metamorphes Gestein (8)

Gestein unterteilt man in drei Hauptkategorien: metamorph, sedimentär und vulkanisch. Metamorphes Gestein wie Marmor bildet sich unterirdisch, wenn Felsmaterial großer Hitze oder großem Druck ausgesetzt ist.

Vulkanisches Gestein (4) (9) (15) (16)

Der Giant's Causeway („Damm des Riesen") in Nordirland besteht aus hexagonalen (sechseckigen) Säulen aus Basalt, einem vulkanischen Gestein. Vulkanisches Gestein entsteht aus vulkanischem Magma (geschmolzenem Gestein), das nach einer Eruption wieder abgekühlt ist.

Sedimentäres Gestein (7) (14)

Dieses Gestein entsteht am Grund von Meeren, Seen und Flüssen aus Sedimenten wie Sand und Schlamm, die sich über lange Zeiträume hinweg dort ablagern. Das Gewicht des Wassers presst sie zu hartem Gestein, das sich in Schichten (Strata) übereinanderlegt.

Steine (5) (17)

Ein Stein ist ein kleines Stück Fels. Ein Kieselstein ist ein Stein, dessen Kanten mit der Zeit vom Wasser abgeschliffen wurden. Die härtesten Steine bestehen aus vulkanischem Gestein wie zum Beispiel Granit oder aus metamorphem Gestein wie etwa Schiefer.

Granit

Bimsstein

Obsidian

Serpentinit

Mineralien 3 18

Es gibt zwei Arten von Mineralien: Die einen haben kristalline Strukturen, die anderen sind natürlich vorkommende Metalle wie Gold. Solche Metalle sind Elemente – sie lassen sich nicht mehr in einfachere Substanzen aufspalten.

Kristalle 6

Kristalline Mineralien entstehen in unterirdischem Gestein unter großer Hitze oder großem Druck. Kristalle haben flache Seiten und sind meist wunderschön.

Edelsteine 10

Manche kristallinen Mineralien sind besonders schön anzusehen und daher sehr begehrt: Edelsteine und Halbedelsteine werden durch Schleifen und Polieren zu Schmucksteinen verarbeitet. Die seltensten Edelsteine sind auch die wertvollsten.

Arten von Edelsteinen 1 2 11 12 13

Der berühmteste und auch mit Abstand teuerste Edelstein ist der Diamant. Bei ihm handelt es sich um ein Kristall, der nur aus einem einzigen Element besteht – dem Kohlenstoff. Andere sehr seltene Edelsteine sind zum Beispiel die grünen Smaragde, die roten Rubine und die blauen Saphire.

FRAGEN: Wetter

Stufe 1

1. Spielt sich das Wetter in der Atmosphäre oder unter Wasser ab?
2. Bestehen Wolken aus Watte oder aus Wasserdampf?
3. Welchen Stoff mit „S“ müssen wir atmen, um zu überleben?
4. Wie heißt die elektrische Entladung von Gewitterwolken?
5. Ein Wetterballon ist eine Wolkenart. Richtig oder falsch?

Stufe 2

6. Woher kommt der Großteil des Wasserdampfs in den Wolken?
7. Misst eine Wetterfahne die Windgeschwindigkeit oder die Windrichtung?
8. Was verbindet man im Allgemeinen mit gutem Wetter: Hochdruck oder Tiefdruck?
9. Welches Naturschauspiel entsteht, wenn Sonne und Regen zusammentreffen?
10. Bilden sich Regenbögen nur, wenn es regnet?
11. Werden Regentropfen größer oder kleiner, wenn sie durch eine Wolke fallen?
12. Welches Wort mit „H“ bezeichnet gefrorene Regentropfen?
13. Werden Wolken kühler oder wärmer, wenn sie nach oben steigen?
14. Wie heißt ein gefährlicher Wirbelsturm mit „H“?
15. Welches Gas mit „S“ kommt außer Sauerstoff noch in der Atmosphäre vor?

Stufe 3

16. Wie nennt man einen Wissenschaftler, der das Wetter erforscht?
17. Wie viele Farben hat ein Regenbogen?
18. Mit welchem Gerät mit „S“ können Wetterforscher einen Sturm voraussagen, der sich in der Atmosphäre zusammenbraut?

SUCH DIE ANTWORT Wetter

Das Wetter betrifft jeden von uns. Von ihm hängt ab, was wir morgens anziehen und ob wir rausgehen oder lieber zu Hause bleiben. In bestimmten Gegenden lässt sich das Wetter nur sehr bedingt vorherbestimmen. Aber durch Fortschritte in der Meteorologie ist es heute recht wahrscheinlich, dass die Wettervorhersage auch zutrifft.

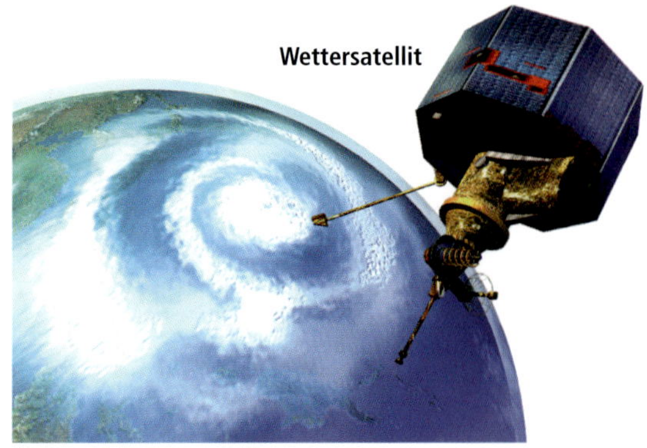

Wetterbeobachtung (14) (18)

Heutzutage beobachten Satelliten das Wetter von oben. So können die Wetterforscher zum Beispiel sehen, wie sich ein Sturm in der Atmosphäre zusammenbraut. Große Stürme und Hurrikane erscheinen als große Wolkenwirbel.

Sturmwolke (4) (13)

Wenn Wolken nach oben steigen, kühlen sie allmählich ab und der Wasserdampf kondensiert zu Tröpfchen. Diese stoßen zusammen und erzeugen eine elektrische Ladung. Wenn diese sehr stark wird, entlädt sie sich als Blitz.

Atmosphäre (1) (3) (15)

Wetter spielt sich in der Atmosphäre ab – der Gasschicht, die unseren Planeten umgibt. Sie besteht zum größten Teil aus Stickstoff, gefolgt von Sauerstoff, ohne den wir nicht überleben könnten.

Wolken (2) (6)

Wolken sind Ansammlungen von Wasserdampf. Er entsteht, wenn die Sonnenenergie flüssiges Wasser verdampfen lässt; das geschieht meist an der Oberfläche des Meeres.

Wetterforschung

5 16

Wissenschaftler, die das Wetter erforschen, heißen Meteorologen. Eines der Geräte, mit denen Meteorologen Informationen über das Wetter sammeln, sind Wetterballons. Die Ballons sind mit Messgeräten ausgestattet, um die Wetterbedingungen weit oben in der Atmosphäre zu erkunden.

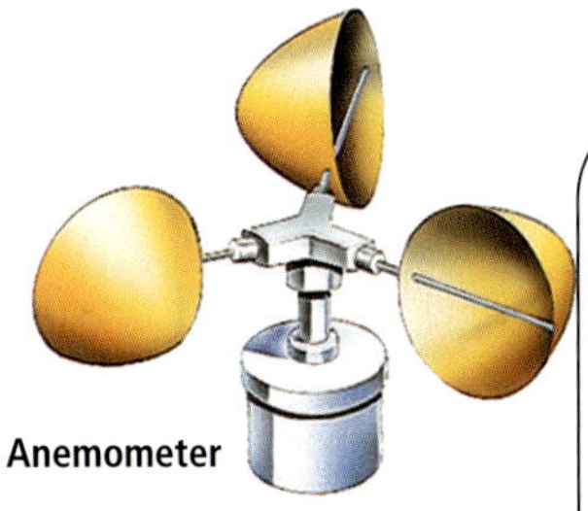

Anemometer

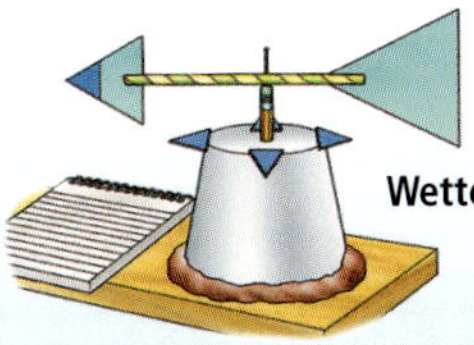

Wetterfahne

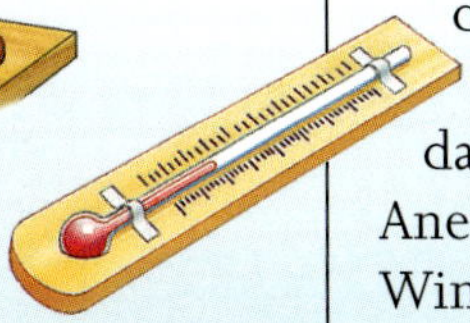

Thermometer

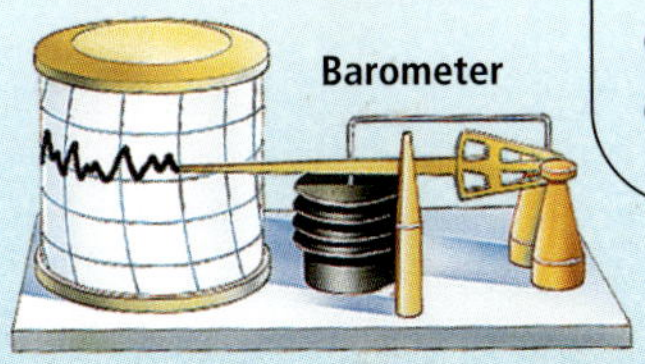

Barometer

Wettermessungen

7 8

Es gibt eine ganze Reihe von Geräten, mit denen man das Wetter messen kann. Thermometer messen die Temperatur, Barometer den Luftdruck – Hochdruck bedeutet gutes Wetter, bei Tiefdruck gibt es dagegen oft Sturm. Das Anemometer misst die Windgeschwindigkeit, eine Wetterfahne zeigt die Windrichtung an.

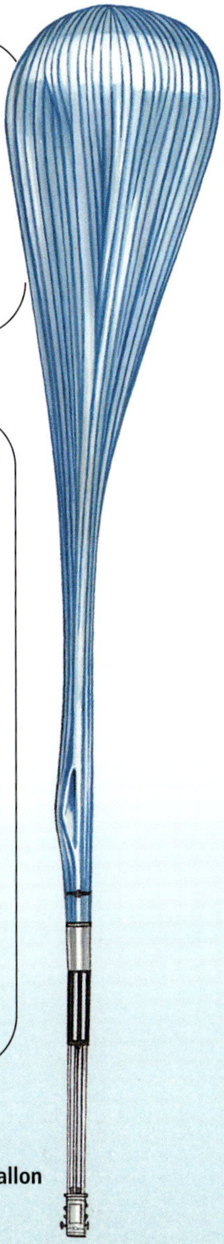

Wetterballon

Regen

11 12

Regen fällt, wenn die Tröpfchen in den Wolken zu groß und schwer werden, um in der Luft zu bleiben. Wenn die Tröpfchen zur Erde fallen, treffen sie auf andere Tröpfchen und werden größer. Manchmal gefrieren sie und werden zu Hagel oder Schnee.

Regenbogen

9 10 17

Ein Regenbogen entsteht, wenn es an sonnigen Tagen regnet. Wenn dann das Sonnenlicht durch die Regentropfen scheint, wird es in seine sieben Spektralfarben aufgespalten.

Regenwolke

Regenbogen

FRAGEN:

Knochen und Muskeln

Stufe 1

1. Wie heißt das Gelenk in der Mitte des Arms?
2. Hat der Mensch Muskeln in den Beinen?
3. Wie nennt man die Gesamtheit der Knochen im Körper mit „S"?

Stufe 2

4. Haben Menschen Gelenke in den Fingern?
5. Muskeln bestehen aus Millionen Zellen, die man Fasern nennt. Richtig oder falsch?
6. Wie heißt der Armmuskel mit „B", den man braucht, um den Unterarm zu heben?
7. Welche Knochen bilden den Brustkorb, der die inneren Organe schützt?
8. Wie nennt man die weiche Substanz, die das Gelenk vor Abnützung schützt?
9. Welcher Knochen verbindet die Beine mit der Wirbelsäule?
10. Patella ist das Fremdwort für welches Gelenk?
11. Die Herzmuskeln arbeiten automatisch. Richtig oder falsch?
12. Wird der Trizeps beim Heben des Unterarms gebeugt oder gestreckt?
13. Wie viele Knochen hat der Schädel des erwachsenen Menschen: 2, 12 oder 22?
14. Haben Menschen mehr Muskeln oder Knochen im Körper?
15. Ist die Schulter ein Scharniergelenk oder ein Kugelgelenk?
16. Wie heißt der größte Knochen des menschlichen Körpers?
17. Welcher Schädelknochen ist beweglich?

Stufe 3

18. Wie heißen die acht Knochen, die das menschliche Gehirn umschließen?
19. An welchem Körperteil befindet sich der kleinste Knochen des Menschen?
20. Wie viele Knochen hat das menschliche Skelett?

SUCH DIE ANTWORT

Knochen und Muskeln

Der Körper ist eine großartige natürliche Maschine. Er kann unzählige verschiedene Bewegungen ausführen – weit mehr als jeder Roboter. Wie bei anderen Säugetieren auch besteht der menschliche Körper aus einem komplexen System von Muskeln und einem starken, sehr beweglichen Knochenskelett.

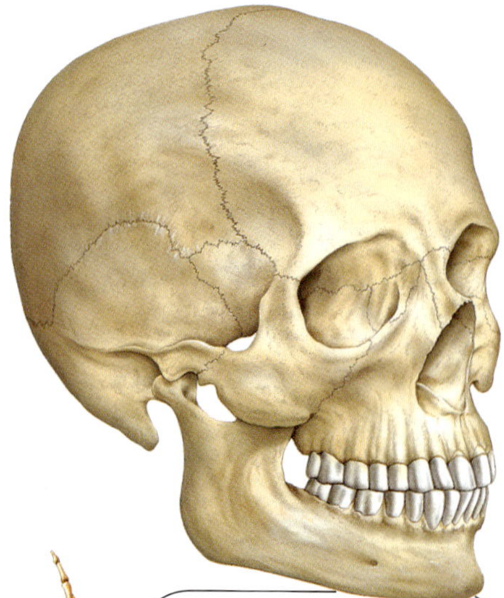

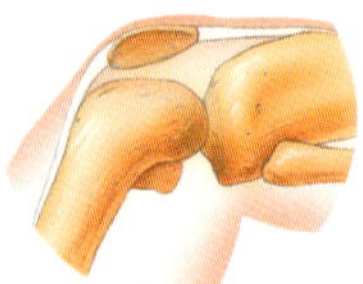

Knie

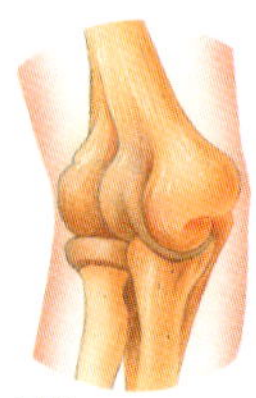

Ellbogen

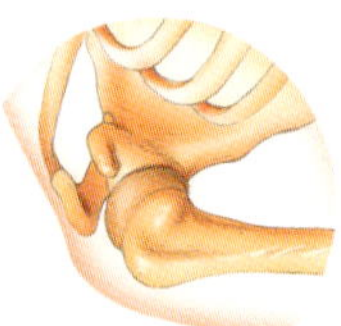

Schulter

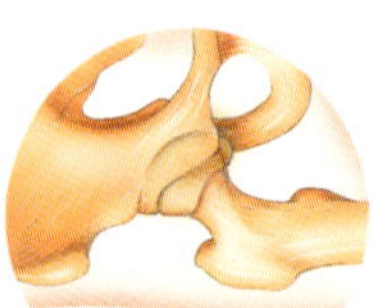

Hüfte

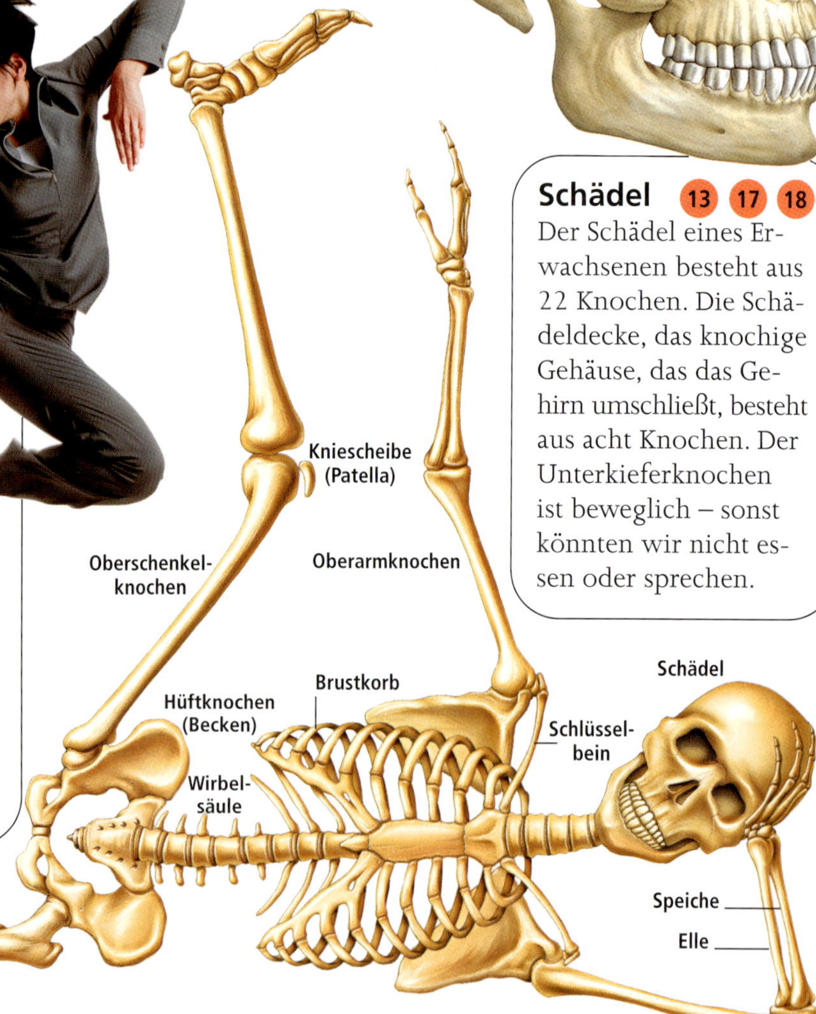

Schädel 13 17 18

Der Schädel eines Erwachsenen besteht aus 22 Knochen. Die Schädeldecke, das knochige Gehäuse, das das Gehirn umschließt, besteht aus acht Knochen. Der Unterkieferknochen ist beweglich – sonst könnten wir nicht essen oder sprechen.

Gelenke 1 4 15

Gelenke nennt man die Bereiche des Skeletts, an denen sich verschiedene Knochen treffen. Erst durch die Gelenke wird das Skelett überhaupt beweglich. Bei Schulter und Hüftgelenk handelt es sich um Kugelgelenke. Ellbogen, Knie und Fingergelenke dagegen werden als Scharniergelenke bezeichnet.

Knie 8 10

Diese Gelenke verbinden die obere und die untere Hälfte des Beins. Die Knochenenden sind mit einer Knorpelschicht überzogen, damit sie bei der Bewegung nicht aneinanderscheuern. Die Kniescheibe (Patella) ist ein kleiner Knochen, der das Kniegelenk vor Verletzungen schützt.

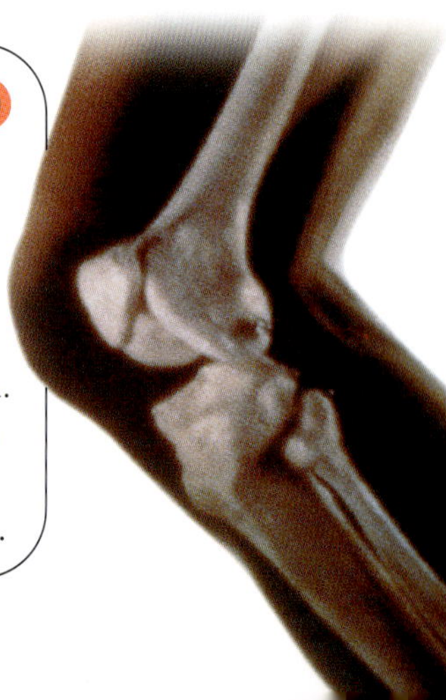

Skelett 3 7 9 14 16 19 20

Das menschliche Skelett besteht aus 206 Knochen. Die größten sind die beiden Oberschenkelknochen, die durch das Becken mit der Wirbelsäule verbunden sind. Die kleinsten Knochen sind die Steigbügel im Innenohr, die Schalwellen vom Trommelfell an das Gehirn übermitteln. Die Rippen bleiben immer in derselben Position und bilden den Brustkorb, der die inneren Organe schützt.

Muskelsystem (2) (11) (14)

Es gibt ungefähr 650 Muskeln im menschlichen Körper, die verschiedene Bewegungen ausführen. Manche Muskeln, wie zum Beispiel diejenigen in den Armen und Beinen, arbeiten nur, wenn wir es wollen. Andere wie der Herzmuskel arbeiten aber automatisch.

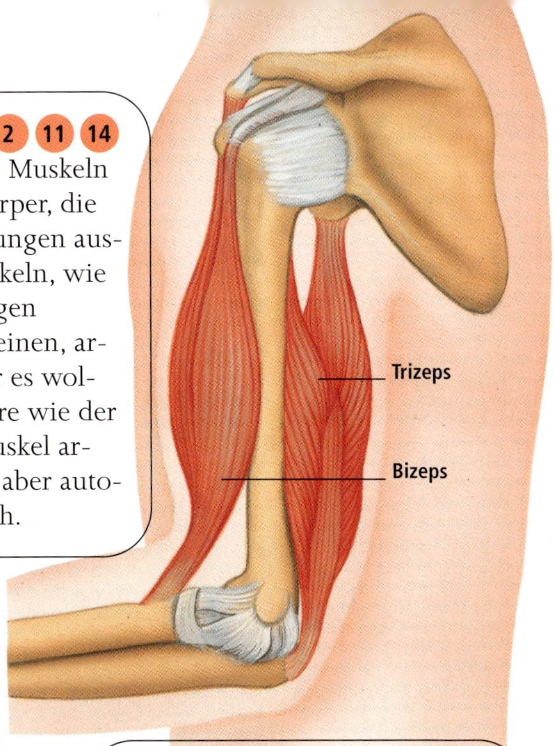

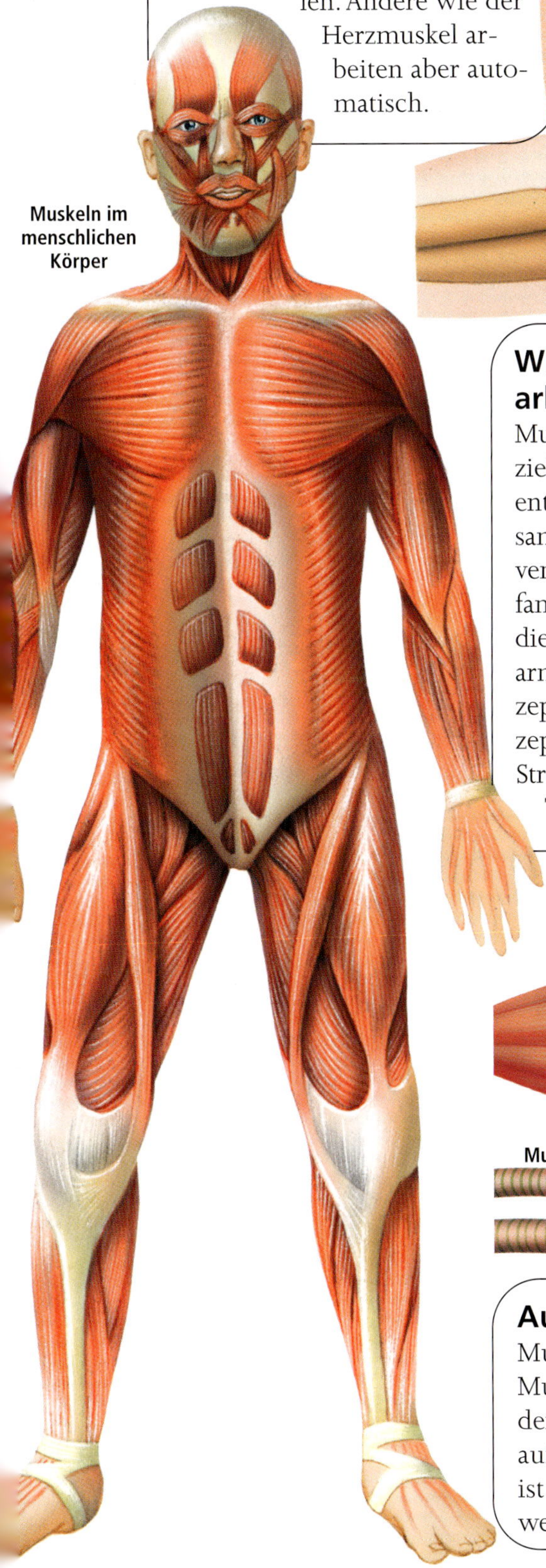

Muskeln im menschlichen Körper

Wie Muskeln arbeiten (6) (12)

Muskeln können sich zusammenziehen (verkürzen) und wieder entspannen. Sie ziehen sich zusammen, wenn sie über die Nerven ein Signal vom Gehirn empfangen. Die Abbildung oben zeigt die Armmuskeln. Um den Unterarm zu heben, zieht sich der Bizeps zusammen, während der Trizeps sich entspannt. Beim Strecken des Arms zieht sich der Trizeps zusammen.

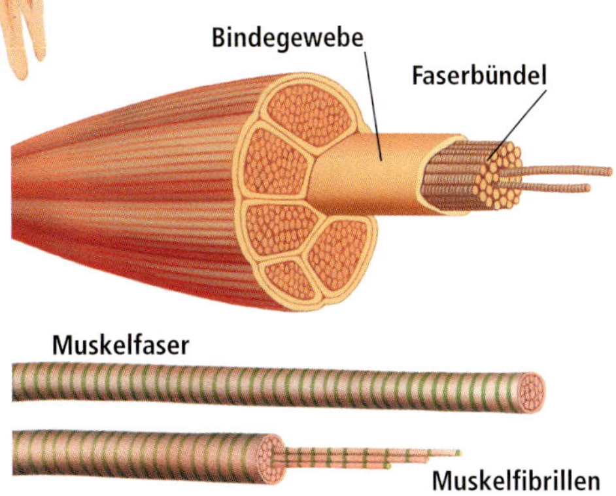

Aufbau der Muskeln (5)

Muskeln bestehen aus Millionen Muskelfasern, die ihrerseits wiederum aus vielen Muskelfibrillen aufgebaut sind. Jedes Faserbündel ist in eine Schicht aus Bindegewebe gehüllt.

FRAGEN: Medizin

Stufe 1

1. Wen sucht man auf, wenn man sich krank fühlt?
2. Wer bringt Menschen ins Krankenhaus: Rettungswagen, Feuerwehrauto oder Traktor?
3. Bekommt man einen Rettungswagen über Notruf?
4. Arbeiten Krankenschwestern im Krankenhaus oder beim Zahnarzt?

Stufe 2

5. Ein Knochenbruch heilt von selbst. Richtig oder falsch?
6. Mit welchem Gerät mit „S“ hört man den Herzschlag eines Menschen ab?
7. Was misst ein Thermometer?
8. Liegen auf der Intensivstation Patienten, die sehr krank sind, oder solche, die bald entlassen werden?
9. Wie heißt ein Arzt mit „C“, der Operationen durchführt?
10. Wie heißt die Operation mit „T“, wenn ein beschädigter Körperteil durch einen neuen, gesunden ausgetauscht wird?
11. Bekommt man einen Gips bei einem Schnupfen oder einem Knochenbruch?
12. Wer kümmert sich während der Fahrt im Rettungswagen um den Patienten?
13. Ein Symptom ist eine Art Medizin. Richtig oder falsch?
14. Wie heißen die Strahlen mit „R“, mit denen sich der menschliche Körper durchleuchten lässt?

Stufe 3

15. Wie lautet der Begriff für die Bestimmung einer Krankheit?
16. Welche Verletzung kann durch Ruhigstellen behandelt werden?
17. Womit befördert man Nährstoffe direkt in den Blutkreislauf des Patienten?
18. Welche Strahlen mit „M“ ermöglichen eine Innenaufnahme des menschlichen Körpers?

SUCH DIE ANTWORT

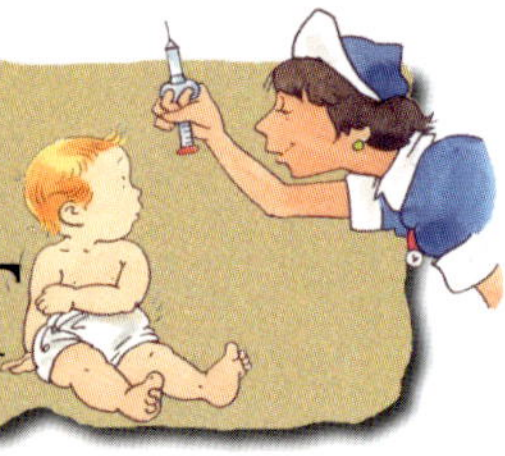

Medizin

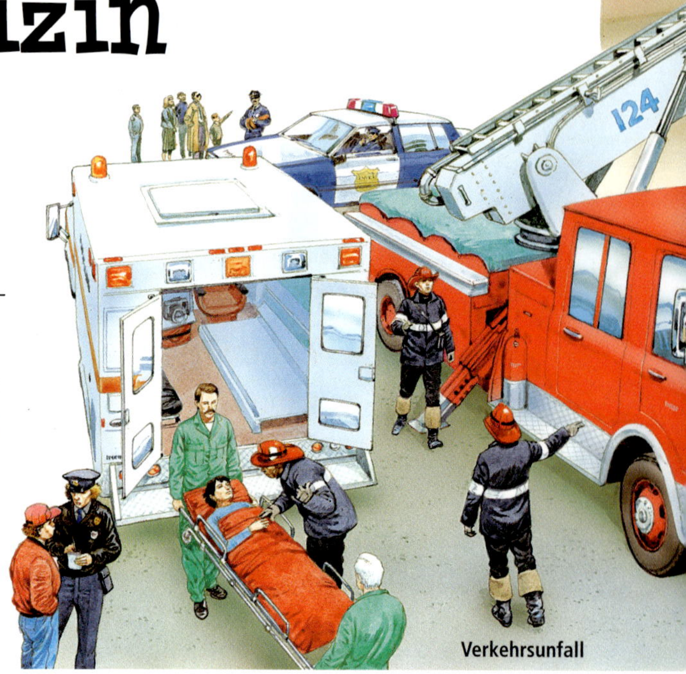

Verkehrsunfall

Das Wort Medizin hat zwei Bedeutungen. Wenn du krank bist, gibt dir der Arzt eine Medizin. Medizin nennt man aber auch die Wissenschaft von den Krankheiten und Verletzungen. Im Medizinbereich arbeiten Ärzte, Krankenschwestern und Chirurgen, ebenso wie Pharmazeuten und Forscher, die neue Heilmittel und -methoden entwickeln.

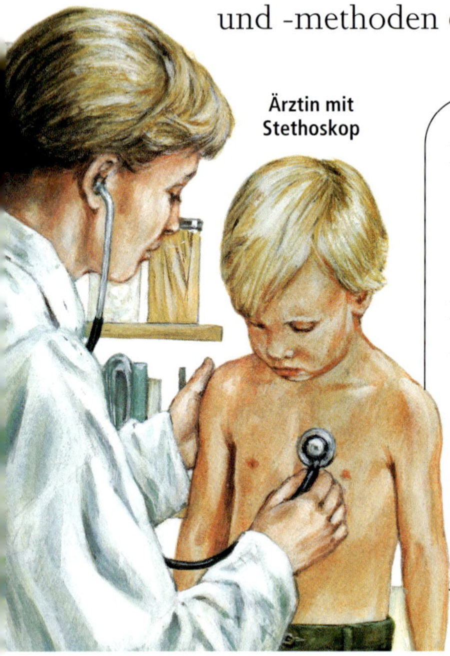

Ärztin mit Stethoskop

Ärzte

1 6 7 13 15

Wenn man sich krank fühlt, geht man zum Arzt. Dieser stellt anhand der Symptome (Krankheitsanzeichen) die Diagnose, das heißt, er stellt fest, welche Krankheit der Patient hat. Die Ärztin links hört mit dem Stethoskop den Herzschlag ab. Ärzte verwenden auch Thermometer, um die Körpertemperatur zu messen.

Notruf

2 3 12

Der Rettungs- oder Krankenwagen bringt Kranke und Verletzte möglichst schnell ins Krankenhaus. Man kann ihn über Notruf erreichen. Im Krankenwagen fährt ein Notarzt oder Sanitäter mit, der sich auf der Fahrt um den Patienten kümmert.

Knochenbrüche behandeln

5 11 16

Knochenbrüche verheilen von selbst, doch damit die Knochen in der richtigen Position zusammenwachsen, wird das betroffene Körperteil in einen festen Verband aus Gips oder Kunststoff gewickelt und ruhig gestellt. Manchmal wird der Körperteil mit einer Seilvorrichtung am Bett fixiert, wie hier auf dem Bild.

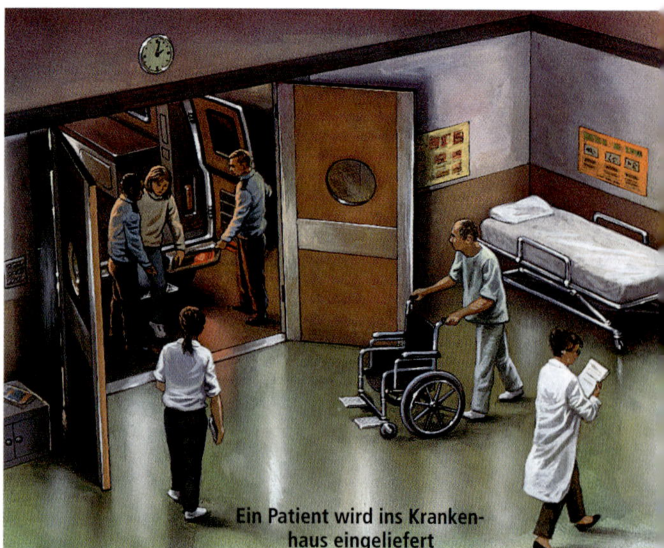

Ein Patient wird ins Krankenhaus eingeliefert

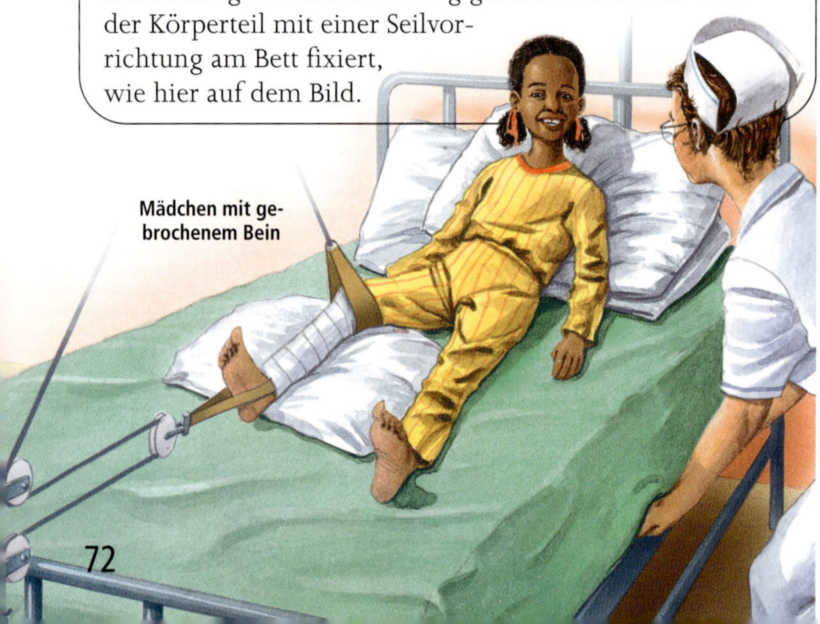

Mädchen mit gebrochenem Bein

Krankenhäuser

4

In einem Krankenhaus werden Kranke und Verletzte behandelt, damit sie wieder gesund werden. In diesen Einrichtungen arbeiten viele Ärzte und die meisten Krankenschwestern und Chirurgen. Jede größere Stadt hat ein eigenes Krankenhaus.

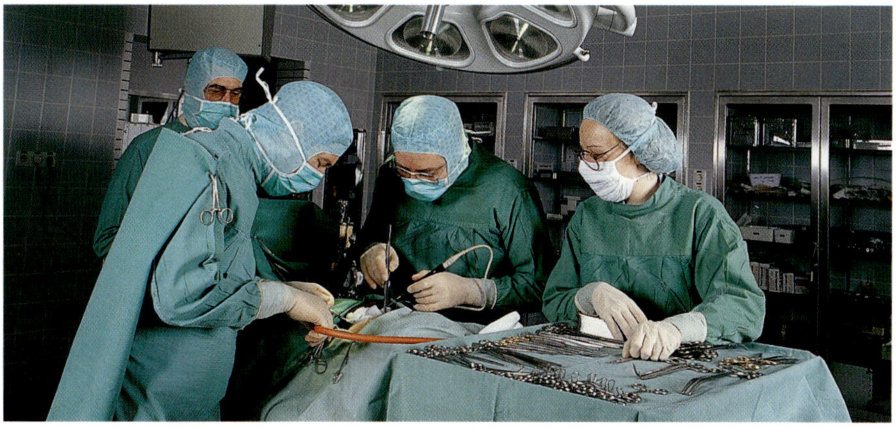

Operationen

9 10

Bei Chirurgen handelt es sich um Ärzte, die Operationen durchführen. Durch diese Eingriffe sollen die Menschen geheilt werden. Manchmal ist es dabei auch nötig, kranke Körperteile zu entfernen. Bei Transplantationen wird ein beschädigter Körperteil durch einen neuen, gesunden ersetzt.

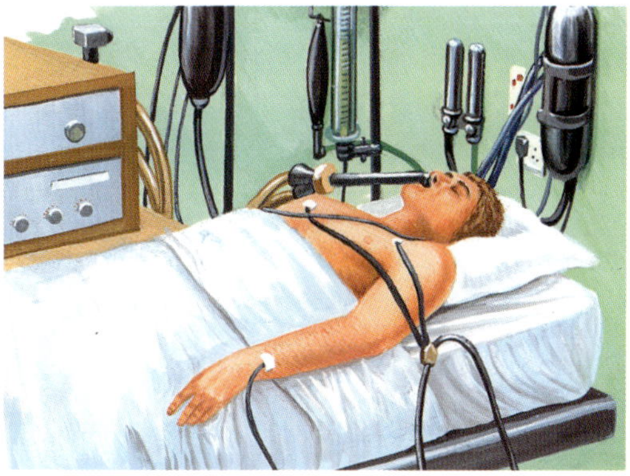

Intensivstation

8 17

Sehr kranke Menschen liegen auf der Intensivstation. Meist sind sie an Maschinen angeschlossen. Eine Infusion versorgt sie mit Medikamenten und Nährstoffen, die über die Vene direkt in den Blutkreislauf fließen.

Innenaufnahmen

14 18

Innenaufnahmen vom menschlichen Körper werden mit Röntgen- oder Magnetstrahlen gemacht, die durch den Körper geschickt werden und auf Sensoren treffen. So lassen sich Krankheiten oder Verletzungen erkennen, die von außen unsichtbar sind.

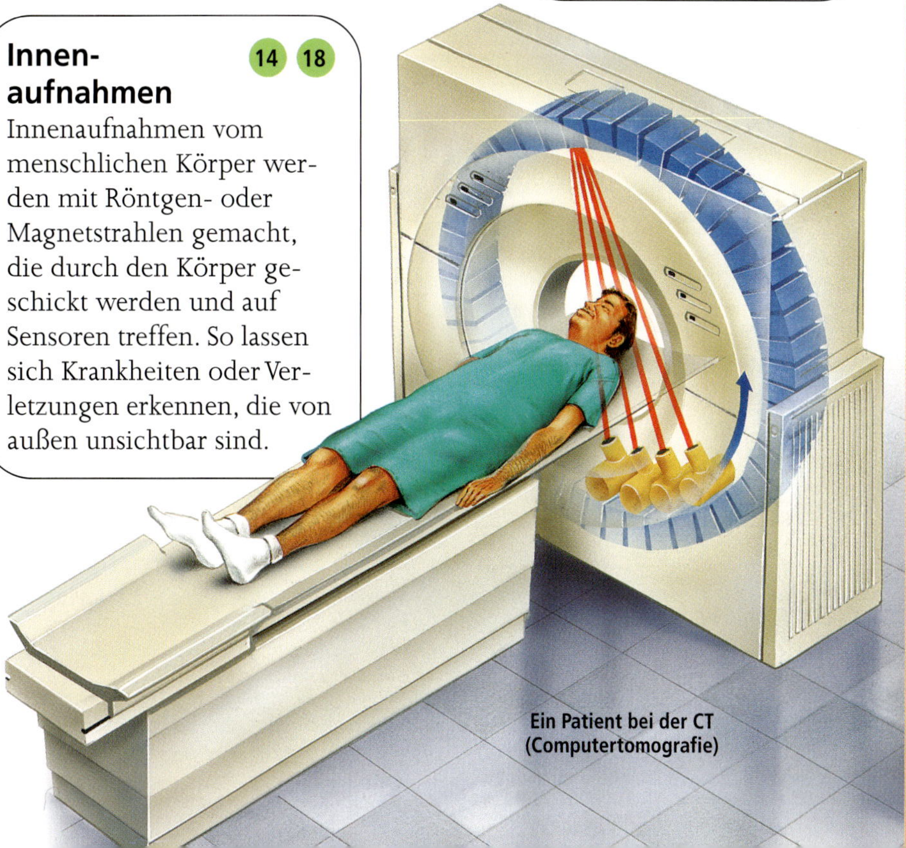

Ein Patient bei der CT (Computertomografie)

FRAGEN: Züge

Stufe 1

1. Was war zuerst da: die Dampflok oder die Elektrolok?
2. Befördern alle Züge Passagiere?
3. Ist Diesel ein Kraftstoff oder ein Nahrungsmittel?
4. Wer baute die erste auf Schienen fahrende Dampflok: Richard Trevithick, Richard Branson oder Richard Löwenherz?
5. Womit wurde die Dampflok befeuert?

Stufe 2

6. War der Wilde Westen in Europa oder in den USA?
7. Wird Dampf durch Erhitzen von Wasser oder von Erdöl erzeugt?
8. In welchem Land fährt der Hochgeschwindigkeitszug Shinkansen?
9. Wie heißt eine berühmte Dampflok mit „R", erbaut von George Stephenson?
10. In welchem Land fährt der Hochgeschwindigkeitszug TGV?
11. Gibt es Züge, die über 200 km/h fahren können?
12. Wozu dienten die „Cowcatchers" an den Lokomotiven des Wilden Westens?
13. War die Dampfloktechnik sauberer oder schmutziger als die moderne Antriebstechnik?

Stufe 3

14. In welchem Land gab es die erste Zugstrecke für die Dampflok?
15. In welchem Jahrhundert wurde die erste Zugstrecke quer durch Nordamerika gebaut?
16. Wie nennt man Güter, die transportiert werden?
17. Wie lang war der längste Zug der Welt: 5 km, 6 km oder 7 km?
18. Wie nannte man die Menschen, die mit dem Zug in den Wilden Westen reisten, um neues Land zu besiedeln?

SUCH DIE ANTWORT 

Züge

Alte Dampflok

Züge sind ein großartiges Transportmittel. Sie fahren auf Schienennetzen, sind schnell, bequem, sauber und meist auch recht leise. Züge gibt es seit ungefähr 200 Jahren, viel länger also als Autos. Sie können viele Personen befördern und verbrauchen dabei aber vergleichsweise wenig Treibstoff – sie sind also umweltfreundlich.

George Stephensons *Rocket*

Dampf
1 5 7 13

Die ersten Züge fuhren mit Dampfantrieb. Dafür wurde Kohle verbrannt, um Wasser in einem Dampfkessel auf sehr hohe Temperaturen zu erhitzen. Durch die Rußwolken bei der Verbrennung waren Dampfloks viel schmutziger als die modernen elektrischen Loks.

Schienen
4 9 14

Richard Trevithick stellte als Erster eine Dampflok auf die Schiene und erfand damit die Eisenbahn. Seine erste Lokomotive startete in Südwales im Februar 1804 – also bereits 25 Jahre vor George Stephensons berühmter Dampflok, der *Rocket*.

Shinkansen

Wild-West-Züge

6 12 15 18

Die Eisenbahn half den Pionieren, den Wilden Westen Amerikas zu erforschen und zu besiedeln. Die erste Schienenstrecke quer durch Nordamerika wurde 1869 fertiggestellt. Die Loks hatten große Kamine und „Cowcatcher“, um Rinder von der Schiene zu schieben.

Hochgeschwindigkeitszüge

8 10 11

Japan hat ein äußerst fortschrittliches Eisenbahnnetz. Der Hochgeschwindigkeitszug Shinkansen fährt über 300 km/h schnell. In Deutschland ist der schnellste Zug der Intercity Express (ICE).

Fracht

2 3 16 17

Nicht alle Züge befördern Passagiere. Es gibt auch Güterzüge, die mit Fracht beladen sind. Der längste Zug der Welt transportierte Kohle durch die USA. Er war ungefähr 6 km lang und wurde von drei dieselbetriebenen Loks gezogen.

FRAGEN: Flugpioniere

Stufe 1

1. Wie heißt ein unmotorisiertes Fluggerät mit „G“?
2. Der erste bemannte Flug fand in einem Ballon statt. Richtig oder falsch?
3. Bewegt sich ein Luftschiff zu Wasser oder in der Luft?

Stufe 2

4. Wie heißt ein Fluggerät mit „H“, das von Rotoren angetrieben wird?
5. Welches Gewässer überflog Louis Blériot 1909 als Erster: den Ärmelkanal oder den Atlantik?
6. In welchem Jahrhundert machte Otto Lilienthal die ersten kontrollierten Flüge mit dem Gleiter: im 9. oder im 19.?
7. Wie viele Tragflächen hat ein Eindecker?
8. Aus welchem Land mit „D“ kam Otto Lilienthal?
9. Jean-François Pilâtre war der erste Mensch, dem das Fliegen gelang. Richtig oder falsch?
10. Fand der erste Flug mit Antrieb in Europa oder in den USA statt?
11. Welcher große italienische Künstler und Denker des 16. Jahrhunderts entwarf einen Gleiter, der niemals gebaut wurde?
12. Wie lautet der Nachname der Brüder mit „M“, die das erste bemannte Fluggerät bauten?

Stufe 3

13. Wie lautet der Nachname von Wilbur und Orville, die das erste motorisierte Flugzeug entwickelten, das schwerer als Luft war?
14. Wie hieß dieses Flugzeug?
15. Mit welchem Brennstoff flog das erste Flugzug, das schwerer als Luft war?
16. In welchem Jahrhundert startete der erste bemannte Flug: im 16., 17. oder 18. Jahrhundert?
17. Wem gelang der erste motorisierte Flug?
18. Aus welchem Land kam er?

SUCH DIE ANTWORT

Flugpioniere

Fliegen ist heute ganz selbstverständlich. Tagtäglich befördern Flugzeuge Millionen von Passagieren über die ganze Welt. Dabei stiegen die ersten motorisierten Flugzeuge vor gerade mal hundert Jahren in den Himmel auf. Schon vorher unternahm man Flugversuche mit Heißluftballons, Luftschiffen und unmotorisierten Gleitern.

Heißluftballon von Montgolfier

Montgolfier 2 9 12 16

Das erste bemannte Fluggerät war ein Heißluftballon, erbaut von den beiden französischen Brüdern Montgolfier. Am 15. Oktober 1783 flog Jean-François Pilâtre damit in 25 m Höhe über die französische Stadt Paris. Der Ballon war mit einem Seil verankert.

Da-Vinci-Gleiter

Frühe Gleiter 4 11

Die Menschheit träumte schon lange Zeit vom Fliegen. Der Gleiter oben im Bild wurde von dem italienischen Denker und Künstler Leonardo da Vinci bereits um das Jahr 1500 entwickelt. Er entwarf auch eine Art Hubschrauber mit rotierenden Tragflächen, doch keine seiner Flugmaschinen wurde jemals gebaut.

Motorisierter Flug 3 10 14 17 18

Der *Wright Flyer*, das erste motorisierte Flugzeug, das schwerer als Luft war, startete am 17. Dezember 1903 in den USA. Der erste motorisierte Flug war allerdings schon 50 Jahre zuvor vom Franzosen Henri Giffard in einem dampfbetriebenen Luftschiff unternommen worden.

Der *Wright Flyer*

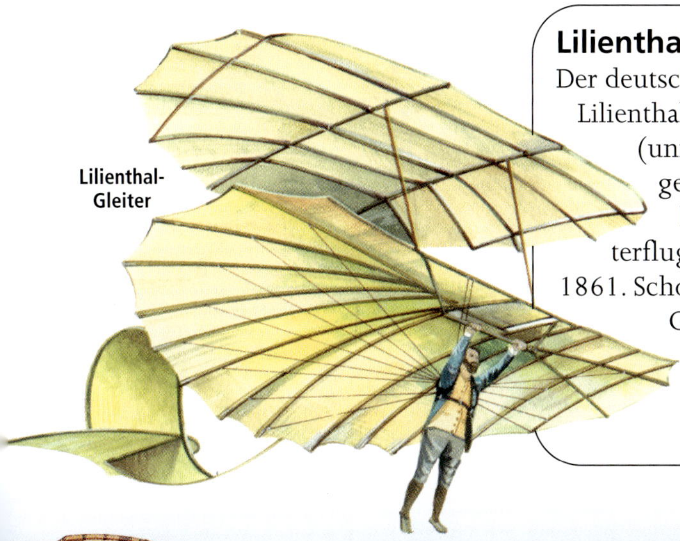

Lilienthal

1 6 8

Der deutsche Ingenieur Otto Lilienthal entwickelte Gleiter (unmotorisierte Fluggeräte). Den ersten kontrollierten Gleiterflug unternahm er 1861. Schon andere waren im Gleiter geflogen, konnten aber die Flugbahn nicht kontrollieren.

Blériot

5 7

Im Jahr 1909 überflog der Franzose Louis Blériot als erster Mensch mit einem Flugzeug den Ärmelkanal. Er entwickelte und baute auch einige der ersten flugtüchtigen Eindecker; so nennt man Flugzeuge, die mit zwei Tragflächen anstelle von vier oder sechs ausgestattet sind.

Die Gebrüder Wright

13 15

Wilbur und Orville Wright entwickelten und bauten das erste motorisierte Flugzeug, das schwerer war als Luft. Es war mit einem sehr leichten Benzinmotor ausgestattet. Später entwickelten sie noch weitere Modelle.

FRAGEN: Segeln

Stufe 1

1. Segelboote werden vom Wind angetrieben. Richtig oder falsch?
2. Liegen Boote in einer Marina, einem Merino oder einem Mariner?
3. Welche Westen tragen Menschen, um im Wasser nicht unterzugehen?
4. Gibt es Segelboote mit Motoren?
5. Welcher Anzug hält Windsurfer warm?
6. Ein Ruder verwendet man zum Steuern eines Boots. Richtig oder falsch?
7. Wie heißt ein großes Segelboot mit „Y"?

Stufe 2

8. Was wurde zuerst erfunden: quadratische oder dreieckige Segel?
9. Wie nennt man die linke Seite eines Boots?
10. Wie heißt der hintere Teil eines Boots?
11. Wie heißt die rechte Seite eines Boots?
12. Boote mit quadratischen Segeln können nur in Windrichtung fahren. Richtig oder falsch?
13. Wie viele Rümpfe hat ein Trimaran?
14. Wie nennt man ein Boot mit zwei Rümpfen?
15. Wie heißen kleine offene Segelboote ohne Kajüte?
16. Wie heißt die Sportart, bei der Menschen aufrecht auf einem Brett über das Wasser gleiten?

Stufe 3

17. Welcher Teil des Boots verhindert das Kentern?
18. Welche Mittelmeerinsel war die Heimat der Minoer, einer frühen Seefahrernation?
19. Wann wurden auf den Schiffen der Antike die Ruder eingesetzt?

SUCH DIE ANTWORT

Segeln

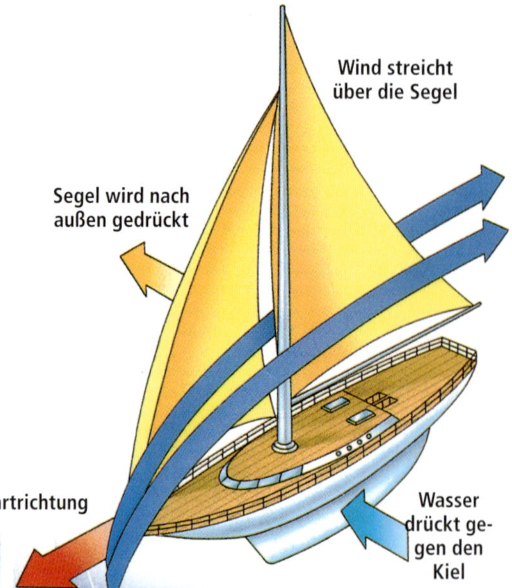

Bis zum 19. Jahrhundert hatten fast alle Boote und Schiffe auf der Welt Segel. Segelschiffe trugen erst die Entdecker, dann die europäischen Siedler in die Neue Welt nach Amerika und Australien. Heute segeln die meisten Menschen zum Vergnügen, nur in wenigen Gebieten der Welt benutzt man Segelboote noch zum Transport von Gütern.

Windantrieb 1 17

Die Windkraft drückt auf das Segel und bewegt dadurch ein Boot durch das Wasser. Moderne Segelboote können in jede Richtung fahren, nur nicht direkt gegen den Wind. Eine Kursänderung nennt man Manöver. Der Kiel unten am Boot verhindert das Kentern, wenn der Wind zu stark ist.

Die ersten Segelschiffe 8 12 18 19

Die Minoer von der Insel Kreta und die alten Griechen bauten schon 2500 v. Chr. die ersten Segelboote. Sie hatten quadratische Segel und konnten deshalb nur direkt in Windrichtung fahren. Mit Rudern stemmte sich die Besatzung gegen den Wind. Mit der Erfindung des dreieckigen Segels um ca. 1200 v. Chr. wurde es dann möglich, in jede Richtung zu segeln.

Segelsport 2 4 7

Die meisten Segelbootbesitzer segeln zu ihrem Vergnügen. Die Boote liegen in Marinas oder Bootshäfen vor Anker. Größere Segelboote nennt man Yachten. Manche Segelboote sind mit einem Motor ausgestattet, damit sie auch fahren können, wenn kein Wind weht.

Jollen 3 6 15

Eine Jolle ist ein kleines offenes Boot ohne Kajüte, meistens für ein oder zwei Personen. Die Segler sind mit Schwimm- oder Rettungswesten ausgerüstet, falls sie einmal über Bord gehen. Wie die meisten Boote sind Jollen mit einem Heckruder zum Steuern ausgerüstet.

Katamarane 13 14

Bei einem Katamaran handelt es sich um ein Boot mit zwei Rümpfen. Die Segler setzen ihr Gewicht ein und lehnen sich auf eine Seite, wenn das Boot zu kentern droht.
Es gib auch Boote mit drei Rümpfen; man nennt sie Trimarane.

Bugspriet 9 10 11

Die weit über den Bug hinausragende lange Spitze eines Boots nennt man Bugspriet. Als Bug wird die Vorderseite des Boots bezeichnet, die Rückseite als Heck. Die linke Bootshälfte heißt Backbord, die rechte Steuerbord.

Windsurfen 5 16

Windsurfer stehen auf einem Surfbrett und halten das Segel so, dass der Wind hineinblasen kann. Sie tragen Neoprenanzüge, damit sie nicht frieren, wenn sie ins Wasser fallen, was sehr oft passiert.

FRAGEN:
U-Boote

Stufe 1

1. Wofür steht das U in „U-Boot“?
2. Ist ein Torpedo eine Waffe oder ein Turnschuh?
3. Wie heißen Menschen, die die Unterwasserwelt erkunden?
4. Wie heißt ein Ozean mit „A“?

Stufe 2

5. Setzte Deutschland in den Weltkriegen U-Boote ein?
6. Gibt es U-Boote mit atomarem Antrieb?
7. Wie nennt man die sich drehenden Objekte, mit denen sich ein U-Boot unter Wasser fortbewegt?
8. Können U-Boote Schiffe angreifen, die auf der Wasseroberfläche fahren?
9. Wie nennt man Forschungs-U-Boote noch?
10. Wie heißt der Treibstoff mit „D“, der meistens für den U-Boot-Antrieb verwendet wird?
11. Wie heißen die Tanks, die sich mit Meerwasser füllen, wenn ein U-Boot taucht?
12. Ein Bathyscaph ist eine Art Radarsystem. Richtig oder falsch?
13. Was bedeutet die Abkürzung ROV?
14. Mit welchem Gerät kann die Besatzung eines U-Boots über Wasser sehen?

Stufe 3

15. Wo liegt der Marianengraben, die tiefste Stelle der Erde?
16. Wie hieß die Tiefseetauchkapsel, die erstmals Menschen auf den Boden des Marianengrabens gebracht hat?
17. Wie hieß das bemannte Forschungs-U-Boot, das als Erstes das Wrack der *Titanic* erkundet hat?
18. Welcher Ozeandampfer wurde am 7. Mai 1915 von einem deutschen U-Boot angegriffen und versenkt?

SUCH DIE ANTWORT

U-Boote

U-Boote dienen zur Erforschung der Unterwasserwelt. In Kriegszeiten werden sie aber auch zu militärischen Zwecken eingesetzt. U-Boote gibt es erst seit noch nicht einmal 400 Jahren. Die heutigen Unterwassergefährte haben allerdings nur mehr wenig mit den frühen Modellen gemeinsam, die meist aus Holz waren und von der Besatzung selbst angetrieben werden mussten.

Antrieb 6 7 10

Moderne U-Boote bewegen sich mithilfe von Schiffsschrauben oder Propellern. Sie verfügen über riesige Motoren. Einige von ihnen fahren mit Dieselkraftstoff, andere werden durch Atomkraft angetrieben.

Kriegsmarine 5 8 18

In den beiden Weltkriegen setzte die deutsche Marine zahlreiche U-Boote ein. Sie torpedierte damit feindliche Kriegsschiffe wie zum Beispiel die *RMS Lusitania*, die am 7. Mai 1915 von Torpedos schwer getroffen und versenkt wurde.

Tauchen und Auftauchen 1 11

Die Abkürzung „U-Boot“ bedeutet Unterseeboot. Wenn ein U-Boot taucht, füllen sich spezielle Tanks (Ballasttanks) mit Meerwasser. Zum Auftauchen wird komprimierte Luft in den Tank gepumpt. Dadurch entweicht das Wasser, das U-Boot wird leichter.

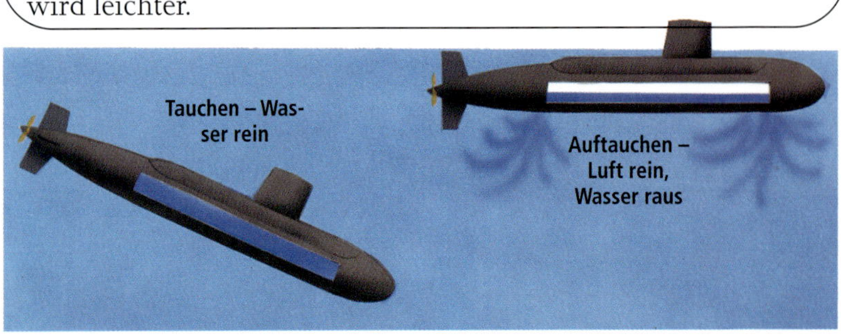

Tiefseetauchen 3

Manchmal verwenden Taucher eine Tauchkapsel, um große Tiefen zu erforschen. Diese Tauchkapseln sind mit Roboterarmen und Greifzangen versehen, mit denen der Taucher zum Beispiel auch Gegenstände vom Meeresgrund aufheben kann.

Alvin 4 9 13 17

Forschungs-U-Boote nennt man auch Tauchboote. 1986 erforschte das US-Tauchboot *Alvin* mit drei Mann an Bord das Wrack der *Titanic*, die 1912 im Atlantik gesunken war. Die ROV *Jason Junior* (ROV = remotely operated vehicle, ferngesteuertes Fahrzeug) inspizierte das Wrack von innen.

Ausrüstung 2 14

Die Besatzung eines U-Boots kann mit einem Periskop über Wasser sehen. Militär-U-Boote sind mit Torpedos (Unterwasser-Raketen) ausgestattet, um andere Schiffe zu versenken.

Tiefster Tauchgang 12 15 16

Am 23. Januar 1960 tauchte die bemannte *Trieste*, eine Tiefseetauchkapsel, auch Bathyscaph genannt, fast 11 km tief zum tiefsten Punkt der Erde – dem Marianengraben am Boden des Pazifischen Ozeans. Der Tauchgang dauerte fast fünf Stunden.

FRAGEN:

Haushalts-geräte

Stufe 1

1. Steckt man Brot in den Toaster oder in die Spülmaschine?
2. In welchem Gefäß mit „K" erhitzt man Wasser?
3. Ist Hoover eine Staubsaugermarke oder ein Reißverschluss?

Stufe 2

4. Welche Erfindung wird John Logie Baird zugeschrieben?
5. In welchem Jahrhundert wurde die Spülmaschine erfunden?
6. Wurde das Sicherheitssystem für den elektrischen Wasserkessel 1890, 1930 oder 1989 erfunden?
7. Was wurde zuerst erfunden: die Waschmaschine oder die Spülmaschine?
8. Welcher Haushaltsgegenstand wird gewöhnlich mit Thomas Edison in Verbindung gebracht?
9. Die Menschen verwenden erst seit 1940 Reißverschlüsse. Richtig oder falsch?
10. Welcher praktische Gegenstand wurde von Laszlo Biro erfunden?
11. Für welche Arten von Bränden verwendet man Löschschaum?
12. Wurde die Küchenmaschine 1951, 1961 oder 1971 erfunden?
13. In welchem Jahrzehnt des 20. Jahrhunderts wurden die ersten Mikrowellengeräte verkauft?

Stufe 3

14. In welchem Jahr wurde das erste Fernsehbild übertragen?
15. James Murray Spangler erfand den ersten tragbaren …?
16. Was hat Alexandre Godefoy erfunden?
17. Welches Küchengerät wurde aus einer früheren Erfindung, dem sogenannten Magnetron, entwickelt?
18. Wer erfand die Nähmaschine?

SUCH DIE ANTWORT

Haushaltsgeräte

All die praktischen Helfer sind aus dem Haushalt nicht mehr wegzudenken. Sie erleichtern die Hausarbeit und helfen Zeit zu sparen. Die Erfindung von Waschmaschine, Spülmaschine und Staubsauger im 20. Jahrhundert hat unser aller Alltag grundlegend umgekrempelt.

Wasserkessel (2) (6)

Der elektrische Kessel wurde 1922 von Arthur Leslie Large erfunden. Das Sicherheitssystem, mit dem der Kessel sich automatisch abschaltet, wenn das Wasser kocht, stammt aus dem Jahr 1930.

Wasserkessel

Wohnzimmer (4) (8) (14) (16)

Thomas Edison erfand die Glühbirne, die 1879 erstmals verkauft wurde. Das erste Fernsehbild wurde im Jahr 1925 übertragen, die bahnbrechende Erfindung verdanken wir dem Ingenieur John Logie Baird. Den Fön erfand um 1920 Alexandre Godefoy.

Mikrowellengerät (13) (17)

Das erste Mikrowellengerät wurde schon 1967 verkauft. Es handelte sich dabei um eine Weiterentwicklung einer früheren Erfindung, dem Magnetron.

In der Küche (1) (5) (7) (12)

Die Waschmaschine wurde bereits 1908, die Spülmaschine dann 1913 und der Toaster sogar schon 1909 erfunden. Die Küchenmaschine gibt es allerdings erst seit dem Jahr 1971.

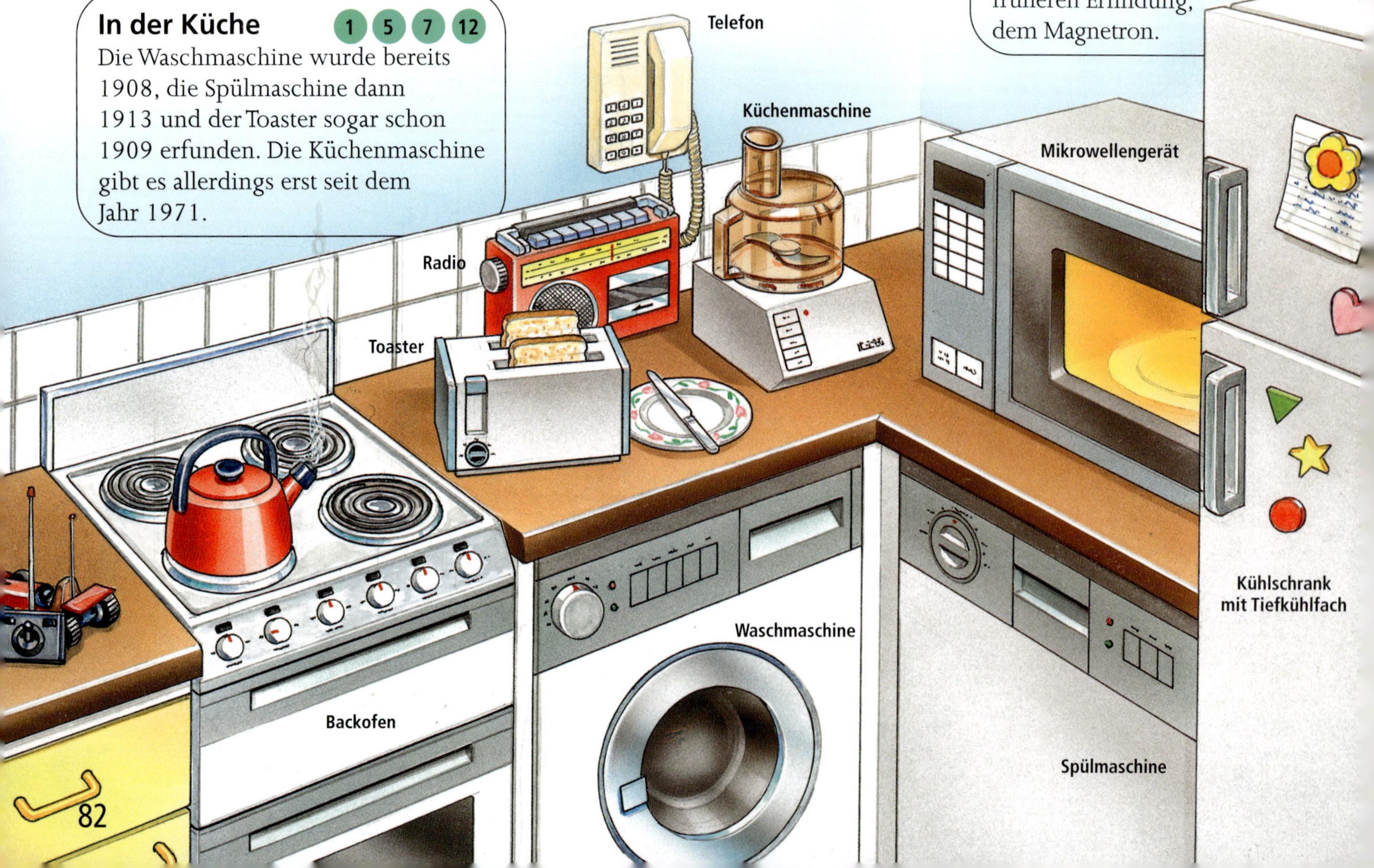

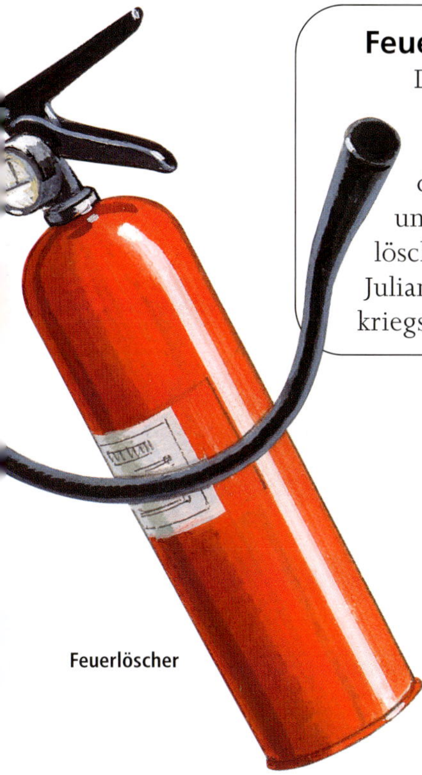

Feuerlöscher

Feuerlöscher 11

Den ersten Feuerlöscher ließ sich 1872 Thomas Martin patentieren. Ein Feuerlöscher, der mit Löschschaum arbeitet und der auch Gas- und Ölbrände löschen kann, wurde von Dr. Percy Julian während des Zweiten Weltkriegs erfunden.

Kugelschreiber 10

Den Kugelschreiber erfand 1938 der ungarische Journalist Laszlo Biro. Durch den Einsatz der Kugel war es nun möglich, zum Schreiben dieselbe schnell trocknende, dicke Tinte zu verwenden, mit der auch Zeitungen gedruckt wurden.

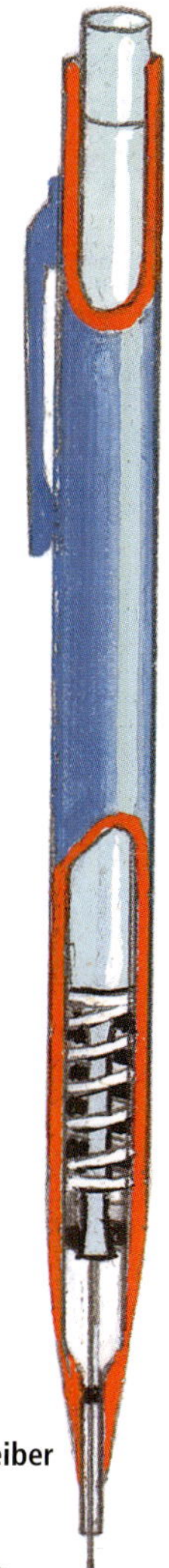

Kugelschreiber

Reißverschluss 9 18

Der Reißverschluss wurde 1851 von Elias Howe entwickelt, dem Erfinder der Nähmaschine. Reißverschlüsse wurden aber erst gegen Ende des 19. Jahrhunderts industriell hergestellt.

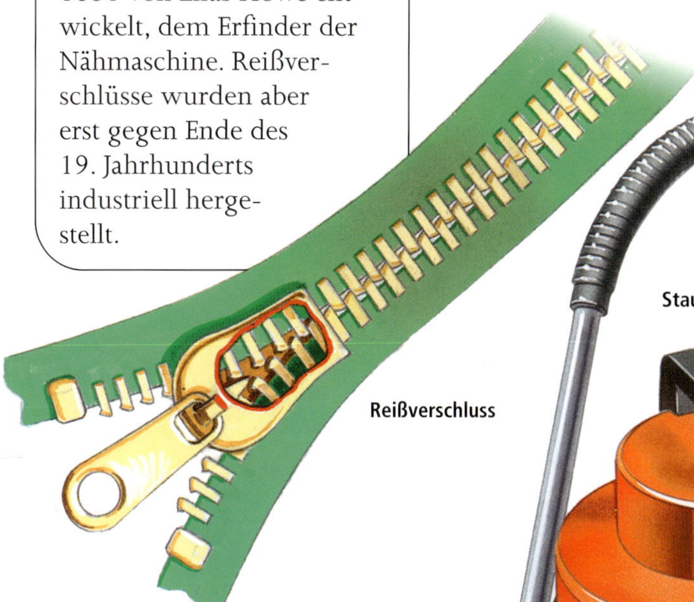

Reißverschluss

Staubsauger

Staubsauger 3 15

Die ersten Staubsauger aus dem 19. Jahrhundert waren noch sehr groß und unhandlich. Die erste tragbare Version wurde 1907 von James Murray Spangler entwickelt und von der Firma Hoover hergestellt.

FRAGEN:
Roboter

Stufe 1

1. Gibt es Roboter, die in Fabriken arbeiten?
2. Werden Roboter manchmal müde?
3. Gibt es Roboter, die unter Wasser arbeiten können?
4. In welchem berühmten Film spielt der Roboter R2-D2 mit?
5. Roboter können nicht zwei Sachen gleichzeitig tun. Richtig oder falsch?

Stufe 2

6. Gibt es Roboter, die Klavier spielen können?
7. Wie nennt man Roboter wie den R2-D2 oder den C-3PO?
8. Wo werden die Informationen beim Programmieren eines Roboters gespeichert?
9. Wie nennt man einen Roboter, der in einer Fabrik arbeitet?
10. Wer hat sich bis jetzt weiter von der Erde entfernt: Roboter oder Menschen?
11. Aus welcher Energiequelle können Solarzellen Strom erzeugen?
12. Wie heißt ein bekannter Animationsfilm, in dem Roboter die Hauptrollen spielen?
13. Welcher Planet wird zurzeit von Robotern erforscht?
14. Wie nennt man die Fähigkeit mit „M", mehrere Dinge gleichzeitig zu tun?
15. Kann man Roboter so programmieren, dass sie Bomben entschärfen?

Stufe 3

16. Aus welcher Sprache stammt das Wort Roboter?
17. In welchem Land wurde der Roboter WABOT-2 entwickelt?
18. In welchem Jahr kam der Animationsfilm *Robots* in die Kinos?

SUCH DIE ANTWORT

Roboter

Roboter werden Maschinen genannt, die dazu programmiert sind, bestimmte Tätigkeiten auszuführen. Viele Roboter werden in Fabriken eingesetzt, etwa in der Autoherstellung. Außerdem erkunden sie Gebiete, die für Menschen nur schwer zugänglich sind, zum Beispiel den Meeresboden oder andere Planeten.

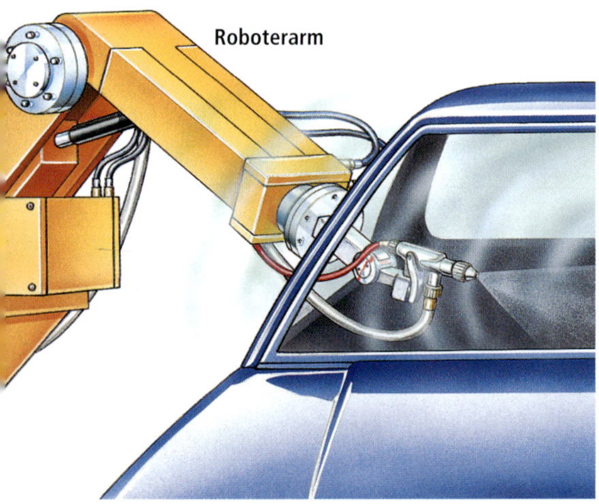

Roboterarm

Industrie 1 2 8 9

In vielen Fabriken werden heute bei schweren, eintönigen oder unangenehmen Arbeiten Roboter eingesetzt. Anders als Menschen werden diese nie müde oder langweilen sich. Industrieroboter werden von Computern gesteuert, zum Beispiel beim Schweißen oder Lackieren von Autoteilen.

Multitasking 5 14

Manche Roboter sind in der Lage, mehrere Aufgaben gleichzeitig zu erledigen. Dies nennt man Multitasking. Die Roboterarme führen dabei gleichzeitig verschiedene oder ähnliche Tätigkeiten aus.

Menschenähnliche Roboter 6 17

Der japanische Roboter WABOT-2 spielt schneller Klavier als jeder Mensch. Er kann Noten lesen und jedes Lied, das er schon einmal gespielt hat, in verschiedenen Geschwindigkeiten wiederholen. Andere Roboter beherrschen die Zeichensprache oder dienen sogar als mechanische „Haustiere“.

UPHAUT 2 erforschte 1993 einen engen Schacht in den Pyramiden von Gizeh

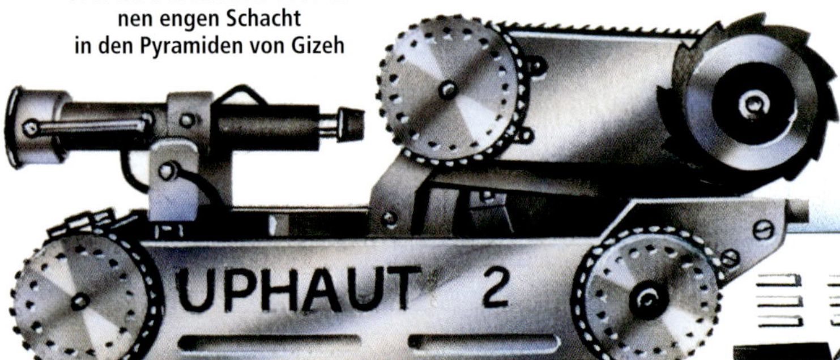

Schwer zugänglich 3 15 16

Das Wort Roboter kommt von *Rabota*, dem tschechischen Wort für Zwangsarbeit. Roboter sind sehr nützlich bei gefährlichen Einsätzen. Sie entschärfen Bomben oder lassen sie ohne Gefahr für Menschen detonieren. Roboter untersuchen auch Schiffswracks unter Wasser oder erkunden den Meeresgrund.

Marsroboter (10) (11) (13)

Roboter sind bereits weiter ins Weltall vorgedrungen als es Menschen jemals möglich war. Seit Januar 2004 erkunden Roboter die Oberfläche des Planeten Mars. Dazu sind sie mit Kameras ausgestattet, die Bilder auf die Erde übertragen. Angetrieben werden die Roboter mit Solarzellen, die aus Sonnenlicht Strom erzeugen.

Dalek

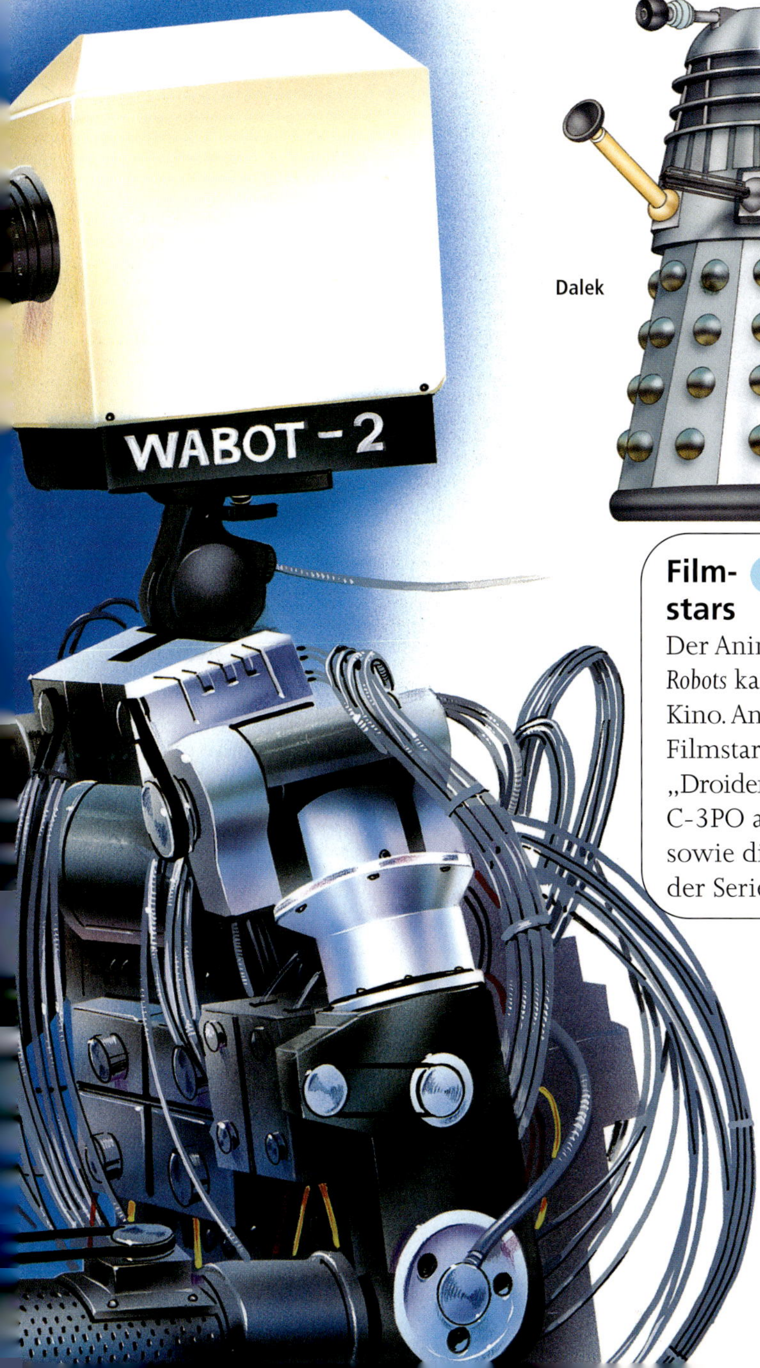

Filmstars (4) (7) (12) (18)

Der Animationsfilm *Robots* kam 2005 ins Kino. Andere Roboter-Filmstars sind die „Droiden" R2-D2 und C-3PO aus *Star Wars* sowie die Daleks aus der Serie *Doctor Who*.

FRAGEN:
Computer und Spiele

Stufe 1

1. Wie heißt das Netzwerk mit „I", das Computer weltweit verbindet?
2. Steht PC für Perfect Computer oder für Personal Computer?
3. Eine Spielkonsole, die so klein ist, dass sie in eine Hand passt, heißt: Handtasche, Handheld oder Handschlag?
4. Welches Computerzubehör heißt genauso wie ein kleines Tier mit Fell?
5. Was wird auf MP3-Dateien gespeichert?

Stufe 2

6. Wo spielte man früher Computerspiele, als die meisten noch keine Computer zu Hause hatten?
7. Kann man auch unterwegs Computerspiele machen?
8. Für welche Computermarke lautet die Abkürzung Mac?
9. Braucht man für die meisten Handheld-Spielkonsolen Speicherkarten oder CDs?
10. Werden Informationen auf dem Computer auf der Festplatte, dem Drucker oder der Maus gespeichert?
11. Wie heißt ein Computerzubehör mit „B", mit dem man Informationen auf eine CD speichern kann?
12. Gehört die Tastatur zur Peripherie oder zur Porphyrie?
13. Wie nennt man beinahe lebensechte Situationen, die von einem Computer erzeugt werden?
14. Welche Handschuhe trägt man bei einem Virtual-Reality-Spiel?
15. Wie lautet der Begriff für einen tragbaren Computer mit „L"?

Stufe 3

16. Worauf werden Daten gespeichert: CD-RAM, CD-REM oder CD-ROM?
17. Wie verbindet man einen Computer mit dem Internet?
18. Welche Dateien lädt man auf einen iPod?

Computer und Spiele

In den letzten Jahrzehnten haben Computer die Arbeitswelt grundlegend verändert. Auch in der Freizeit nehmen Computer einen immer breiteren Raum ein, denn Computerspiele besitzen eine stetig wachsende Fangemeinde. Zur Beliebtheit der Spielkonsolen trägt sicher auch bei, dass man sie überallhin mitnehmen kann.

Internet (1) (17)

Das Internet ist ein Netzwerk, das aus Telefonleitungen und Servern besteht. Es verbindet Computer auf der ganzen Welt miteinander. Im Internet kann man Informationen sehr schnell und über große Entfernungen austauschen.

Ein Mädchen arbeitet mit dem Laptop

Heimcomputer (2) (8) (15)

Viele Menschen haben zu Hause einen PC (Personal Computer) oder einen Mac (Apple Macintosh) stehen. Die kleineren tragbaren Computer bezeichnet man als Laptops.

Festplatte (10)

Die Festplatte ist der wichtigste Teil des Computers: Sie enthält alle Informationen, die nötig sind, damit das Gerät funktionieren kann.

Digitales Zubehör (5) (18)

Mit dem Computer lässt sich eine ganze Reihe von verschiedenen Geräten verbinden. Bilder einer Digitalkamera können zum Beispiel auf die Festplatte des Computers kopiert werden. Auch Musikdateien lassen sich dort speichern und mit MP3-Playern wie dem iPod abspielen.

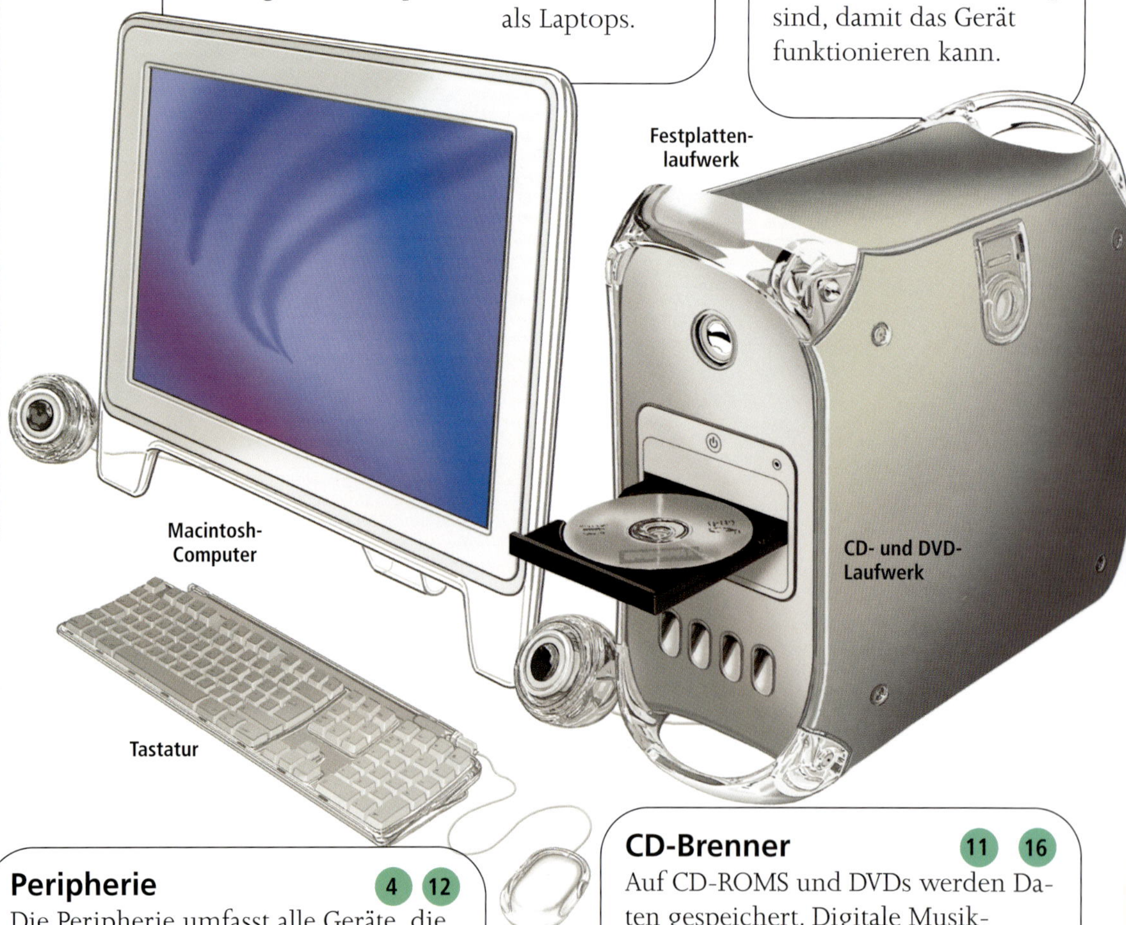

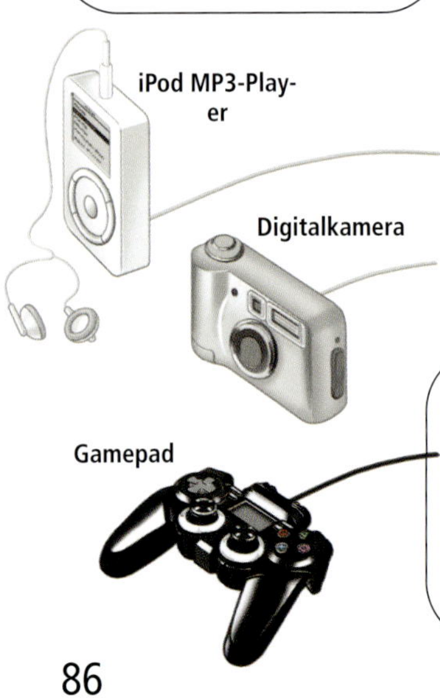

Peripherie (4) (12)

Die Peripherie umfasst alle Geräte, die man an den Computer oder die Spielkonsole anschließt. Dazu gehören zum Beispiel die Tastatur und die Maus oder ein Gamepad.

CD-Brenner (11) (16)

Auf CD-ROMS und DVDs werden Daten gespeichert. Digitale Musikdateien (MP3s) lassen sich mit einem Brenner auf CD speichern. Modernere Computer verfügen über eingebaute DVD-Brenner.

Spielkonsolen 3 7 9

Mit den kleinen Spielkonsolen, die auch Handhelds genannt werden, kann man auch unterwegs Videospiele machen. Die verschiedenen Spiele sind auf Speicherkarten gespeichert.

Computergrafik

Spiele 6

Computerspiele werden laufend komplexer und realistischer, da es immer leistungsfähigere Computermodelle gibt. Als es noch keine tragbaren Spielkonsolen und Heimcomputer gab, gingen die Menschen zum Spielen in Videospielhallen.

Virtuelle Realität 13 14

Mit speziellen Datenbrillen, Datenhandschuhen und Cyberanzügen eröffnet sich eine neue Dimension des Computerspiels (Virtual Reality). Mit Computerprogrammen lassen sich auf diese Weise Situationen erzeugen, die sich (beinahe) echt anfühlen.

FRAGEN:
Das Telefon

Stufe 1

1. Wie heißt eine Textnachricht auf dem Mobiltelefon mit „S"?
2. Waren die ersten Mobiltelefone größer oder kleiner als heute?
3. Haben die meisten modernen Telefone Wählscheiben oder Tasten?
4. Übertragen Mobiltelefone Nachrichten mit Mikrowellen, Gezeitenwellen oder Kurbelwellen?
5. Gibt es Mobiltelefone, mit denen man einen Zugang zum Internet herstellen kann?

Stufe 2

6. Nutzte das erste Telefon der Welt Tonwahlverfahren?
7. In welchem Jahrhundert wurde das Telefon erfunden: im 9., 19. oder 20.?
8. Welches Zusatzgerät mit „K" befindet sich inzwischen auf den meisten Mobiltelefonen?
9. Wie nannte man bei frühen Telefonen den Teil, in den man spricht?
10. An welcher Stelle mit „V" wurden früher die Telefonverbindungen hergestellt?
11. Wie hießen früher die Personen, die die Telefonverbindungen herstellten?
12. Wie viele Namen standen im ersten Telefonbuch der Welt: 50, 500 oder 5.000?
13. Wie hieß eine codierte Botschaft mit „T", als das Telefon noch nicht erfunden war?

Stufe 3

14. Wie wurde früher der Strom zum Telefonieren erzeugt?
15. Wer ist der Erfinder des Telefons?
16. Aus welchem Land stammt Alexander Graham Bell?
17. Wer erfand das Kohlekörnermikrofon?
18. Was wurde zuerst erfunden: das Faxgerät oder das Telefon?
19. Wann gab es die ersten Wählscheiben: 1886, 1896 oder 1906?

SUCH DIE ANTWORT

Das Telefon

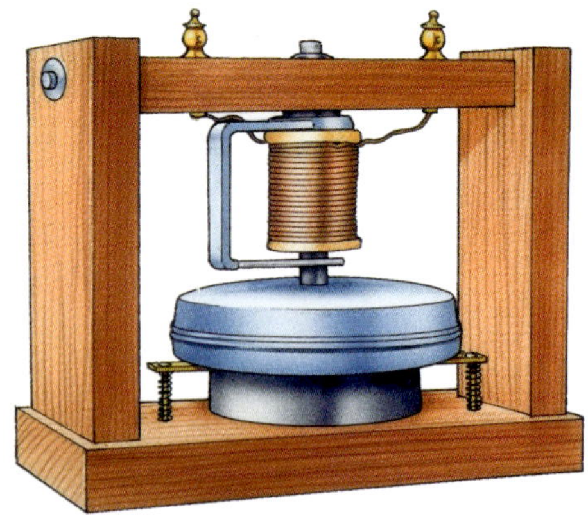

Das Telefon ist das beliebteste Kommunikationsmittel. Es verbindet Freunde und Familien über Grenzen und weite Entfernungen hinweg. Aus dem Geschäftsleben ist das Telefon schon längst nicht mehr wegzudenken. Es diente als Wegbereiter für eine Erfindung, die die ganze Welt verändert hat: das Internet.

Die frühen Jahre 14 17

Bei den ersten Telefonen musste man den Strom noch mit einer Kurbel erzeugen. Der Amerikaner Thomas Edison erfand 1878 das Kohlekörnermikrofon, das die Stimmen der Sprecher viel deutlicher übermittelte.

Die Erfindung des Telefons 7 15 16 18

Der Schotte Alexander Graham Bell erfand 1876 mit Thomas Watson das Telefon. Bells erste Worte über das Telefon lauteten: „Mr. Watson, kommen Sie – ich brauche Sie.“

Nummern wählen 9 19

Wählscheiben gibt es seit 1896. Vorher musste der Anrufer eine Vermittlungsstelle bitten, eine Verbindung herzustellen. Frühe Telefone hatten eine Sprechmuschel und eine an einem Kabel befestigte Hörmuschel.

Vermittlungsstelle 10 11 12

In einer Telefon-Vermittlungsstelle laufen viele Telefonleitungen zusammen. Hier wird bei einem Anruf die Verbindung hergestellt. Jahrzehntelang mussten Angestellte (das „Fräulein vom Amt“) die Kabel in die richtigen Anschlussdosen stecken. Heute läuft fast alles automatisch ab. Das erste Telefonbuch wurde bereits im Jahr 1878 gedruckt. Es standen allerdings nur 50 Namen darin.

Moderne Telefone 3 6

Neuere Telefone arbeiten mit Tonwahlverfahren. Jede Taste erzeugt bei diesem Verfahren einen anderen Ton, der von den Computern der Verbindungsstelle erkannt wird.

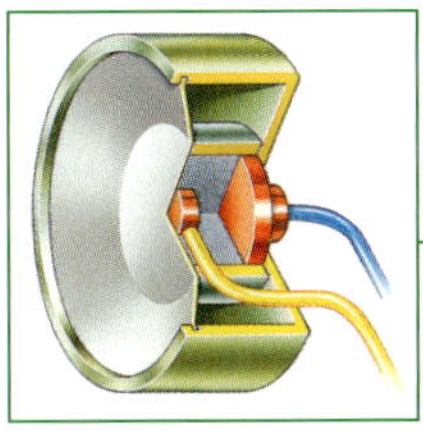

Sprechmuschel

Telegramme 13 18

Vor der Erfindung des Telefons schrieb man Telegramme – kodierte Botschaften, die per Fernschreiber übertragen wurden. 1843 wurde der Kopiertelegraf, ein frühes Faxgerät, erfunden.

Mobiltelefon

Mobiltelefone 2 4

Mobiltelefone gibt es seit den 1980-er Jahren. Die ersten Modelle waren noch so groß wie ein Ziegelstein, mit der Zeit wurden sie aber immer kleiner. Die Nachrichten werden durch Mikrowellen übertragen und von den Mobilfunkmasten empfangen und weitergegeben. Das geschieht entweder direkt über den Masten durch die Luft oder über spezielle Glasfaserkabel auf dem Landweg.

Blackberry

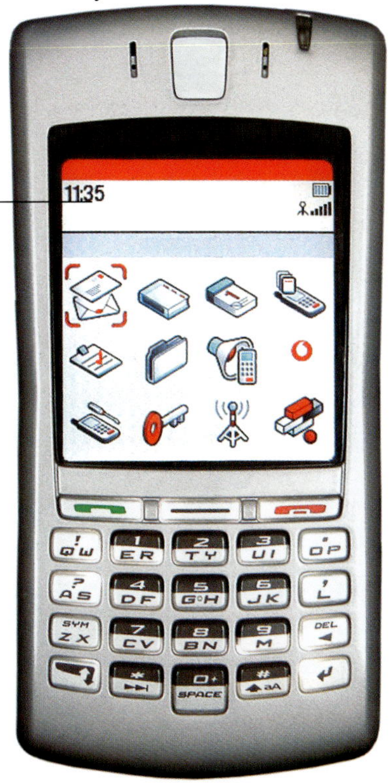

Neues Zubehör 1 5 8

Mobiltelefone werden mit immer mehr zusätzlichen Funktionen ausgestattet. Außer Telefonieren kann man damit SMS (Kurznachrichten) schreiben, sich ins Internet einwählen und Emails verschicken. Die neuesten Modelle haben außerdem eingebaute Kameras, Musikprogramme und Videospiele.

FRAGEN: Entdeckungen

Stufe 1

1. Was ist Isaac Newton auf den Kopf gefallen und hat ihn auf die Idee für seine berühmteste Theorie gebracht?
2. Was dreht sich und ermöglicht Fahrzeugen die Fortbewegung?
3. Welche Kraft ist verantwortlich dafür, dass Dinge auf den Boden fallen?

Stufe 2

4. Welcher griechische Mathematiker rief „Heureka“ in der Badewanne?
5. Aus welchem Land stammte Isaac Newton?
6. In welchem Jahrhundert gab es die ersten Autos mit Benzinmotor?
7. Michael Faraday war ein amerikanischer Wissenschaftler. Richtig oder falsch?
8. Mit welchem Antrieb fuhren die ersten Autos?
9. Karl Benz war ein Pionier des Automotors. Richtig oder falsch?
10. Wer formulierte die Relativitätstheorie?
11. Aus welchem Land stammt der Physiker Albert Einstein?
12. Wurde das Rad vor über 3000 Jahren erfunden?
13. Welches Phänomen mit „M“ verstehen wir heute dank Michael Faraday besser?
14. Aus welchem Land stammte Nicolas Cugnot, der das erste Auto gebaut hat?
15. Wie lautet die Abkürzung für Desoxyribonukleinsäure?

Stufe 3

16. In welchem heutigen Land stehen die Ruinen der Stadt Uruk?
17. Welche beiden Wissenschaftler haben die Doppelhelixstruktur der Desoxyribonukleinsäure entdeckt?
18. Wofür steht das E in der Formel $E = mc^2$?

SUCH DIE ANTWORT

Entdeckungen

Die Geschichte der Wissenschaft ist eine Geschichte von Entdeckungen. Dass wir heute so viel über die Welt wissen, verdanken wir klugen Köpfen, die große Ideen hatten und diese auf ihre Richtigkeit überprüften. Manche führten zu nützlichen Erfindungen, andere zum besseren Verständnis des Universums.

Archimedes
4

Der alte Grieche machte eines Tages eine wichtige Entdeckung zum spezifischen Gewicht der Körper, als er in der Badewanne saß und das Wasser überlief. In dem Moment, als ihm die Idee in den Kopf schoss, rief er laut „Heureka".

Sir Isaac Newton

Das Rad
2 12 16

Niemand weiß, wer das Rad erfunden hat. Die ältesten Bilder von Rädern stammen aus dem Irak und sind über 5500 Jahre alt. Rund um die Stadt Uruk gab es zu jener Zeit eine hoch entwickelte Zivilisation. Es ist jedoch möglich, dass das Rad sogar noch früher erfunden wurde.

Newton
1 3 5

Der englische Wissenschaftler Sir Isaac Newton (1642–1727) entdeckte die Schwerkraft. Die zündende Idee kam ihm, als er unter einem Baum saß und ihm ein Apfel auf den Kopf fiel.

Faraday
7 13

Michael Faraday (1791–1867) war ein englischer Chemiker und Physiker. Durch seine Arbeit hat er viel zum Verständnis von Elektrizität und Magnetismus beigetragen.

Faraday demonstriert die Prinzipien der Elektrizität

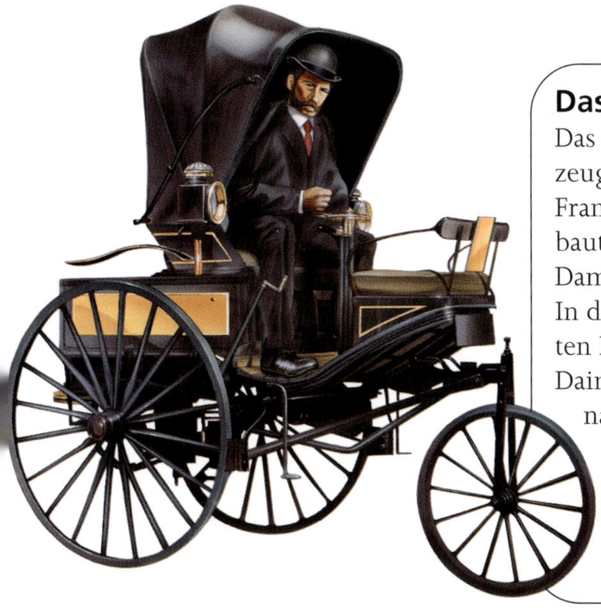

Das Auto 6 8 9 14

Das erste selbst fahrende Fahrzeug wurde 1769 von dem Franzosen Nicolas Cugnot gebaut; es wurde von einer Dampfmaschine angetrieben. In den 1880-er Jahren arbeiteten Karl Benz und Gottlieb Daimler unabhängig voneinander am ersten Benzinmotor. 1885 baute Benz das erste Benzinfahrzeug, ein dreirädriges Automobil.

Relativität 10 11 18

Der deutsche Physiker Albert Einstein (1879–1955) formulierte die Relativitätstheorie. Einsteins Theorie besagt, dass Zeit, Raum und Masse sich verändern, je nachdem, von welchem Punkt aus sie gesehen oder gemessen werden. Sie beweist außerdem, dass Masse und Energie austauschbar sind. Einstein fasste all dies in einer einzigen Gleichung zusammen:
$E = mc^2$ (E ist die Energie, m ist die Masse und c^2 ist die Beschleunigung).

Doppelhelix

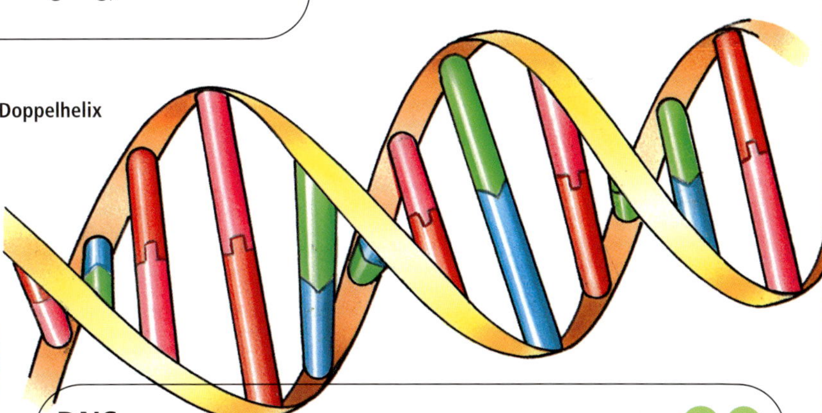

DNS 15 17

Das Erbgut aller Pflanzen und Tiere ist in den DNS-Molekülen gespeichert. Die DNS (Desoxyribonukleinsäure) besteht aus Ketten von Basenpaaren. Die dreidimensionale Struktur der DNS, die sogenannte Doppelhelix, wurde erstmals im Jahr 1953 von James Watson und Francis Crick beschrieben.

FRAGEN: Wo auf der Welt?

Stufe 1

1. Liegt Cambridge in England oder in Ägypten?
2. Die Schere wurde von Toshiba erfunden. Richtig oder falsch?
3. Wie heißt ein großer amerikanischer Computerkonzern mit „A"?

Stufe 2

4. Wurde das Schießpulver in China, Frankreich oder Russland erfunden?
5. Welche erneuerbare Energie mit „S" wird in Australien genutzt?
6. Ist Sony ein europäischer, amerikanischer oder asiatischer Konzern?
7. In welchem Staat der USA liegt das Silicon Valley: Kentucky, Vermont oder Kalifornien?

Stufe 3

8. Mit welchem Treibstoff mit „E" fahren Autos in Brasilien?
9. Aus welcher Pflanze mit „Z" wird dieser Brennstoff gewonnen?
10. In welchem Jahr wurde die erste Herztransplantation beim Menschen durchgeführt: 1967, 1977 oder 1987?

SUCH DIE ANTWORT

Wo auf der Welt?

Die Fortschritte in Wissenschaft und Technik haben sämtliche Lebensbereiche durchdrungen. Von bestimmten Errungenschaften profitierten einzelne Länder besonders, andere kamen der ganzen Weltgemeinschaft zugute. Die zukünftigen Entdeckungen und Erfindungen und die daraus entstehenden Produkte werden auch in Zukunft große Auswirkungen auf unser Leben haben.

Japan 4 6
Asien kann auf eine lange Reihe von Erfindungen zurückblicken. Das Schießpulver wurde in China erfunden. Heute ist Japan berühmt für seine High-Tech-Firmen wie Sony, Toshiba und Hitachi. Die japanischen Autohersteller Honda und Toyota entwickeln Autos mit Elektro- statt mit Benzinmotor.

England 1
Englands berühmte Universitäten Oxford und Cambridge haben viele berühmte Wissenschaftler hervorgebracht, darunter Sir Isaac Newton und Sir Stephen Hawking.

Brasilien 8 9
In Brasilien fahren viele Autos mit Ethanol (Alkohol) statt mit Benzin. Dieser umweltfreundliche Treibstoff wird aus Zuckerrohr gewonnen, das im Land angebaut wird.

Ägypten 2
Im alten Ägypten wurden viele Haushaltsgegenstände erfunden, die heute selbstverständlich sind, zum Beispiel Papier und Schere.

USA 3 7
In Kalifornien befindet sich das Silicon Valley, wo die größten Computerkonzerne der Welt wie Apple und Microsoft ihren Hauptsitz haben.

Südafrika 10
1967 führte Christian Baarnard in Südafrika die erste Herztransplantation am Menschen durch, eine Revolution im Bereich der Medizin.

Australien 5
Mit seinen heißen Ebenen und Wüsten ist Australien einer der größten Solarenergie-Nutzer der Welt. Hier findet jedes Jahr ein großes Solarautorennen statt, bei dem Teams aus der ganzen Welt gegeneinander antreten.

Antworten 1) England **2)** Falsch (sie wurde im alten Ägypten erfunden) **3)** Apple **4)** China **5)** Solarenergie **6)** Ein asiatischer **7)** In Kalifornien **8)** Ethanol **9)** Aus Zuckerrohr **10)** 1967

QUIZ VIER
Geschichte

Das alte Ägypten
Das alte Griechenland
Das Kolosseum
Leben im Mittelalter
Ritter
Die Renaissance
Das Zeitalter der Entdecker
Erster Weltkrieg

FRAGEN:
Das alte Ägypten

Stufe 1

1. Welcher Fluss fließt durch Ägypten?
2. Wie nannten die alten Ägypter ihre Könige?
3. Glaubten die Ägypter an ein Leben nach dem Tod?
4. Was wurde aus Wolle oder Haaren hergestellt?
5. Woraus bestanden die Kleider der Ägypter?

Stufe 2

6. Wie heißen die Schriftzeichen der alten Ägypter?
7. Woraus wurde Papyrus hergestellt?
8. Was wurde gewöhnlich zusammen mit dem Leichnam eines Ägypters begraben?
9. Wie dekorierten die Ägypter ihre Särge?
10. Was war das Mundöffnungsritual?
11. Wie heißt die größte Pyramide?
12. Welche Blume war das Symbol des Nils?

Stufe 3

13. Welcher Körperteil wurde zum Messen einer Elle verwendet: Bein, Fuß oder Unterarm?
14. Wie transportierten die Ägypter den Leichnam eines Pharaos?
15. Womit trockneten die Ägypter den Leichnam vor dem Einbalsamieren?
16. Welches Tier verbindet man mit dem ägyptischen Herrschergott?
17. Was sprach der Priester während einer Bestattungszeremonie?
18. Wie lange herrschten die Pharaonen über Ägypten?
19. Wer liegt in der Großen Pyramide von Gizeh begraben?

SUCH DIE ANTWORT

Das alte Ägypten

Ägyptischer Sarg

Vor über 5000 Jahren entstand eine faszinierende Hochkultur an den Ufern des Nils. Die Ägypter hatten einen König, schriftlich festgelegte Gesetze und zahlreiche Götter, die sie verehrten. Ihre Zivilisation existierte Tausende von Jahren. Ihr Wohlstand hing vom Fluss Nil ab, der jedes Jahr das Land überflutete und fruchtbar machte.

Totenkult (3) (8)

Die Ägypter glaubten an ein Leben nach dem Tod. Die Verstorbenen sollten in einer Art Himmel weiterleben und brauchten dort dieselben Gegenstände wie im irdischen Leben, auch ihren Körper. Daher wurden die Toten mit ihrer Kleidung und ihren Möbeln sowie einer umfangreichen Menge Proviant bestattet.

Schrift (6) (7)

Die Ägypter schrieben auf Papyrus, einem Papier, das aus Schilf hergestellt wurde. Als Schreibgeräte benutzten sie Rohrfeder oder Pinsel und rote oder schwarze Tinte. Die Schriftzeichen, die sogenannten Hieroglyphen, waren bildliche Darstellungen von Dingen.

Der Nil (1) (12)

Die Lotusblüte war das Symbol des Nil. Jedes Jahr flutete der Fluss sein Ufer und hinterließ fruchtbares Schwemmland, auf dem die Bauern Getreide und andere Feldfrüchte anbauen konnten.

Kunst (9)

Die Särge und die Wände der Grabkammern wurden von den Ägyptern wunderschön bemalt. Einen Sarg verzierte man meist mit dem Porträt des Verstorbenen.

Pharaonen (2) (16) (18)

Die Pharaonen, mächtige Könige, herrschten 3000 Jahre über Ägypten. Die Ägypter hielten die Pharaonen für Götter, die mit Horus, dem Gott der Könige, in Verbindung standen. Das Symbol für Horus war der Falke.

Horus-Symbol

Mumien 15

Wenn jemand starb, wurde sein Leichnam durch Einbalsamieren konserviert. Man trocknete den Körper mit Salz, wickelte ihn in Leinen und bedeckte das Gesicht mit einer Totenmaske.

Grabstätten 10 11 14 17 19

Die Pyramiden sind die Grabstätten der Pharaonen. Die größte ist die Pyramide von Gizeh, erbaut für den Pharaonen Cheops. Sein Leichnam wurde in einem Leichenschiff in die Grabstätte geleitet. Priester zelebrierten dabei die „Mundöffnungszeremonie“, wobei sie sprachen: „Du wirst wieder leben, du wirst ewig leben.“

Maße 13

Eine Elle ist exakt 52,5 cm lang – das ist der durchschnittliche Abstand zwischen Mittelfinger und Ellbogen. Die Ägypter stellten auch Maßstäbe her, um die Ellen exakt zu messen.

Kleidung 4 5

Ein Ägypter und selbst der Pharao ging meist barfuß oder in Schilfsandalen. Man trug einfache Leinenkleidung, einige setzten Perücken aus Wolle oder menschlichem Haar auf. Reichlich Schmuck sollte außerdem böse Geister fernhalten.

Wandmalerei mit einer Ente

FRAGEN: Das alte Griechenland

Stufe 1

1. An welchem Meer mit „M“ liegt Griechenland?
2. Wer war der oberste Gott der Griechen?
3. Wo wurden die Olympischen Spiele abgehalten?
4. War das Trojanische Pferd aus Stein oder aus Holz?
5. Die Griechen hielten Sklaven. Richtig oder falsch?

Stufe 2

6. Wie heißt ein berühmter griechischer Stadtstaat mit „S“?
7. Wie webten griechische Frauen Stoffe für Kleidung?
8. In welchem Alter wurden griechische Frauen verheiratet?
9. Wer versteckte sich im Trojanischen Pferd?
10. Wie heißt der griechische Gott des Meeres?
11. Aus welchem Material brannten die Griechen Ziegelsteine?
12. Wie reisten wohlhabende Griechen durch das Land: zu Pferde oder in der Kutsche?
13. Zum alten Griechenland gehörten zahlreiche Inseln. Richtig oder falsch?
14. Reisende schliefen in Griechenland meistens draußen. Richtig oder falsch?
15. Wo war der Sitz der Götter?

Stufe 3

16. In welchem heutigen Land lag die alte Stadt Troja?
17. Womit wurden die Sieger der Olympischen Spiele geehrt?
18. Was war ein *Chiton*?
19. Wo stand bei den alten Griechen der Altar?
20. Wer war die Göttin des Herdfeuers?

SUCH DIE ANTWORT

Das alte Griechenland

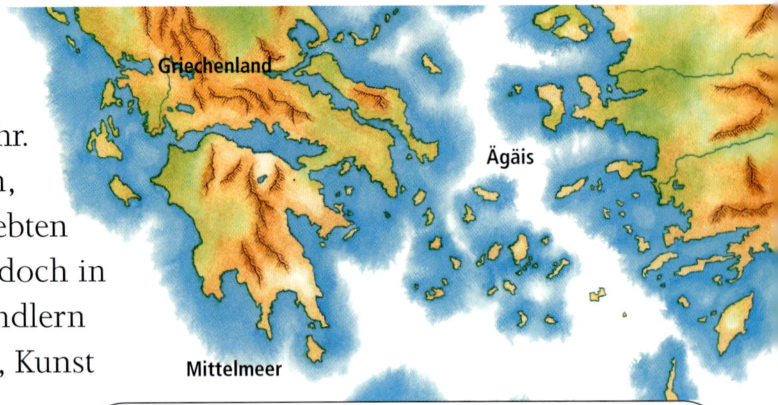

Die griechische Zivilisation entstand um 1200 v. Chr. und erreichte ihre Blüte um 500 v. Chr. Als die Männer in Athen das Wahlrecht erhielten, führten die Griechen die Demokratie ein. Zwar lebten die meisten Menschen von der Landwirtschaft, doch in den Städten entstand eine Mittelschicht von Händlern und Handwerkern. Die griechische Philosophie, Kunst und Architektur hat bis heute überdauert.

Geografie
1 6 13

Griechenland ist vom Mittelmeer und der Ägäis umgeben. Zum griechischen Imperium gehörten die griechischen Stadtstaaten auf dem Festland, wie Athen (der größte) und Sparta, und auch zahlreiche Inseln.

Häuser
5 11 19

Griechische Häuser bestanden aus Lehmziegeln und Holz. Sie waren üblicherweise um einen Innenhof herum gebaut, in dem ein Altar aufgestellt war. Es gab getrennte Bereiche für Männer, Frauen und Sklaven.

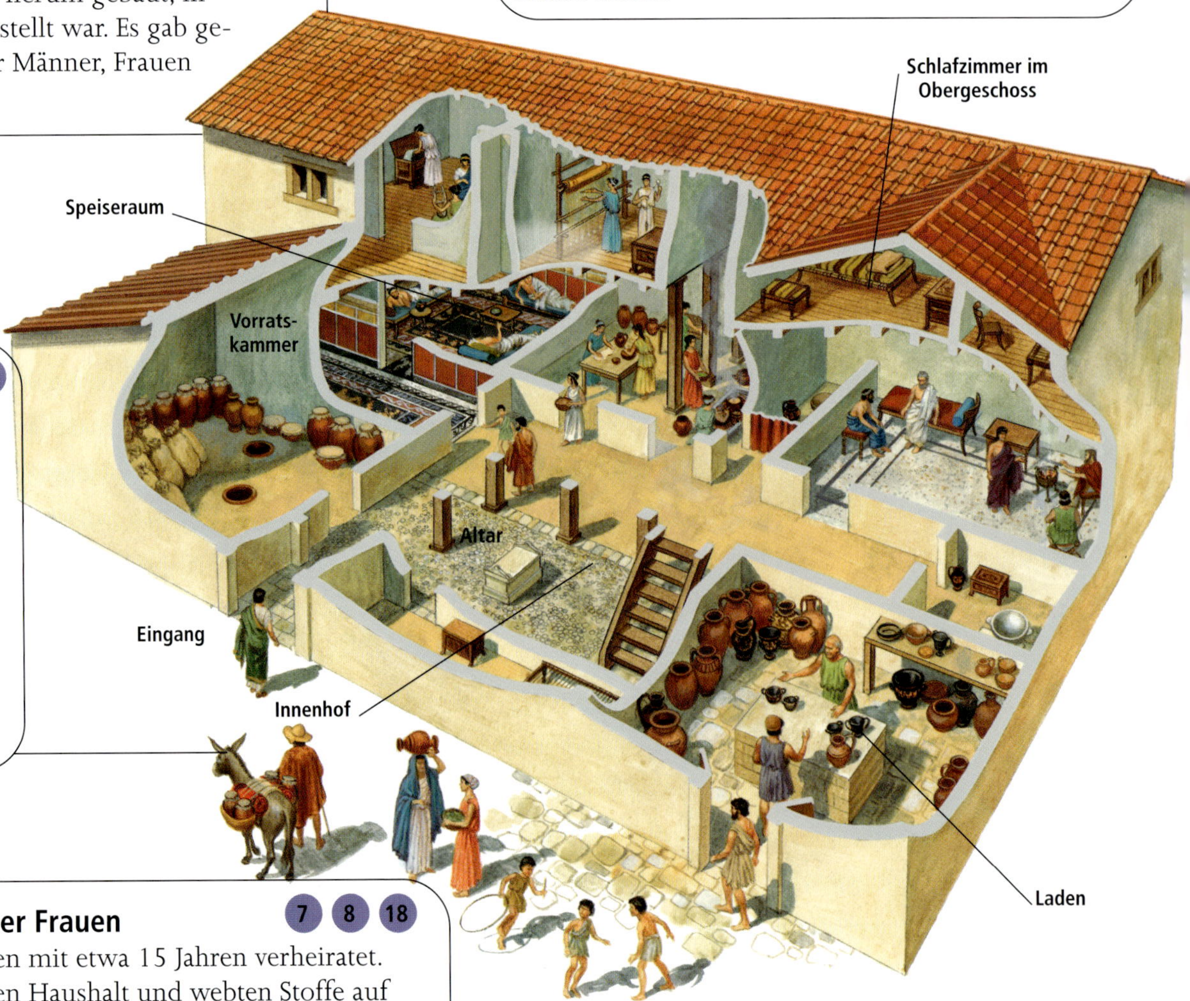

Reisen
12 14

Auf dem Land reisten wohlhabende Bürger zu Pferd. Alle anderen gingen zu Fuß. Unterwegs schlief man draußen oder auch im Vorraum eines öffentlichen Gebäudes.

Das Leben der Frauen
7 8 18

Frauen wurden mit etwa 15 Jahren verheiratet. Sie führten den Haushalt und webten Stoffe auf einem Webstuhl. Das Frauengewand, der sogenannte *Chiton*, bestand aus einem einzigen rechteckigen Stück Stoff.

Griechische Götter

10 15 20

Die Griechen glaubten an viele verschiedene Götter, die jeweils einen Aspekt ihres Lebens verkörperten, wie zum Beispiel Musik (Apollo) und Liebe (Aphrodite), Meer (Poseidon) und heimischer Herd (Hestia). Als Sitz der Götter galt der Olymp, der höchste Berg auf dem griechischen Festland.

Olympische Spiele

2 3 17

Die Olympischen Spiele wurden alle vier Jahre zu Ehren des Zeus, des höchsten Gottes, abgehalten. Zu den einzelnen Disziplinen gehörten zum Beispiel Wettlauf und Wagenrennen. Die Sieger wurden mit einer Lorbeerkrone geehrt.

Trojanisches Pferd

4 9 16

Troja ist eine antike Stadt in der heutigen Türkei. Die Griechen wollten Troja erobern. Sie schenkten den Trojanern ein großes Pferd aus Holz, in dem griechische Soldaten versteckt waren. Bei Einbruch der Nacht kletterten sie heraus und nahmen die Stadt ein.

FRAGEN: Das Kolosseum

Stufe 1

1. Welcher berühmte Gladiator führte einen Sklavenaufstand an?
2. Im Kolosseum gab es Elefanten. Richtig oder falsch?
3. Welches Zeichen gab die Menge, wenn ein Gladiator sterben sollte?
4. Wie hieß ein schwerbewaffneter Gladiator mit „S“?

Stufe 2

5. In welchem Teil des Kolosseums wurden Gladiatoren und Tiere beherbergt?
6. Welcher Kaiser kämpfte oft im Kolosseum?
7. Was war ein *bestiarius?*
8. Womit fing der *retiarius* seine Gegner ein?
9. Wer wurde den wilden Tieren vorgeworfen?
10. Welcher Gladiator trug einen Helm, der mit einem Fisch verziert war?
11. Wie viele Jahre dauerte der Bau des Kolosseums: zehn, 20 oder 30?
12. Die *venationes* waren römische Soldaten. Richtig oder falsch?

Stufe 3

13. Was wurde einem freigelassenen Gladiator ausgehändigt?
14. Wie viele Zuschauer passten in das Kolosseum?
15. Wann wurden die ersten Gladiatorenspiele abgehalten?
16. Woher erhielt das Kolosseum seinen Namen?
17. Wie oft kämpfte Commodus im Kolosseum?
18. Wie viele Tiere wurden bei den ersten Spielen im Kolosseum getötet?

SUCH DIE ANTWORT

Das Kolosseum

Die alten Römer bauten zur Unterhaltung des Volks große Arenen, die Amphitheater. Das Kolosseum in Rom war eines der größten; den Auftrag dafür gab Kaiser Vespasian. Die ersten Zeremonien dauerten 100 Tage, sogar eine Seeschlacht wurde nachgestellt. 400 Jahre lang zogen die Römer in Scharen ins Kolosseum, um blutrünstigen Spielen beizuwohnen.

Bestrafungen 7 9

Christen, Kriminelle und Sklaven wurden zusammen mit wilden Tieren in die Arena geworfen. Ein *bestiarius* jedoch wurde eigens dazu ausgebildet, mit Tieren zu kämpfen.

Gladiatoren 3 15

Die ersten Gladiatorenspiele fanden 264 v. Chr. statt. Bei den Gladiatoren handelte es sich meist um Gefangene, Sklaven oder Kriminelle, die zum Kämpfen ausgebildet wurden. Wenn ein Gladiator verwundet war, entschied das Publikum über sein Schicksal. Daumen nach oben bedeutete: Leben, Daumen nach unten hieß: Sterben.

Gladiatorenhelm

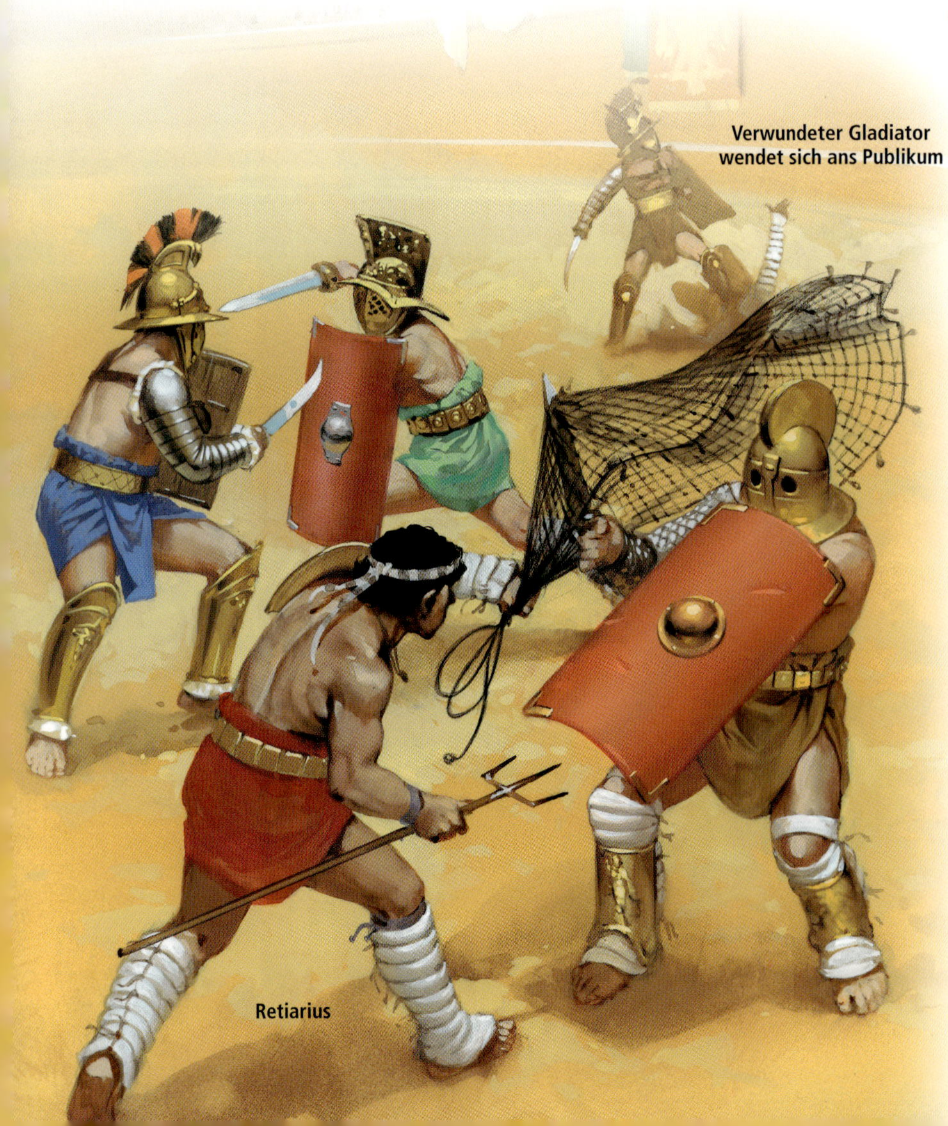

Gladiatorenarten 4 8 10

Es gab verschiedene Arten von Gladiatoren. Ein *secutor* zum Beispiel war schwerbewaffnet. Der *murmillo* trug einen Helm, der mit einem Fisch verziert war. Der *retiarius* versuchte, seinen Gegner mit einem Netz und einem Dreizack einzufangen.

Commodus 6 17

Der Kaiser Commodus regierte 180 bis 192 n. Chr. Während seiner Herrschaft kämpfte er als Gladiator gekleidet 735 Mal im Kolosseum. Er verlor dabei niemals. Seine spezielle Vorliebe empörte viele Römer, denn Gladiatoren gehörten zur untersten Gesellschaftsschicht. Commodus wurde schließlich ermordet.

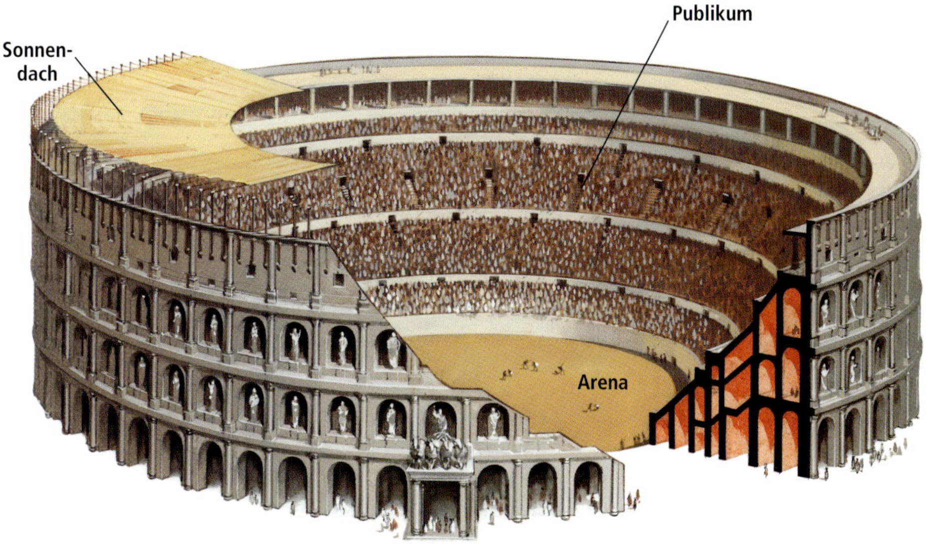

Das Kolosseum

5 11 14 16

Der Bau des Kolosseums dauerte etwa zehn Jahre. Seinen Namen verdankt es dem nahe gelegenen Colossus (Statue) von Nero. Es hatte 80 Eingänge und war in Podium, Arena und *cavea* (Zuschauerbereich) für 50 000 Leute aufgeteilt. Unterirdische Kammern beherbergten Gladiatoren und Tiere.

Spartacus

1

Spartacus war ein thrakischer Soldat, der in die Sklaverei verkauft wurde und in Capua Gladiator wurde. 73 v. Chr. führte er einen Sklavenaufstand an, doch er wurde besiegt und getötet.

Exotische Tiere

2 12 18

Venationes (Hetzjagden) wurden morgens abgehalten. Dafür importierte man exotische Tiere wie Elefanten und Tiger aus fernen Ländern. Bei den ersten Jagdspielen im Kolosseum kamen 5000 Tiere zu Tode.

Freiheit

13

Hatte ein Gladiator gut gekämpft, wurde er freigelassen. Von seinem Herrn bekam er eine Knochentafel mit seinem Namen und ein paar Münzen.

FRAGEN:

Leben im Mittelalter

Stufe 1

1. Ein Bankett ist eine Schlacht. Richtig oder falsch?
2. Die Menschen speisten im Burgsaal. Richtig oder falsch?
3. Ist ein Minnesänger eine Person oder ein Musikinstrument?
4. Wem gehörte im Mittelalter das Land?
5. Wer unterrichtete die Kinder der Adligen: Priester oder Diener?

Stufe 2

6. Wer lieh sich Land von den Adligen?
7. Welche Saiteninstrumente spielten die Minnesänger?
8. Wie hieß das Landverteilungssystem des Mittelalters?
9. Wie nannte man das Zentrum der Burg?
10. Wo saßen die wichtigsten Leute bei einem Bankett?
11. Womit wurde der Steinboden der Burg zum Wärmen ausgelegt?
12. Wo wurden die Mädchen im Mittelalter unterrichtet?
13. Wozu diente der Geschirrschrank unter anderem?
14. Was wurde gegen schlechte Gerüche am Burgboden unternommen?

Stufe 3

15. Welche Sprache lernten die Söhne der Adligen?
16. Warum hörten die Menschen im Mittelalter beim Tafeln gerne Musik?
17. Wo erlernten die Dorfjungen ein Handwerk?
18. Woraus bestand das meiste Essgeschirr im Mittelalter?

SUCH DIE ANTWORT

Leben im Mittelalter

Fahrende Musiker

Im Mittelalter herrschte eine strenge Gesellschaftsordnung. An der Spitze stand der König. Ihm gehörte alles Land, das er an Adlige verlieh – als Gegenleistung für Loyalität und Kriegsdienste. Bauern hatten ein hartes Leben und wenige Rechte. Eine große Rolle spielten gesellschaftliche Ereignisse: Die Adligen veranstalteten Festbankette, die Dorfbewohner Hochzeiten und Jahrmärkte.

Der Burgsaal

2 10 13 18

Die Menschen speisten im Burgsaal. Burgherr und Ehrengäste saßen dabei hervorgehoben am Kopfende der Tafel, in der Nähe des Geschirrschranks mit wertvollem Geschirr, mit dem der Burgherr seinen Reichtum zur Schau stellte. Gegessen wurde aber meistens von Holzbrettern.

Musik

3 7 16

Fahrende, also von Burg zu Burg ziehende Musiker wurden Minnesänger genannt. Sie sangen zur Unterhaltung der Gäste. Dazu begleiteten sie sich auf Instrumenten wie Laute und Harfe. Die Menschen glaubten, Musik fördere die Verdauung.

Bankette

1

Mit einem Festmahl oder Bankett bewies der Burgherr seine Großzügigkeit und seinen Reichtum oder er beging feierliche Anlässe. Man servierte Rind, Lamm, Wild, Fisch, Käse, Eier, Brot, Gemüse und Obst sowie Wein und Bier. Selten gab es auch Feigen, Datteln und Zitrusfrüchte, die damals sehr teuer waren.

Die Burg 9 11 14

Eine Wendeltreppe führte zum Wehrturm, der zur Verteidigung gegen Feinde diente. Das Zentrum der Burg bildete der Bergfried mit Burgsaal, Küche, Kapelle und den Schlafräumen. Die kalten Steinböden wurden mit Schilfmatten ausgelegt und zur Eindämmung schlechter Gerüche mit Gewürzen bestreut.

Priester unterrichtet die Söhne der Adligen

Unterricht 5 12 15 17

Die Kinder der Adligen wurden von Priestern unterrichtet. Sie lernten Grammatik, Logik, Latein und Mathematik. Die Dorfjungen dagegen erlernten ein Handwerk bei den örtlichen Gilden. Die Mädchen wurden zu Hause im Kochen und im Nähen unterrichtet.

Feudalsystem 4 6 8

In der feudalen Gesellschaftsordnung verlieh der König, dem alles Land gehörte, als „Lehen" Land an Adlige. Diese verliehen es wiederum an Ritter und Lehnsherren, die leibeigene Bauern besaßen. Den Leibeigenen wurde ein kleines Stück Land überlassen, um sich und ihre Familien zu ernähren.

FRAGEN: Ritter

Stufe 1

1. Wie heißt eine Waffe mit „L", mit der Ritter zu Pferde kämpften?
2. Wozu wurde ein Rammbock eingesetzt?
3. Wie heißt eine Waffe mit „D", die Ritter bei sich trugen?
4. Ritter kämpften immer nur zu Pferde. Richtig oder falsch?

Stufe 2

5. Durch welche Zeremonie wurde ein Knappe zum Ritter?
6. Wie nennt man eine schwere Keule, mit denen sich die Ritter bewaffneten?
7. Womit stieß ein Ritter auf dem Turnier seinen Gegner vom Pferd?
8. Mit welchen Geschossen schoss die Mangonel?
9. Schossen Ritter mit der Armbrust oder dem Langbogen?
10. Wozu veranstaltete man Turniere?
11. Welche Belagerungsmaschine schoss riesige Pfeile auf eine Burg?
12. Wie konnten die Ritter in einer Schlacht Freund und Feind auseinanderhalten?
13. Was ist ein Trebuchet?
14. Wie konnten Angreifer die Verteidiger einer Burg zum Aufgeben zwingen?

Stufe 3

15. Womit konnte sich ein Ritter vom Kriegsdienst freikaufen?
16. Was trugen Ritter unter ihrer Rüstung?
17. Wie wurde ein Knappe zum Ritter geschlagen?
18. In welchem Jahrhundert trugen Ritter erstmals Rüstungen aus Metallplatten?

SUCH DIE ANTWORT

Ritter

Ritter waren Söhne von Adligen, die zu Soldaten des Königs ausgebildet wurden. Sie begannen ihre Laufbahn als Pagen im Alter von sieben Jahren. Dann wurden sie zu Knappen ernannt und einem Ritter zur Seite gestellt. Mit 21 Jahren schließlich erhielten sie den Ritterschlag. Ritter mussten sich an die Regeln des Rittertums halten und für König und Vaterland kämpfen.

Turniere
7 10

Turniere dienten ursprünglich zum Kampftraining, wurden jedoch bald zu einer beliebten Unterhaltung, bei denen Ritter ihre Fähigkeiten beim Reiten und Kämpfen vorführen konnten. Mit stumpfen Lanzen versuchten sie, sich gegenseitig vom Pferd zu stoßen.

Rüstung
16 18

Ab dem 15. Jahrhundert ersetzten Rüstungen, die aus größeren und kleineren Metallplatten zusammengesetzt waren, das früher übliche Kettenhemd. Unter der Rüstung trugen sie ein Wams, auf dem Kopf einen Helm mit Visier. Am Brustharnisch war meist ein Nackenschutz befestigt.

Ritterschlag
5 17

Knappen wurden durch den Ritterschlag zu Rittern ernannt. Der Herr schlug dem Knappen während der Zeremonie mit der flachen Klinge seines Schwerts auf die Schulter.

Verteidigung
14

Die Verteidiger einer Burg schossen Pfeile aus Schießscharten und warfen Steine, kochendes Wasser und glühendes Eisen auf die Belagerer. Wenn sie aber nach einiger Zeit völlig ausgehungert waren, mussten sie aufgeben.

Belagerungsmaschinen 8 11 13

Ein Trebuchet schleuderte Steine auf Burgmauern. Die Balliste schoss wie eine Riesenarmbrust mit Pfeilen. Die Mangonel katapultierte große Felsbrocken auf die Burg.

Schlacht 1 4 12 15

Ritter kämpften zu Pferde mit Lanzen und zu Fuß mit anderen Waffen. Einen Ritter erkannte man am Wappen, das er auf seinem Mantel trug. Ritter, die nicht kämpfen wollten, mussten ein Schildgeld an den König entrichten.

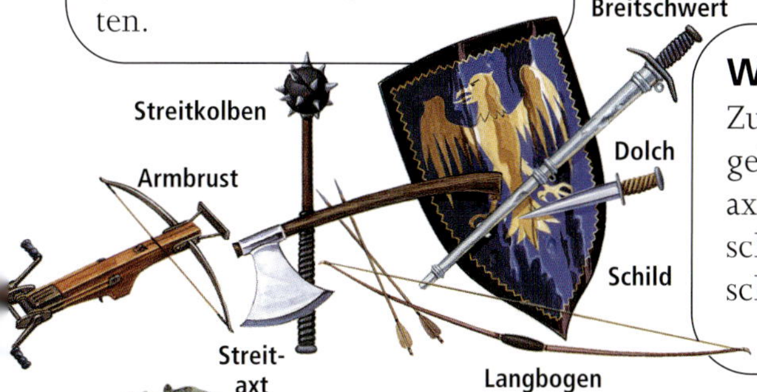

Waffen 3 6 9

Zu den Waffen eines Ritters gehörten Armbrust, Streitaxt, Streitkolben (eine schwere Keule), Breitschwert, Dolch, Schild und Langbogen.

Belagerung einer Burg 2

Angreifer versuchten, die Burgmauern mit Rammböcken und Katapulten zum Einsturz zu bringen. Sie gruben Tunnel unter den Mauern oder schossen von einem Belagerungsturm aus auf die Burg. Bogenschützen ließen einen dichten Pfeilhagel auf die Verteidiger niedergehen.

FRAGEN:
Die Renaissance

Stufe 1

1. Bedeutet Renaissance Wiedergeburt oder Wiedergabe?
2. Welches Material mit „M“ verwendeten die Bildhauer der Renaissance?
3. War Donatello ein Maler oder ein Bildhauer?
4. Die Laute ist ein Musikinstrument. Richtig oder falsch?

Stufe 2

5. Ghiberti war ein Philosoph der Renaissance. Richtig oder falsch?
6. Wo wurde der Blockdruck erfunden?
7. Was war die *Lira da braccio*?
8. Auf welchem berühmten Fresko wurden Platon und Aristoteles verewigt?
9. Was war das erste Buch, das in Massenproduktion hergestellt wurde?
10. Wie heißt ein berühmter Renaissancemaler mit „R“?
11. Aus welchem Land kam Erasmus?
12. Von welchen beiden antiken Zivilisationen waren die Renaissancekünstler beeinflusst?
13. Wie nennt man Druckbuchstaben aus Metall?
14. Welche Philosophen waren der Ansicht, man könne moralisches Handeln aus den Texten der Antike lernen?

Stufe 3

15. Wie heißt ein berühmter Renaissancearchitekt mit „B“?
16. In welchem Jahr wurde die Druckerpresse in Europa erfunden?
17. Bis in welches Jahrhundert dauerte die Renaissance?
18. Wer erfand die Druckerpresse in Europa?

SUCH DIE ANTWORT

Die Renaissance

Die Renaissance führte Europa aus dem dunklen Zeitalter – dem Mittelalter – heraus. Ihren Ausgang nahm sie im 14. Jahrhundert von den italienischen Städten Florenz und Venedig und verbreitete sich über ganz Europa. Reiche Mäzenaten förderten Künstler, Musiker, Architekten und Denker; Bibliotheken, Akademien und Universitäten wurden gegründet.

Lira da braccio

Psalter

Musik
4 7

Zu den Instrumenten der Renaissance gehörten der Psalter und die *Lira da braccio*, mit denen die Dichter ihre Gesänge untermalten. Auch Laute, Blockflöte und das *Organetto*, eine Art Akkordeon, waren bei musikalischen Darbietungen sehr beliebt.

Ideen
1 11 14 17

Renaissance stammt aus dem Französischen und bedeutet „Wiedergeburt". Das Interesse an Wissenschaft, Kunst und Literatur war neu erwacht. Die Epoche dauerte bis ins 17. Jahrhundert. Eine wichtige Strömung war der Humanismus. Humanisten wie der holländische Philosoph Erasmus waren der Ansicht, man könne moralisches Handeln aus den Texten der Antike lernen.

Malerei
8 10 12

Die Künstler waren inspiriert von der Schönheit der Natur und des Menschen und der Kunst der griechischen und römischen Antike. Raphael verewigte im Fresko *Die Schule von Athen* die Philosophen Platon und Aristoteles.

Bild-hauerei 2 3 5

Bildhauer wie Donatello und Ghiberti schufen erstaunlich realistische Werke, die von der klassischen Bildhauerei inspiriert waren, auch wenn sie nicht unbedingt nur klassische Themen abbildeten. Donatello bildete Heilige und Propheten in römischen oder griechischen Gewändern ab. Die Bildhauer verwendeten Materialien wie Marmor und Bronze.

Bogen im klassischen Stil

Architektur 15

Die frühen italienischen Architekten wie Brunelleschi und Palladio orientierten sich an klassischen Vorbildern: Griechische Säulen und römische Bögen zieren zahlreiche Gebäude der Renaissance.

Erfindungen 6 9 13 16 18

Die älteste Form des Buchdrucks, der Blockdruck, stammt aus China, aber der Deutsche Johannes Gutenberg erfand 1440 die Druckerpresse. Bewegliche Lettern wurden aus Metall gegossen und in einen Holzrahmen gespannt. So konnte man eine ganze Buchseite auf einmal drucken. Die 1455 gedruckte Gutenberg-Bibel war das erste Buch, das in Massenproduktion hergestellt wurde.

Gutenberg-Druckerpresse

FRAGEN:
Das Zeitalter der Entdecker

Stufe 1

1. War Sir Francis Drake Engländer oder Spanier?
2. Wie hieß Kolumbus' größtes Schiff: *Santa Maria, Santa Anna* oder *Santa Barbara*?
3. Francisco Pizarro eroberte das Reich der Inkas. Richtig oder falsch?
4. Aus welchem Land stammte Bartolomeu Diaz?

Stufe 2

5. Was entdeckte Magellan: den Indischen Ozean oder den Pazifik?
6. Wie viele Mann zählte die Besatzung von Kolumbus' größtem Schiff: 30, 40 oder 50?
7. Wer schickte Kolumbus auf die Suche nach einem Seeweg nach Asien?
8. Wer umsegelte die Südspitze Afrikas: Diaz oder da Gama?
9. Wer erreichte 1498 Indien?
10. Was benutzte Zheng He auf See als Erster?
11. Wie hießen die beiden Karavellen von Kolumbus?
12. Wozu diente der Jakobsstab?
13. Warum erreichte Ferdinand Magellan sein letztes Ziel nicht?
14. Was glaubte Kolumbus entdeckt zu haben?
15. Über welchen Teil der Welt herrschten die Inkas?

Stufe 3

16. Auf welcher Insel ging Kolumbus an Land?
17. Was wurde 1911 entdeckt?
18. Was ist eine *Nao*?
19. In welchem Jahr fand die erste Weltumsegelung statt?

SUCH DIE ANTWORT

Das Zeitalter der Entdecker

Im 15. und 16. Jahrhundert unternahmen Entdecker gefährliche und strapazenreiche Seereisen. Ihr Ziel war es, den Handel zu fördern, Reichtum zu erlangen und neue Welten zu entdecken. Aus diesem Antrieb reisten portugiesische, spanische und englische Entdecker nach Afrika, Indien, China, Amerika und um die ganze Welt.

Kompass

Navigation

10 12

Mit Kompass, Sternkarten und dem Jakobsstab, der zur Bestimmung des Breitengrads diente, suchten die Entdecker den Weg über die Meere. Zheng He benutzte als Erster einen Kompass auf seinen Seereisen.

Kolumbus

7 14 16

Der spanische König beauftragte Christoph Kolumbus, einen Seeweg nach Asien zu finden. Als Kolumbus 1492 auf der karibischen Insel San Salvador landete, glaubte er, er hätte den Fernen Osten erreicht.

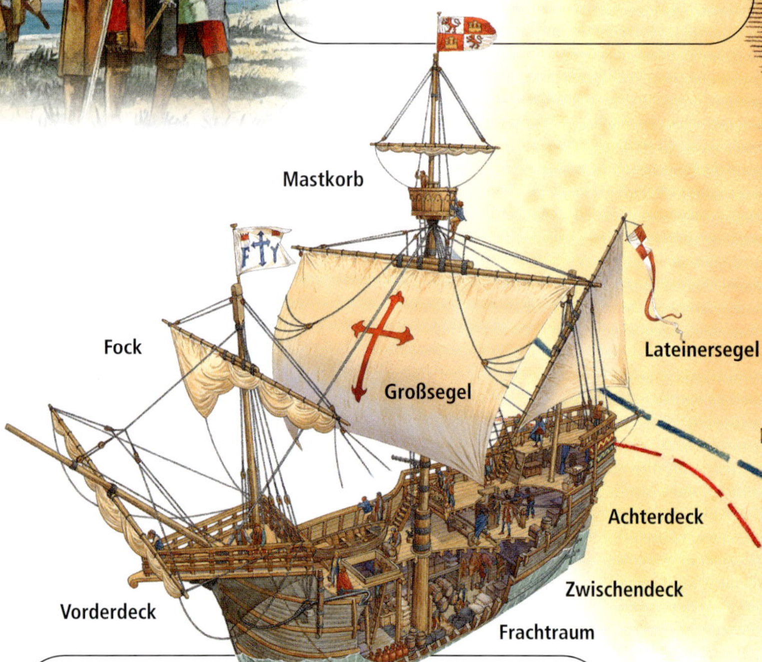

Schiffe

2 6 11 18

Christoph Kolumbus' größtes Schiff mit dem Namen *Santa Maria* war eine *Nao*, ein klassisches Handelsschiff. Die anderen beiden Schiffe, *Niña* und *Pinta*, waren leichtere Schiffe, sogenannte Karavellen. Die *Santa Maria* hatte eine Besatzung von 40 Mann. Mit ihren großen quadratischen Segeln war sie sehr leistungsfähig.

Die Routen der Entdecker

1 4 8 9

1488 umsegelte der portugiesische Entdecker Bartolomeu Diaz die Südspitze Afrikas. 1497–98 reiste Vasco da Gama nach Indien. Ein Jahrhundert später umsegelte Sir Francis Drake als erster Engländer die ganze Welt.

Pizarro 3 15 17

Der spanische Eroberer Francisco Pizarro unterwarf 1532 das Reich der Inkas. Sie herrschten von ihrer Hauptstadt Cuzco aus über die Westküste Südamerikas, das heutige Peru. Die geheimnisvolle Inkastadt Machu Picchu, die versteckt hoch oben in den Anden liegt, wurde jedoch erst 1911 entdeckt.

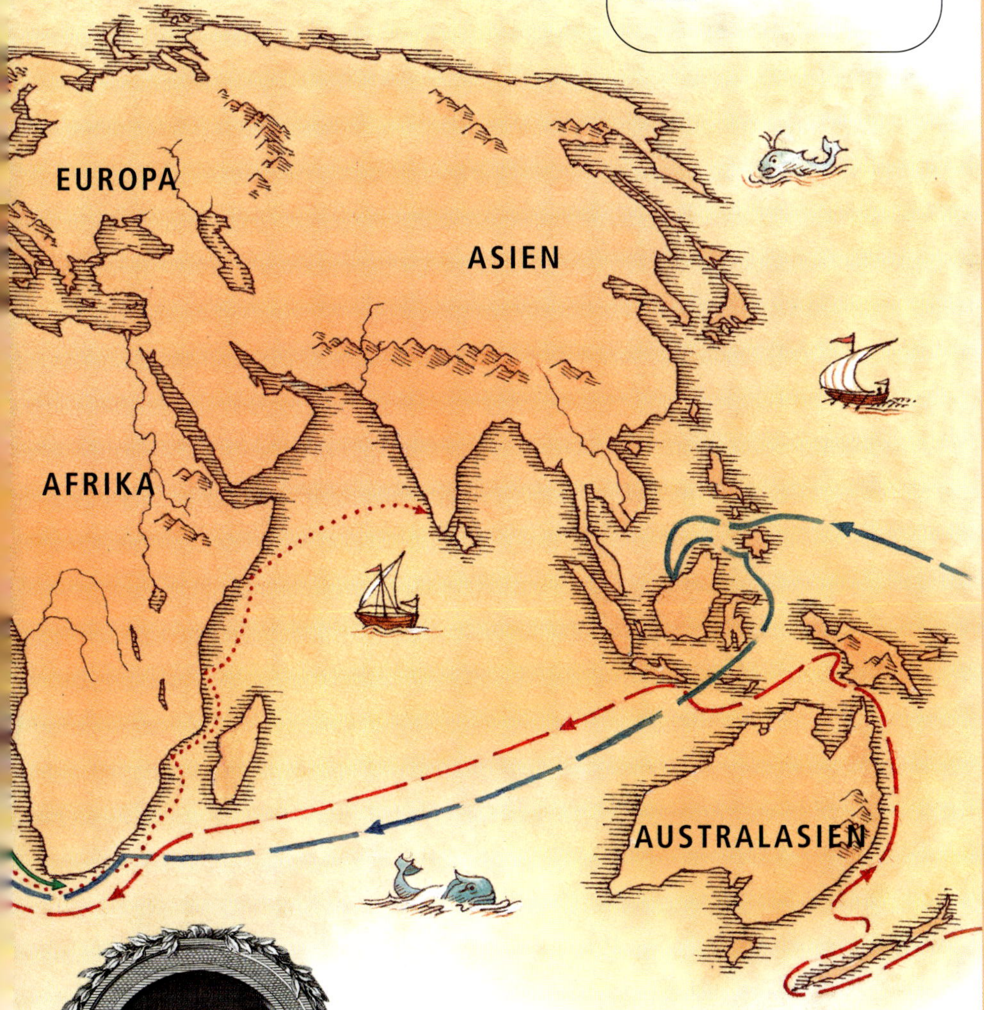

Magellan 5 13 19

Der portugiesische Seefahrer Ferdinand Magellan entdeckte den Pazifischen Ozean. Er starb bei einem Gefecht auf den Philippinen. Seine Mannschaft setzte die Reise fort und führte 1522 mit seinem Schiff die erste Weltumsegelung durch.

FRAGEN:
Erster Weltkrieg

Stufe 1

1. Welche großen Maschinen wurden im Ersten Weltkrieg erstmals eingesetzt?
2. Was ist ein Luftkampf?
3. Wie nannte man das Gebiet zwischen feindlichen Gräben?
4. Eine Granate ist eine Waffe. Richtig oder falsch?

Stufe 2

5. Wie schützten sich Soldaten vor Giftgas?
6. Wie nennt man berittene Militäreinheiten?
7. Wo fand die größte Seeschlacht des Ersten Weltkriegs statt?
8. Wo verlief die Westfront?
9. Wie nennt man ausgebildete Scharfschützen, die auf einzelne Soldaten schossen?
10. Welche Waffe ließ sich auf ein Gewehr aufstecken?
11. Wie viele Menschen starben im Ersten Weltkrieg: über 7,5 Millionen, über 8,5 Millionen oder über 10 Millionen?
12. Wo liegt der Skagerrak?
13. Was wurde vor den Schützengräben aufgestapelt?
14. Mit welchen Waffen kämpften Kampfflugzeuge?

Stufe 3

15. In welchem Jahr wurde erstmals Giftgas eingesetzt?
16. Welches Panzermodell war das erste, das Panzerfäusten standhalten konnte?
17. Wurden im Ersten Weltkrieg Pferde eingesetzt?
18. Welcher deutsche Kampfflieger galt als der beste des ganzen Krieges?

SUCH DIE ANTWORT

Erster Weltkrieg

Der Erste Weltkrieg forderte unzählige Todesopfer und gilt als die „Urkatastrophe des 20. Jahrhunderts". Er begann 1914 nach der Ermordung von Erzherzog Franz Ferdinand. Die Mittelmächte Deutschland, Bulgarien, Österreich-Ungarn und Türkei kämpften gegen die Entente-Mächte, zu denen Großbritannien, Frankreich und Russland sowie weitere Staaten gehörten. 1918 endete der Krieg mit der Kapitulation der Mittelmächte.

Britischer Mark-IV-Panzer

Panzer 1 16

Im Ersten Weltkrieg wurden erstmals Panzer eingesetzt. Der britische Mark IV, der im Jahr 1918 eingeführt wurde, war der erste Panzer, der Panzerfäusten standhalten konnte.

Seeschlacht am Skagerrak 7 12

Die größte Seeschlacht fand im Skagerrak statt, einer Meerenge zwischen Dänemark und Norwegen. Sowohl die Entente- als auch die Mittelmächte beanspruchten den Sieg für sich.

Westfront 8 11

Schreckliche Kämpfe gab es in den Schützengräben der Westfront, die zwischen Belgien und Frankreich verlief. Sie forderten über 8,5 Millionen Todesopfer.

Grabenkrieg 3 13

Die Grabensysteme bestanden aus Unterständen, die mit Schützengräben verbunden waren. Das Land zwischen zwei gegnerischen Gräben hieß „Niemandsland". Vor den Schützengräben wurden Sandsäcke aufgetürmt, um das gegnerische Feuer aufzuhalten. Die Soldaten in den schlammigen, kalten, unhygienischen Gräben litten unter Fußbrand, Ruhr und Körperläusen.

Luftkrieg

2 14 18

Bei den Kämpfen, die in der Luft ausgetragen wurden, beschossen sich Kampfflieger gegenseitig mit Maschinengewehren. Die deutsche Fokker D VII galt als bester Kampfflieger des Ersten Weltkriegs.

Giftgas

5 15

Giftgas wurde zum ersten Mal 1915 in Ypern eingesetzt. Zwar trugen die Soldaten Gasmasken zu ihrem Schutz, doch über 90 000 Menschen starben an dem Gift.

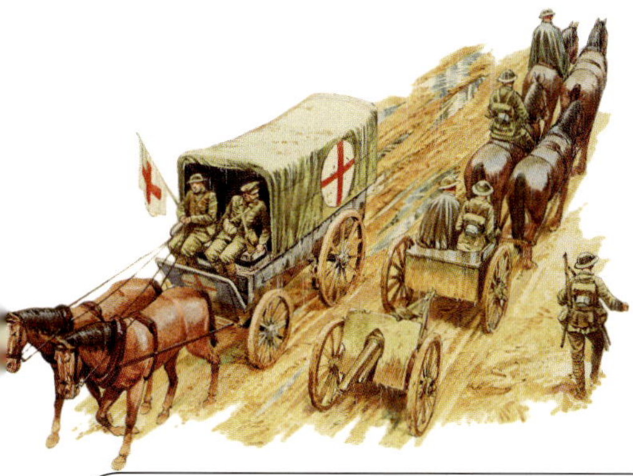

Pferde

6 17

Vor allem die britischen Soldaten setzten Kavallerie (berittene Soldaten) ein. Starke Pferderassen dienten vor allem zum Transportieren von Verletzten und Waffen.

Heckenschützen

9

Heckenschützen waren trainierte Scharfschützen, die nach Bewegungen in feindlichen Schützengräben Ausschau hielten und auf einzeln stehende Soldaten zielten.

Waffen

4 10

Granaten sind Bomben, die meist von Hand geworfen werden. Für den Nahkampf waren Soldaten außerdem mit einem Bajonett bewaffnet, einer kurzen Klinge, die auf das Gewehr gesteckt wurde.

FRAGEN:
Wo auf der Welt?

Stufe 1

1. Von welchen Herrschern wurde China regiert?
2. Auf welchem Kontinent lebten die alten Römer?
3. Wie bezeichnete man früher die japanischen Krieger?

Stufe 2

4. Auf welchem Kontinent lag das Shona-Reich?
5. Welches europäische Volk siedelte in Argentinien?
6. Wo lebten die Irokesen?
7. Unter welcher Herrschaft stand Australien 1829?

Stufe 3

8. Wofür ist Mansa Musa berühmt?
9. Auf welcher Handelsstraße reisten chinesische Händler nach Westen?
10. Welches Volk schuf die älteste bekannte Schrift?

SUCH DIE ANTWORT

Wo auf der Welt?

Die bewohnten Kontinente haben eine bewegte Geschichte. Am Anfang zogen Sammler und Jäger auf der Suche nach Nahrung und Schutz noch von Ort zu Ort, dann entstanden erste Siedlungen. Große Reiche kamen und gingen. Währenddessen reisten, forschten, bauten, kämpften und schlossen die Menschen Frieden. Sie hinterließen große Kunstwerke, Monumente und Ideen, die uns heute noch faszinieren.

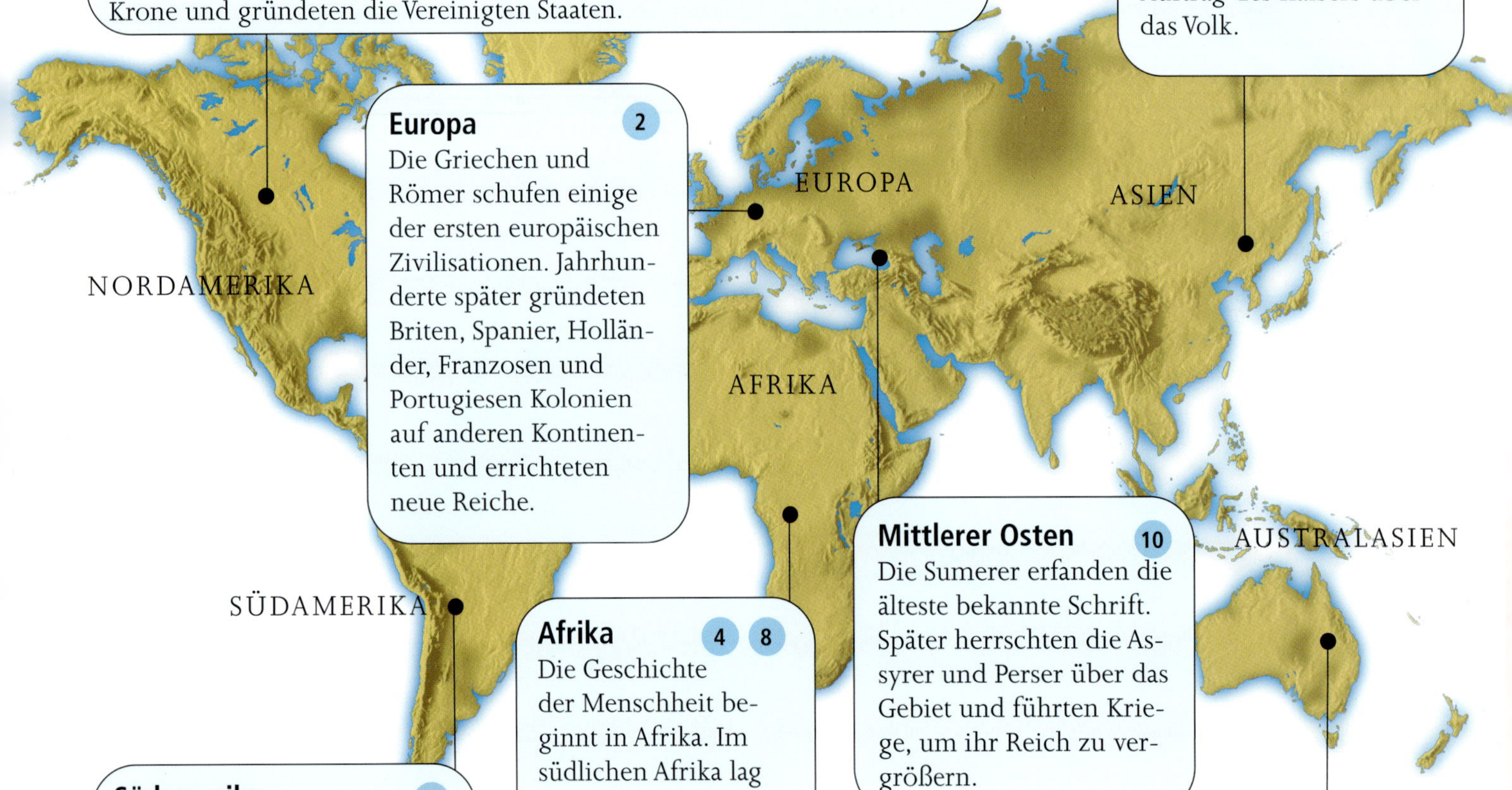

Asien 1 3 9
China wurde von Kaisern regiert. Mächtige Dynastien (aufeinanderfolgende Kaiser aus ein und derselben Familie) entstanden. Chinesische Händler reisten mit ihren Waren auf der Seidenstraße nach Westen. In Japan herrschte die Kriegerkaste der Samurai im Auftrag des Kaisers über das Volk.

Nordamerika 6
Vor der Ankunft der Europäer lebten die Ureinwohner Amerikas, zum Beispiel der Stamm der Irokesen, von der Jagd und vom Ackerbau. Die europäischen Siedler erlangten 1776 die Unabhängigkeit von der britischen Krone und gründeten die Vereinigten Staaten.

Europa 2
Die Griechen und Römer schufen einige der ersten europäischen Zivilisationen. Jahrhunderte später gründeten Briten, Spanier, Holländer, Franzosen und Portugiesen Kolonien auf anderen Kontinenten und errichteten neue Reiche.

Mittlerer Osten 10
Die Sumerer erfanden die älteste bekannte Schrift. Später herrschten die Assyrer und Perser über das Gebiet und führten Kriege, um ihr Reich zu vergrößern.

Südamerika 5
Südamerika war bis 1500 von verschiedenen weit verstreuten Stämmen besiedelt. Dann ließen sich die Portugiesen in Brasilien und die Spanier in Argentinien nieder.

Afrika 4 8
Die Geschichte der Menschheit beginnt in Afrika. Im südlichen Afrika lag Zimbabwe, die Hauptstadt des Shona-Reichs. Im Westen erbaute König Mansa Musa die große Handelsstadt Timbuktu in Mali.

Australasien 7
Die Polynesier unternahmen als eine der Ersten Entdeckungsreisen. Australien war von den Aborigines besiedelt. 1829 wurde es dem britischen Weltreich einverleibt.

Antworten 1) Von Kaisern **2)** Europa **3)** Samurai **4)** Afrika **5)** Die Spanier **6)** In Nordamerika **7)** Britisches Imperium **8)** Er machte Timbuktu zur florierenden Handelsstadt **9)** Auf der Seidenstraße **10)** Die Sumerer

QUIZ FÜNF

Sport und Kunst

Olympische Sommerspiele

Turnen

Wintersport

Fußball

Kunst und Malerei

Ballett

Architektur

Film und Fernsehen

FRAGEN: Olympische Sommerspiele

Stufe 1

1. Wie viele Ringe hat das olympische Symbol?
2. Für welchen Sport benötigt man einen 5 m langen Stab?
3. Wie oft finden die Olympischen Sommerspiele statt?
4. Werden im Reitsport Pferde, Fahrräder oder Pistolen eingesetzt?
5. Bei welcher Disziplin ist die Schwimmstrecke länger: Sprint oder Ausdauer?

Stufe 2

6. Ist ein Marathonlauf 20 km, 42 km oder 50 km lang?
7. Wie heißen die Teilnehmer an einem Judokampf?
8. Welcher Wettkampf im Pferdesport dauert drei Tage?
9. Wie heißt das Gebäude, in dem Radfahrer gegeneinander antreten?
10. Wer stellte den Weltrekord von 6,14 m im Stabhochsprung auf?
11. Welcher ist der längste Distanzlauf bei der Olympiade?
12. An wie vielen Olympiaden hat Jeannie Longo-Ciprelli teilgenommen: drei, vier oder sechs?
13. In welcher Disziplin gewann Mark Spitz 1972 sieben Goldmedaillen?

Stufe 3

14. Wie lang ist die Strecke für den Hürdenlauf bei Olympia?
15. Wann wurde Judo erstmals in die Olympischen Spiele aufgenommen?
16. Wie viele Bahnen müssen Schwimmer für die 1.500-Meter-Distanz schwimmen?
17. Um wie viel länger dauert ein Judokampf bei den Männern als bei den Damen?
18. Welchen Anteil an den insgesamt vergebenen Goldmedaillen im Judo gewann Japan 2004?

SUCH DIE ANTWORT

Olympische Sommerspiele

Die ersten Olympischen Sommerspiele fanden 1896 statt. Heute sind sie das größte internationale Sportereignis. Millionen von Menschen auf der ganzen Welt verfolgen die Spiele live im Fernsehen mit. Tausende Athleten treten in so unterschiedlichen Disziplinen wie Schießen, Turmspringen und Fechten an – in der Hoffnung, die begehrte Goldmedaille zu gewinnen.

Olympiaringe (1)

1913 enthüllte der Gründer der Olympischen Spiele, Baron Pierre de Coubertin, das olympische Symbol mit den fünf Ringen, das heute auf der ganzen Welt bekannt ist.

Reitsport (4) (8)

Reiten ist erst seit 1912 olympische Disziplin. Beim Springreiten müssen die Pferde einen Parcours überwinden. Der Wettkampf in der Vielseitigkeit dauert drei Tage lang.

Laufen (6) (11) (14)

Es gibt eine Reihe von verschiedenen Laufstrecken. Am kürzesten ist der 100-m-Sprint, am längsten sind der Marathon mit 42 km und das 50 km Gehen. Beim Hürdenlauf gibt es Strecken von 100 m, 110 m und 400 m. Auch beim 3000 m-Hindernislauf müssen Hindernisse überwunden werden.

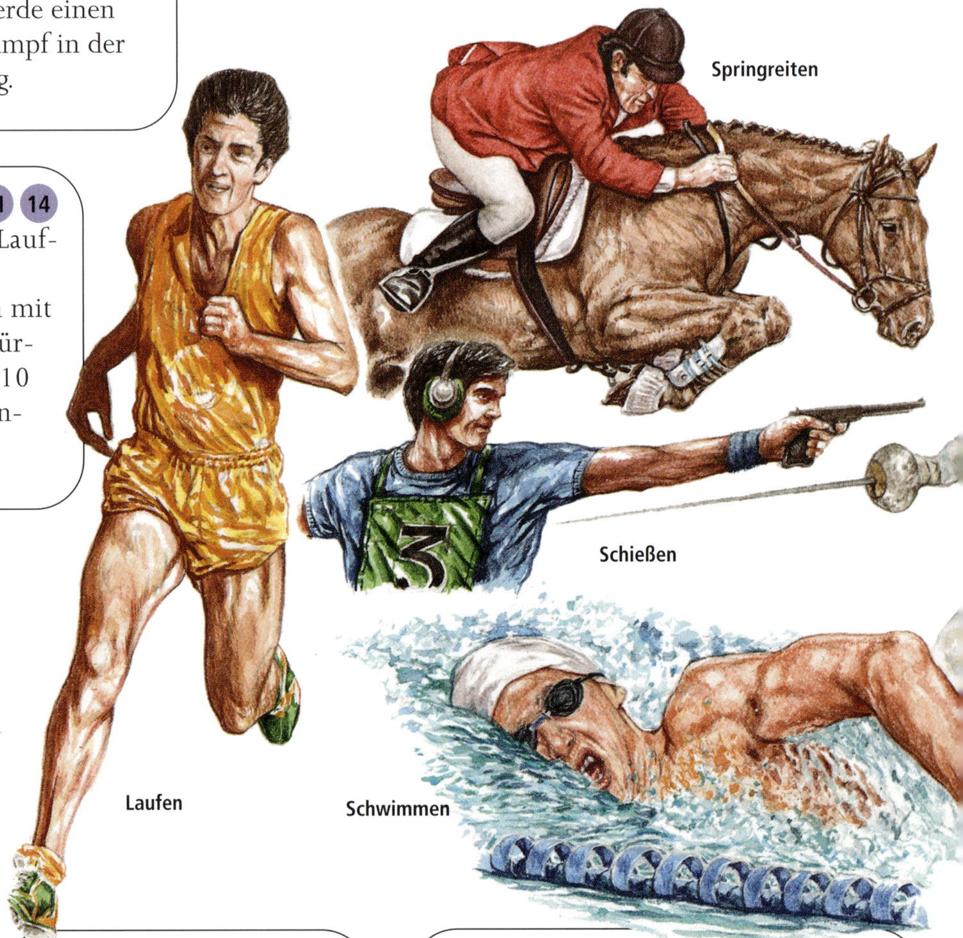

Radfahren (9) (12)

Die Disziplinen sind Mountain Biking und Radrennen in einem Velodrom. Die französische Radfahrerin Jeannie Longo-Ciprelli hat bereits an sechs Olympiaden teilgenommen.

Schwimmen (5) (13) (16)

In dem 50 m langen Olympia-Becken finden verschiedene Wettkämpfe statt, angefangen vom 50 m-Sprint bis hin zu 1.500 m Ausdauer. Der US-amerikanische Schwimmer Mark Spitz gewann 1972 sieben Goldmedaillen im Schwimmen.

Gastgeber (3)

Alle vier Jahre bewerben sich große Städte als Gastgeber der Olympischen Spiele. Sydney in Australien war 2000 an der Reihe, Athen in Griechenland 2004. 2008 finden die Spiele in Peking (China) statt, 2012 in London (England).

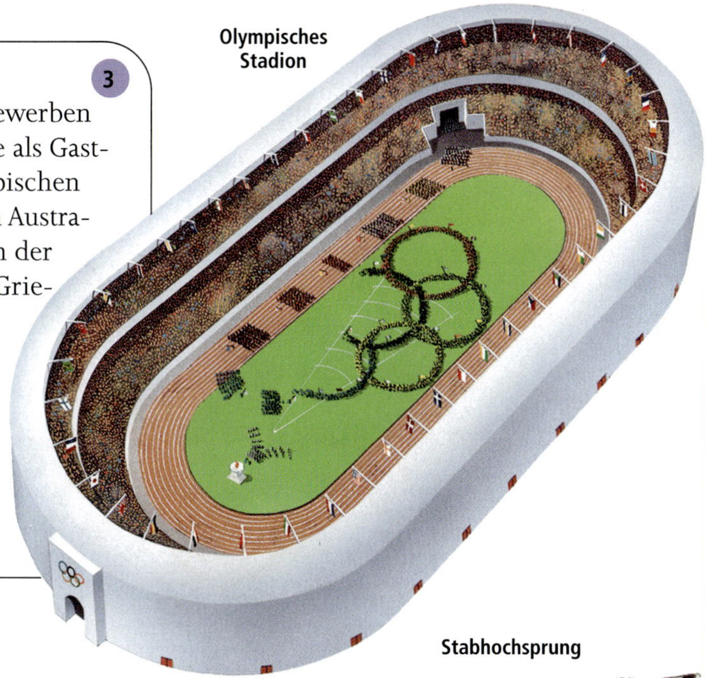

Olympisches Stadion

Stabhochsprung

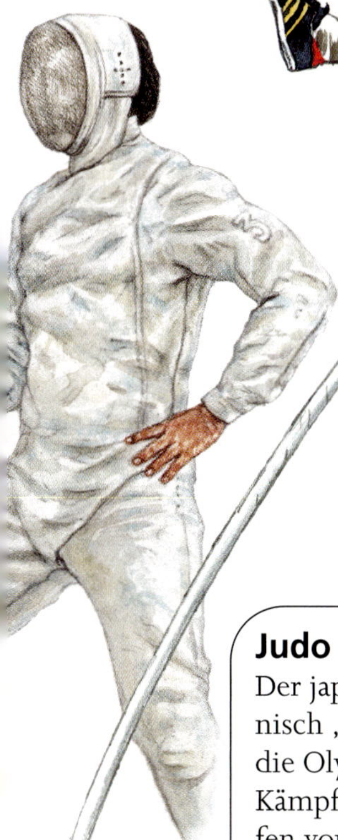

Fechten

Stabhochsprung (2) (10)

Beim Stabhochsprung schleudert sich der Athlet mit einem 5 m langen Stab hoch in die Luft und über eine Latte. Die besten Hochspringer können über 5 m hoch springen. Den Weltrekord der Männer von 6,14 m hält der Ukrainer Sergej Bubka.

Judo (7) (15) (17) (18)

Der japanische Kampfsport Judo, was auf Japanisch „sanfter Weg" bedeutet, wurde 1964 in die Olympischen Spiele eingeführt. Zwei Kämpfer, die Judokas, treten in Wettkämpfen von vier (Frauen) oder fünf Minuten (Männer) gegeneinander an. 2004 gewann Japan beim Judo 8 von 16 Goldmedaillen.

Judo

FRAGEN: Turnen

Stufe 1

1. Wann wärmen sich Athleten auf?
2. Wie nennt man die Sportler beim Turnen?
3. Wie viele Griffe hat ein Pauschenpferd?
4. Turnen an den Ringen nur Männer oder auch Frauen?
5. Womit reiben sich manche Athleten für besseren Halt die Hände ein?

Stufe 2

6. Wie viele Wettkämpfe im Turnen gibt es für Damen?
7. Ist Rhythmische Sportgymnastik seit 1932, 1968 oder 1984 olympische Disziplin?
8. Wie viele Handgeräte gibt es in der Rhythmischen Sportgymnastik?
9. Wer erreichte in der Rhythmischen Sportgymnastik die Höchstnote bei Olympia, ein Mann oder eine Frau?
10. Wie hoch ist die Höchstnote für eine Übung: zehn, 15 oder 20?
11. Wie heißt ein Handgerät der Rhythmischen Sportgymnastik mit „B"?
12. Wie hoch hängen die Ringe über der Turnmatte: 1 m, 1,75 m oder 2,75 m?
13. Welche Disziplin wird mit Musik ausgeführt?
14. Wie viele Kategorien bewertet das Kampfgericht bei der Rhythmischen Sportgymnastik?

Stufe 3

15. Wie hoch ist der Barren?
16. Wer erreichte bei den Olympischen Spielen zum ersten Mal die Höchstnote im Kunstturnen?
17. Wer erfand den Barren?
18. Womit wird eine Kür auf dem Pauschenpferd beendet?

SUCH DIE ANTWORT

Turnen

Turnen ist eine Sportart, bei der eine Bewegungsfolge ausgeführt wird, die Kraft, Balance und Biegsamkeit erfordet. Sportgeräte wie Barren, Ringe und Pauschenpferd werden dazu von Geräteturnern benutzt. Die Rhythmische Sportgymnastik ist eine Kombination aus gymnastischen Bewegungen und Tanz.

Pauschenpferd

2 3 18

Oben auf dem Pauschenpferd befinden sich zwei Griffe. Der Turner (der Sportler, der die Übungen macht) führt eine Reihe schwingender Bewegungen auf allen drei Abschnitten des Pferdes aus, bevor er herunterspringt und auf dem Boden landet. Diese letzte Aktion wird als Abgang bezeichnet.

Lederhandschutz für Männer

Lederhandschutz für Damen

Magnesia

Magnesia

5

Viele Turner reiben sich die Handflächen mit Magnesia ein, um besseren Halt an den Geräten zu haben, auf denen sie turnen. Manche tragen auch einen Handschutz aus Leder, um Verletzungen zu vermeiden.

Ringe

4 12

Diese Sportart wird nur von Männern ausgeführt. Der Turner schwingt an zwei Ringen, die 2,75 m über einer Bodenmatte hängen. Man benötigt sehr viel Kraft, um die Bewegungen an den Ringen auszuführen.

Kampfgericht

6 9 10 16

Beim Kunstturnen werden die Männer in sechs Wettkämpfen bewertet, die Damen in vier. 1976 erreichte Nadia Comaneci als Erste die Höchstnote von zehn.

Rhythmische Sportgymnastik 7 13 14

Rhythmische Sportgymnastik zählt seit 1984 zu den Olympischen Disziplinen. Die Übungen werden zu Musik ausgeführt und dauern ein bis zwei Minuten. Sie werden vom Kampfgericht nach drei Kategorien bewertet.

Handgeräte 8 11

Bei der Rhythmischen Sportgymnastik werden in den Übungen fünf Handgeräte benutzt: Keulen, Band, Seil, Ball und Reifen.

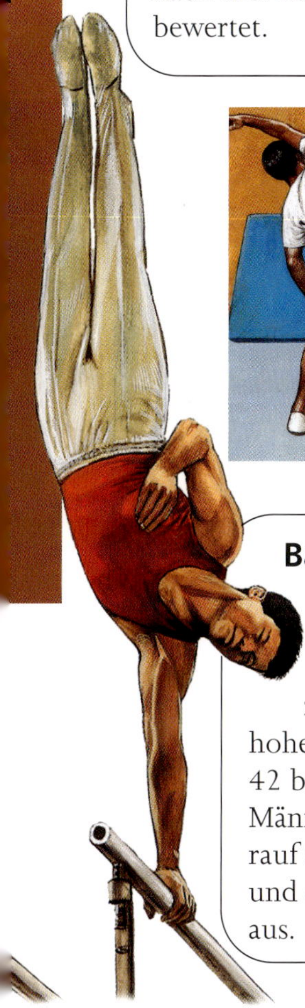

Barren 15 17

Der Barren wurde von Friedrich Jahn erfunden. Er besteht aus zwei biegsamen 1,75 m hohen parallelen Stangen mit 42 bis 52 cm Abstand. Männliche Turner führen darauf Schwünge, Handstände und einarmige Bewegungen aus.

Aufwärmen 1

Turner müssen sich vor dem Wettkampf durch bestimmte Übungen aufwärmen, um die Muskeln zu dehnen. Nur so können sie eine gute Leistung bringen und Verletzungen vermeiden.

FRAGEN: Wintersport

Stufe 1

1. Auf wie vielen Skiern fährt ein Skifahrer?
2. Fahren Eisschnellläufer einen Berg hinunter oder auf einer Eisbahn?
3. Wo wurde Eishockey erfunden?
4. Was bezeichnet man auch als Ski nordisch: Langlauf oder Alpin?
5. Wie heißt jemand, der anderen das Skifahren beibringt?

Stufe 2

6. Bei welchem Wintersport versucht man, einen Puck ins Tor zu schießen?
7. Wie heißt die Spitze eines Snowboards?
8. Ski alpin ist eine Disziplin der Olympischen Winterspiele. Richtig oder falsch?
9. Was hat ein Skifahrer rechts und links in der Hand?
10. Bei welchem Wintersport erreichen die Sportler auf der Rennbahn eine Geschwindigkeit von 60 km/h?
11. Wie viele Spieler pro Seite dürfen sich beim Eishockey auf dem Eis befinden: sechs, neun oder elf?
12. Bei welcher Skisportart wird im Zickzackkurs gefahren?
13. Wie nennt man das hintere Ende eines Snowboards?
14. Wie viele Spieleinheiten hat ein Eishockeyspiel?
15. Der Biathlon verbindet das Schießen mit welcher Skisportart?
16. Seit wann ist Snowboarden olympische Disziplin?

Stufe 3

17. Wer fährt schneller: Eisschnellläufer oder Alpinskiläufer?
18. Womit werden die Skistiefel an den Skiern befestigt?
19. Welcher Ski ist kürzer und breiter: Langlauf- oder Alpinski?
20. Wie wird ein Eishockey-Torwart auch genannt?

SUCH DIE ANTWORT

Wintersport

Alpinskifahrer

Für den Wintersport braucht man Schnee oder Eis, manchmal auch beides. Viele Wintersportarten wie Skifahren oder Eislaufen sind aus der Notwendigkeit heraus entstanden, sich auf Schnee und Eis fortzubewegen. So fahren die Menschen beispielsweise schon seit über 3000 Jahren Schlittschuh.

Alpinski

8 12 17

Ski alpin ist eine der aufregendsten Wettkämpfe in den Olympischen Winterspielen. Skifahrer können dabei bis zu 130 km/h schnell werden. Slalom ist eine Form von Alpinski, bei der die Skifahrer möglichst schnell im Zickzack durch einen Parcours fahren müssen.

Skifahren lernen

1 5 9 18

Millionen Menschen erlernen jedes Jahr das Skifahren auf sanften Berghängen oder auf künstlichen Pisten. Unterricht erteilen Skilehrer. Die Skifahrer tragen gepolsterte Skistiefel, die mit einer Bindung an den beiden Skiern befestigt werden. Die Skistöcke dienen zum Abstoßen und zum Kurvenfahren.

Langläufer in Finnland

Langlauf

4 15 19

Der Langlauf ist eine der Sportarten, die unter dem Oberbegriff Ski Nordisch zusammengefasst werden. Langläufer legen lange Distanzen auf hügeligen und ebenen Strecken zurück. Ihre Skier sind länger und schmaler als Alpinskier. Ein Top-Langläufer schafft eine Strecke von 15 km in weniger als 50 Minuten. Der Biathlon ist eine Kombination aus Langlauf und Schießen.

Snowboarden

7 13 16

Snowboarden ist seit 1998 olympische Disziplin. Beim Freestyle vollführen Snowboarder ähnlich akrobatische Bewegungen wie Skateboarder. Sie drücken die Hinterseite, das Heck des Bretts, nach unten, damit sich die Spitze, die sogenannte Nose, vom Boden abhebt, und machen Sprünge.

Snowboarder

Eishockey

3 6 11 14 20

Eishockey wurde in Kanada erfunden. Zwei Mannschaften mit je sechs Spielern fahren mit Schlittschuhen übers Eis und versuchen, einen Puck in das gegnerische Tor zu schießen, das der Goalie bewacht. Ein Match hat drei 20-minütige Abschnitte.

Eisschnelllauf

2 10 17

Eislaufen ist für viele Freizeitspaß, für einige aber auch harter Sport. Eisschnellläufer erreichen auf der Eisbahn Geschwindigkeiten von bis zu 60 km/h. Eiskunstläufer zeigen tänzerische Darbietungen.

Schlittschuhfahrer im Stadtpark

FRAGEN: Fußball

Stufe 1

1. Wie heißen die Spieler, die versuchen, Tore zu schießen?
2. Welcher Spieler darf den Ball mit der Hand berühren?
3. Die Verwarnungskarte ist gelb. Richtig oder falsch?
4. Den Versuch, einem Spieler den Ball abzunehmen, nennt man Passen, Einwurf oder Tackling?
5. Auf welchem Boden spielt man Fußball?

Stufe 2

6. Für welches Land spielte Pelé?
7. Wer hat über 100 Tore für sein Land geschossen: Wayne Rooney, Michael Ballack oder Ali Daei?
8. Wer kontrolliert die Einhaltung der Regeln bei einem Fußballspiel?
9. Wie oft hat Pelé zu einem WM-Sieg beigetragen?
10. Wie viele Spieler hat eine Fußballmannschaft?
11. Welche Farbe hat die Karte, mit der ein Spieler vom Spielfeld geschickt wird?
12. In welcher Stadt wurden die ersten Fußballregeln geschrieben?
13. Hat Pelé in seiner Laufbahn 478, 809 oder 1281 Tore geschossen?
14. Spielt Cristiano Ronaldo für Portugal, Frankreich oder Brasilien?

Stufe 3

15. Mit welchen der folgenden Körperteile darf der Fußballer den Ball berühren: Kopf, Brust, Arme, Oberschenkel, Hände?
16. Für welches Land spielte Ali Daei?
17. Aus der Blase welcher Tiere wurden früher Fußbälle hergestellt?
18. Welche Amerikanerin hat 158 Tore für ihr Land geschossen?

SUCH DIE ANTWORT Fußball

Fußball ist ein packender Mannschaftssport, bei dem sich alles um den runden Ball dreht. Zehn Millionen Spieler und Fans machen ihn zur beliebtesten Sportart der Welt. Alle vier Jahre wird die Fußballweltmeisterschaft, der FIFA World Cup, ausgetragen.

Frühe Spiele 12

Spiele, bei denen ein Ball mit den Füßen geschossen wird, gibt es schon lange. In manchen Ländern gab es Fußballwettkämpfe zwischen rivalisierenden Dörfern. Das erste Fußballregelwerk wurde im 19. Jahrhundert in London, England, aufgeschrieben.

Fußballfeld 1 5 10

Fußball spielt man auf dem Rasen. Auf dem Fußballfeld stehen pro Mannschaft 11 Spieler, bestehend aus Verteidigern, Mittelfeldspielern, Stürmern (die Tore schießen) und einem Torwart.

Ballkontrolle 2 15

Ein Spieler darf den Ball mit allen Körperteilen außer den Händen und den Armen berühren. Nur der Torwart darf den Ball auch mit den Händen aufhalten. Die Spieler schießen den Ball hauptsächlich mit den Füßen.

Der Ball 14 17

Früher wurden Fußbälle aus einer Schweinsblase mit Lederhülle hergestellt. Heute sind Fußbälle viel leichter und werden von Spielern wie Portugals Cristiano Ronaldo elegant mit Effet gespielt.

Tackling 4 11

Tackling nennt man den Vorgang, wenn ein Spieler einem anderen den Ball abzunehmen versucht. Wenn er dabei unfair vorgeht, zeigt ihm der Schiedsrichter die rote Karte und er wird vom Platz gestellt.

Tor

7 16 18

Für ein gültiges Tor muss der Ball hinter die gegnerische Torlinie geschossen werden. Der Iraner Ali Daei war der erste männliche Fußballer, der über 100 Tore für sein Land erzielt hat. Die amerikanische Fußballerin Mia Hamm schoss während ihrer Karriere 158 Tore für die Mannschaft der USA.

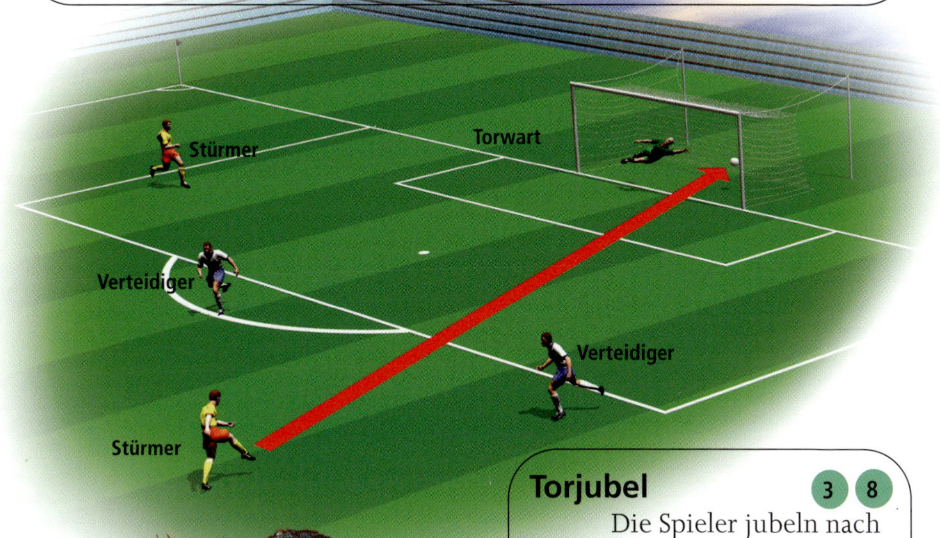

Torjubel

3 8

Die Spieler jubeln nach einem Tor und fallen sich in die Arme. Wenn dies zu lange dauert, zeigt der Schiedsrichter, der die Einhaltung der Regeln kontrolliert, eine gelbe Karte für Zeitverzögerung.

Straßenfußball

6 9 13

Auf der ganzen Welt spielen Kinder Fußball auf der Straße. So begann auch die Laufbahn des großen brasilianischen Fußballstars Pelé. Während seiner Karriere gewann er mit seiner Mannschaft dreimal die Weltmeisterschaft. Als Profispieler schoss er insgesamt 1281 Tore.

FRAGEN: Kunst und Malerei

Stufe 1

1. Der berühmte Künstler Michelangelo war Italiener. Richtig oder falsch?
2. Wie lautet der Vorname von van Gogh?
3. In welchem Land befinden sich die Höhlenmalereien von Lascaux?
4. Was wird auf frischem Putz gemalt: Skulpturen, Höhlenmalereien oder Fresken?
5. Unter den Höhlenmalereien von Lascaux finden sich Bilder von Rentieren. Richtig oder falsch?

Stufe 2

6. Welchen Teil des Hühnereis verwendeten die prähistorischen Höhlenmaler?
7. Mit welchen Farben verzierten die alten Griechen ihre Töpferkunstwerke?
8. Müssen Freskenmaler schnell oder langsam arbeiten?
9. Welche Farben sind intensiver, Temperafarben oder Ölfarben?
10. Malte Michelangelo ein Fresko auf die Türen, die Wände oder an die Decke der Sixtinischen Kapelle?
11. Aus welchem Material schuf Michelangelo die Moses-Skulptur?
12. Was trocknet schneller, Ölfarbe oder Temperafarbe?
13. Welchen Teil des Hühnereis verwendete man zur Herstellung von Temperafarben?

Stufe 3

14. Von welchem Künstler stammt das berühmte Pop-Art-Gemälde *Blam!*?
15. In welchem Jahrhundert schuf Michelangelo die Moses-Skulptur?
16. Wie alt war van Gogh, als er die *Sternennacht* malte?
17. In welchem Jahrzehnt entstand die Pop-Art?
18. Sind die Höhlenmalereien von Lascaux 15 000, 16 000 oder 17 000 Jahre alt?

SUCH DIE ANTWORT

Kunst und Malerei

Als Kunst wird jede Form von kreativer Arbeit bezeichnet, bei der ein Künstler etwas abbildet oder seine Gefühle ausdrückt. Seit es Menschen gibt, gibt es Kunst. Zu den verschiedenen Kunstformen gehören unter anderem Fotografie, Zeichnen und Bildhauerei. Die Malerei gibt es schon seit mehr als 30 000 Jahren.

Höhlenmalerei 3 5 18

Die berühmtesten Höhlenmalereien wurden 1940 in den Höhlen von Lascaux in Frankreich entdeckt. Die lebensnahen Abbildungen zeigen Pferde, Rentiere und Ochsen. Sie sind über 17 000 Jahre alt.

Farben mischen 6 13

Die Menschen in der vorgeschichtlichen Zeit stellten ihre Farben aus natürlichen Zutaten her. Sie verwendeten zum Beispiel Erde, Blut, Pflanzensäfte und Eiweiß. Seit dem 2. Jahrhundert mischten die Künstler „Tempera“-Farben aus Pigmenten und Eigelb.

Ölmalerei 9 12

In der Renaissance (Mitte des 14. bis Mitte des 16. Jahrhunderts) pulverisierten Maler Mineralien und mischten sie mit Öl zu Ölfarben. Ölfarben sind intensiver als Temperafarben. Sie trocknen allerdings langsamer.

Dekorative Kunst 7

Zur dekorativen Kunst werden Möbel, Keramik, Schmuck und Metall- und Glashandwerk gezählt. Viele Zivilisationen haben eindrucksvolle dekorative Kunstwerke hervorgebracht. Die alten Griechen zum Beispiel waren berühmt für ihre stilvolle Keramik. Die Krüge waren oft in den Farben Schwarz und Rot bemalt und mit Bildern von griechischen Göttern verziert.

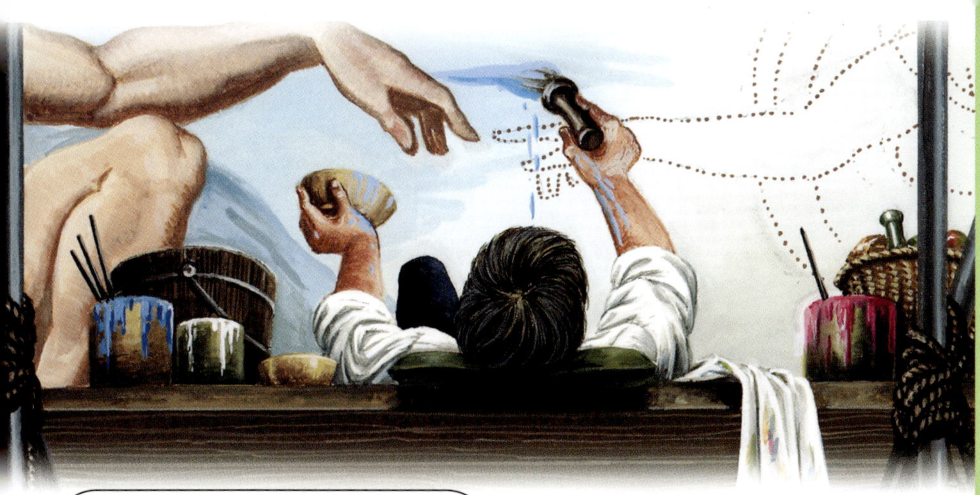

Fresken 1 4 8 10

Ein Fresko ist ein Gemälde, bei dem die Farbe auf dem feuchten Putz eines Gebäudes aufgetragen wird. Da der Putz schnell trocknet, muss der Künstler zügig arbeiten. Der italienische Künstler Michelangelo (1475–1564) malte das berühmte Fresko an der Decke der Sixtinischen Kapelle im Vatikan in Rom, Italien.

Skulpturen 11 15

Bei einer Skulptur handelt es sich um ein dreidimensionales Kunstwerk. Die Künstler, die Skulpturen herstellen, nennt man Bildhauer. Sie arbeiten in Stein, Holz oder anderen Materialien. Die Moses-Skulptur von Michelangelo aus Marmor entstand um 1513.

van Gogh 2 16

Der Künstler Vincent van Gogh (1853–90) malte die *Sternennacht* (rechts) im Jahr 1889. Er war berühmt für seinen expressiven Einsatz der Farben.

Pop Art 14 17

In den 1950-ern und 60-ern wurde die Pop Art modern. Das Bild *Blam!* links stammt vom amerikanischen Künstler Roy Lichtenstein (1923–97).

FRAGEN: Ballett

Stufe 1

1. Beginnen die meisten Balletttänzer als Kinder, Teenager oder Erwachsene?
2. Wird ein Ballet in einem Stadion oder in einem Theater aufgeführt?
3. Tragen männliche Balletttänzer Make-up?
4. Ist ein Tutu ein Ballettschuh, ein Rock oder eine Ballettbewegung?

Stufe 2

5. Welche Musiker spielen oft während der Tanzstunden?
6. Welchen Körperteil bewegt die Ballerina in *Schwanensee*, um den Flügelschlag zu imitieren?
7. Wo werden die Balletttänzer vor dem Auftritt geschminkt?
8. Welche Bewegungen werden beim *Port de bras* geübt?
9. Wie viele Grundpositionen der Füße gibt es im Ballett?
10. Bei welcher Position berühren sich die Fersen: bei der ersten, zweiten oder dritten?
11. Wer komponierte das Ballet *Schwanensee?*
12. Warum tragen Tänzer beim Üben Beinwärmer?
13. Auf welchem Körperteil tanzt man beim Spitzentanz?
14. In welche Abschnitte ist ein Ballett gegliedert?
15. Braucht ein großes Ballett 30, 300 oder 3.000 Kostüme?

Stufe 3

16. Aus welchem Land stammt das Ballett *Schwanensee?*
17. Wie heißt die Solotänzerin in einer Balletttruppe?
18. Wie heißt die Königin der Schwäne in *Schwanensee* mit „O"?

SUCH DIE ANTWORT

Ballett

Ballett ist ein Tanz mit kunstvollen und graziösen Bewegungen. Er wird mit Musik aufgeführt und hat eine Handlung. Entstanden ist diese Tanzkunst im 16. und 17. Jahrhundert. Berühmte Balletts heißen *Der Nussknacker* und *Dornröschen*.

Die Ballerina 6 11 16 17 18

Die Solotänzerin in einer Truppe wird *Primaballerina* (italienisch für „erste Tänzerin“) genannt. Sie spielt die Hauptrolle im russischen Ballet *Schwanensee*, das von dem Komponisten Pjotr Iljitsch Tschaikowsky stammt. Als Odette, die Königin der Schwäne, biegt sie den Hals nach hinten und bewegt die Arme, als wären sie Flügel.

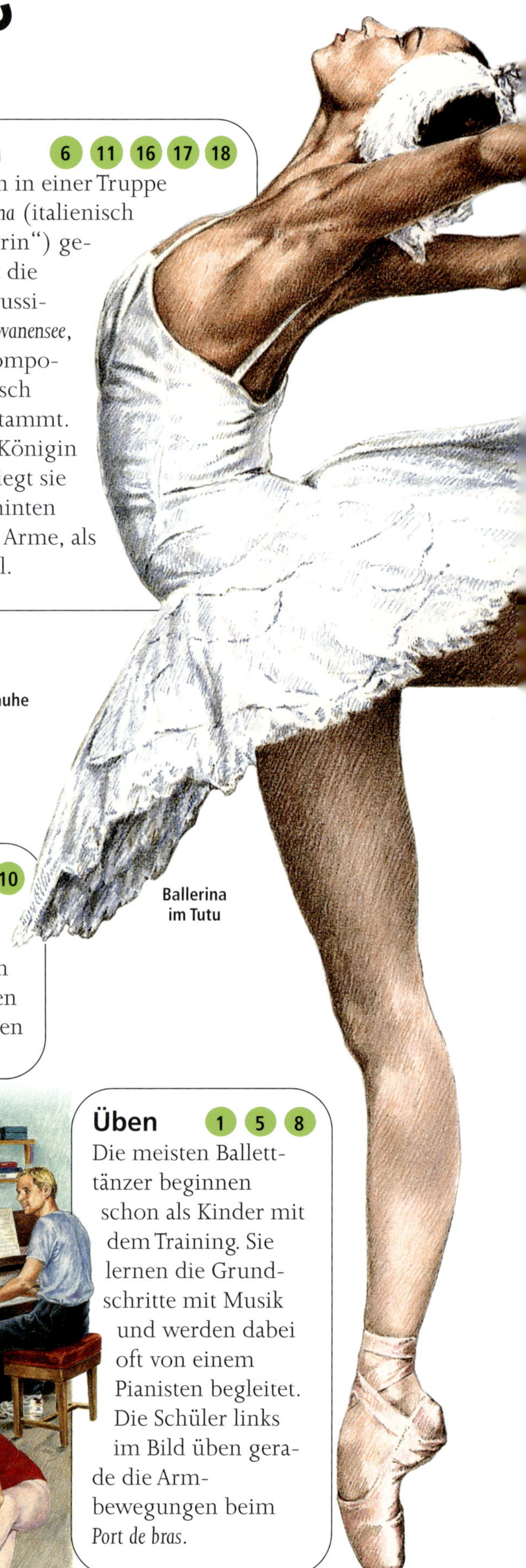

Ballerina im Tutu

Kleidung 12

Balletttänzer tragen bei ihrem Training eine spezielle Kleidung. Die Beinwärmer und eine Wickeljacke halten die Muskeln warm und helfen dadurch, Zerrungen und Verletzungen zu vermeiden.

Positionen 9 10

Balletttänzer lernen am Anfang die fünf Grundpositionen der Füße. In der ersten Position sind die Zehenspitzen nach außen gedreht, die Fersen berühren sich.

Üben 1 5 8

Die meisten Balletttänzer beginnen schon als Kinder mit dem Training. Sie lernen die Grundschritte mit Musik und werden dabei oft von einem Pianisten begleitet. Die Schüler links im Bild üben gerade die Armbewegungen beim *Port de bras*.

Make-up (3) (7)

Unter dem starken Bühnenlicht sind die Gesichtszüge der Balletttänzer kaum noch zu erkennen. Aus diessem Grund tragen männliche und weibliche Tänzer starkes Make-up. Vor einer Aufführung frisieren und schminken sie sich in einem Umkleideraum.

Ballerina beim Schminken

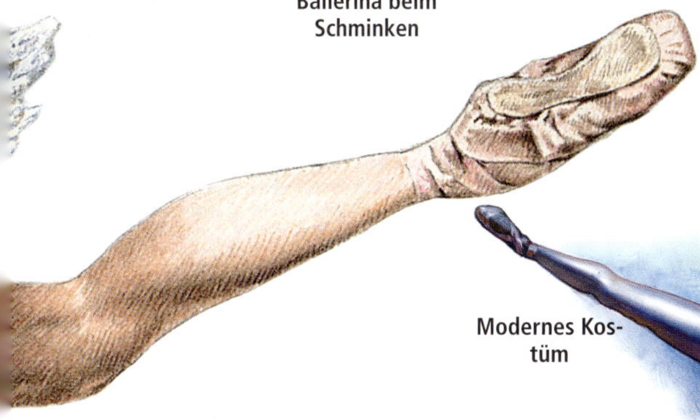

Modernes Kostüm

Kostüme (4) (13) (15)

Es gibt traditionelle und moderne Kostüme. Sehr klassisch ist der Tüllrock, der sogenannte Tutu (sprich: Tütü). Ein großes Ballett braucht bis zu 300 Kostüme. Eine Ballerina benötigt für den Spitzentanz (der auf den Zehenspitzen getanzt wird) spezielle Spitzenschuhe, die mit langen Bändern am Bein hochgeschnürt werden.

Vorhang auf (2) (14)

Eine große Ballettvorführung findet in einem Theater statt. Oft sorgt ein vollständiges Orchester mit Dirigent für die dazugehörige musikalische Untermalung. Ein Ballett ist in mehrere Abschnitte, die sogenannten Akte, unterteilt. Zwischen den Akten gibt es jeweils eine kurze Pause.

FRAGEN: Architektur

Stufe 1

1. Wer baute den Parthenon: die Griechen, Ägypter oder Römer?
2. Wie heißen die riesigen Gebäude, in denen verstorbene Pharaonen in Ägypten beerdigt wurden?
3. Bestanden die ersten Ziegel aus Lehm und Ton oder aus Zement und Kies?
4. Wurden die ägyptischen Pyramiden aus Lehm, Holz oder Stein gebaut?
5. Wurden die ersten Ziegel durch Brennen, Trocknen in der Sonne oder Einfrieren gehärtet?

Stufe 2

6. Welche Zivilisation erfand den Beton?
7. Wurde der Parthenon aus Granit, Zement oder Marmor gebaut?
8. In welcher Stadt steht der Parthenon?
9. Warum hatten herrschaftliche Anwesen oft sehr viele Fenster?
10. Installierte man im Weißen Haus zuerst die Wasserleitungen oder die Gasbeleuchtung?
11. Kommt der gotische Stil aus Europa, Asien oder Afrika?
12. Aus welchem Material bestanden die Balken bei Häusern aus Flechtwerk und Lehm?
13. Wer ließ die Hardwick Hall bauen?

Stufe 3

14. Wie nennt man die Zeichnung des Architekten?
15. Welches berühmte Gebäude hat James Hoban wiederaufgebaut?
16. Welcher Göttin wurde mit dem Parthenon ein Tempel errichtet?
17. Für welche Bauwerke ist der Strebebogen typisch?
18. In welchem Jahrhundert entstand die gotische Architektur?

SUCH DIE ANTWORT

Architektur

Ägyptische Pyramide

Architektur nennt man die Kunst, Bauwerke wie Brücken, Häuser oder Tempel zu entwerfen. Jedes Gebäude erfüllt natürlich in erster Linie eine Aufgabe, doch Architekten sind bestrebt, möglichst dauerhafte und schöne Bauwerke zu errichten. In den verschiedenen Kulturen und Epochen finden sich eindrucksvolle Beispiele hierfür.

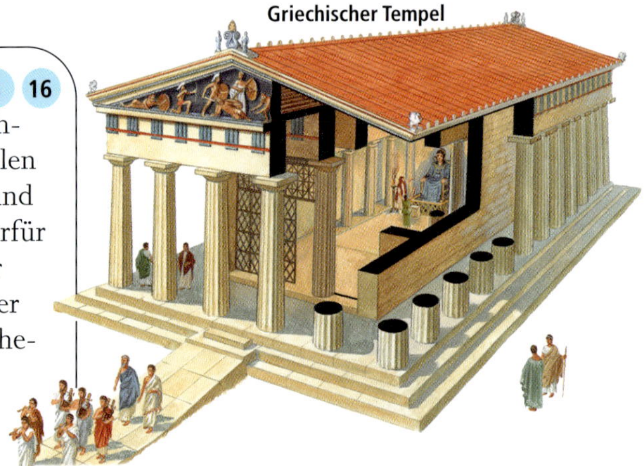

Griechischer Tempel

Parthenon 1 7 8 16

Die alten Griechen errichteten wunderschöne Säulen und Gebäude aus Stein und Marmor. Ein Beispiel hierfür ist der Parthenon auf der Akropolis in Athen. Dieser Tempel für die Göttin Athene wurde im 5. Jahrhundert v. Chr. aus Marmor erbaut.

Pyramiden 2 4

Die alten Ägypter bauten riesige Begräbnisstätten für ihre Herrscher, die Pharaonen genannt wurden. Die größte davon, die Pyramide von Gizeh, entstand vor über 4500 Jahren. Sie besteht aus mehr als zwei Millionen großen Steinblöcken mit einem Gewicht von jeweils 2,5 Tonnen.

Wände 12

Bei der Holzrahmenkonstruktion, also beispielsweise bei Fachwerkhäusern, wurde erst ein Rahmen aus Holz gebaut, dann mit Flechtwerk und Lehm gefüllt.

Baumaterialien 3 5

Zu den ältesten Baumaterialien zählen unter anderem Stein, Holz, Stroh, Blätter und Gräser. Die ersten Ziegel wurden aus Lehm und Ton hergestellt und durch Trocknen in der Sonne gehärtet.

Bau eines Hauses

Römische Baukunst 6

Die Römer verwendeten Elemente der griechischen Architektur wie die Säulen an diesem Haus. Sie bauten die ersten Gebäude mit Bögen und erfanden sogar den Beton, der heute noch in Gebrauch ist.

Kirchenbau

11 17 18

Der gotische Stil prägt viele europäische Kirchen, die zwischen 1140 und 1500 erbaut wurden. Sogenannte Strebebögen, brückenartige Verstrebungen zwischen einer Wand und den Strebepfeilern, erlaubten den Bau von Kirchen mit sehr dünnen Mauern und großen Fenstern.

Herrschaftliche Anwesen

9 13

Ein großes Haus stellt Reichtum und Macht einer Person dar. Die Hardwick Hall in England, erbaut von Bess of Hardwick, hat sehr viele Fenster – Zeichen des Wohlstands in einer Zeit, als Glas noch sehr teuer war.

Hardwick Hall

Das Weiße Haus

10 15

Das Weiße Haus in Washington D. C., USA, stammt aus dem Jahr 1792. 1814 wurde es niedergebrannt. Der Architekt James Hoban baute es wieder auf. Die Wasserleitungen wurden 1833 verlegt, dann folgte die Gasbeleuchtung (1848), ein Lift (1881) und die Elektrizität (1891).

Baupläne

14

Architekten fertigen Zeichnungen und Pläne von ihren Entwürfen an, um mit ihren Kunden darüber diskutieren zu können. Die Zeichnungen werden Baupläne genannt.

FRAGEN: Film und Fernsehen

Stufe 1

1. Waren die ersten Fernsehsendungen schwarz-weiß oder in Farbe?
2. Wie heißt die Person mit „R“, die verantwortlich für die künstlerische Gestaltung eines Films ist?
3. Wer interviewt Personen für Nachrichtensendungen?
4. Wie nennt man Menschen, die in einem Film eine Rolle darstellen?
5. Wie nennt man die geschriebene Version eines Films?

Stufe 2

6. Welche drei Mitarbeiter benötigt ein Nachrichtenteam?
7. Wie bezeichnet man eine Nachrichtensendung, die im selben Moment wie das Ereignis gesendet wird?
8. Wie hieß der erste Tonfilm: *Casablanca*, *Der Jazzsänger* oder *Snow White*?
9. Wie heißt die große Filmindustrie in den USA mit „H“?
10. In der Nähe welcher Stadt liegt sie?
11. Welchen Spitznamen hat die indische Filmindustrie?
12. Wie lautet der englische Fachbegriff für 24-Stunden-Nachrichten?

Stufe 3

13. Ist Telstar ein Fernsehermodell oder ein Satellit?
14. In welchem Jahr entstand der erste Tonfilm?
15. Wie viel Prozent der US-amerikanischen Haushalte besaßen 1962 einen Fernseher?
16. In welchem Jahr wurde erstmals ein Fernsehsignal von einem Satelliten gesendet?
17. Wie nennt man das Senden von Programmen von einer Fernsehstation?
18. Welches asiatische Land hat eine der größten Filmindustrien der Welt?

SUCH DIE ANTWORT

Film und Fernsehen

Ein Film besteht aus vielen einzelnen Bildern, die ein bewegtes Bild erzeugen, wenn sie in schneller Abfolge laufen. Im Kino werden Filme mit Projektoren gezeigt, man kann sie aber auch auf Videos oder DVDs speichern. Meistens sieht man sich Filme allerdings auf dem Fernsehgerät an, wo sie über Fernsehkabel oder Antenne empfangen werden.

Filmcrew 8 14

Für eine Filmproduktion arbeiten Dutzende von Menschen zusammen. Manche sind zuständig für die Kostüme, andere für das Bühnenbild oder die Ausrüstung. Am Anfang gab es nur Stummfilme. Der erste Tonfilm war *Der Jazzsänger* aus dem Jahr 1927.

Regisseur 2 4 5

Der Regisseur ist verantwortlich für die künstlerische Gestaltung eines Films. Er arbeitet nach der geschriebenen Version des Films (dem Drehbuch) mit den Darstellern einer Rolle, den Schauspielern.

Am Set 9 10 11 18

Den Drehort eines Films nennt man Set. Ein Film kann drinnen oder draußen gedreht werden. In Hollywood bei Los Angeles, USA, und in Mumbai in Indien befinden sich die größten Filmindustrien der Welt. Indiens Filmindustrie hat den Spitznamen Bollywood.

Nachrichten (6) (7)

Bei „Live"-Nachrichten werden Ereignisse direkt und ohne Zeitverzögerung übertragen. Für ein Nachrichtenteam sind drei Personen nötig: ein Reporter, ein Kameramann und ein Tontechniker.

Reporter (3) (12)

Ein Reporter interviewt Personen für die Nachrichtensendungen. Manche Fernsehsender bieten sogar 24-Stunden-Nachrichtenprogramme, die sogenannten Rolling News.

Studio (17)

Viele Fernsehshows werden im Studio gefilmt. Eine Fernsehkamera wandelt mit ihrer empfindlichen Technik Lichtsignale in elektrische Signale um. Diese werden von den Sendern der Fernsehstationen übertragen. Das Senden eines Programms nennt man auch Ausstrahlung.

Fernsehen (1) (13) (15) (16)

Fernsehen gibt es seit den 1930-er Jahren. Die Programme wurden anfangs nur in schwarz-weiß ausgestrahlt. Die ersten Farbfernseher sind 1956 in den USA hergestellt worden. 1962 besaßen bereits 90 Prozent der amerikanischen Haushalte einen Fernseher. Im selben Jahr wurde das erste Fernsehsignal vom Satelliten Telstar übertragen.

ANTWORTEN

Hast du alle Fragen beantwortet? Jetzt kannst du die Lösungen auf den folgenden Seiten nachschlagen. Oder du machst mit deinen Freunden ein schnelles *Quiz-Quest*-Fragespiel: Stellt euch einfach abwechselnd die Fragen aus dem Antwortteil und schaut gleich nach, ob die Antwort stimmt. Wer am meisten richtig hat, ist der Sieger.

ANTWORTEN: Der Regenwald

Stufe 1

1. Sind Frösche Reptilien oder Amphibien?
   Antwort: Amphibien
2. Sind Reptilien gleichwarm oder wechselwarm?
   Antwort: Gleichwarm
3. Wie heißt der weltgrößte Fluss mit „A"?
   Antwort: Amazonas
4. Wie oft regnet es im Regenwald: täglich, wöchentlich oder monatlich?
   Antwort: Täglich

Stufe 2

5. In welchem Kontinent wächst der Chinarindenbaum?
   Antwort: Südamerika
6. Was für ein Tier ist eine Boa?
   Antwort: Eine Schlange
7. Welche Pflanze hat die größte Blüte der Welt?
   Antwort: Die Rafflesie
8. In welchem Teil des Regenwalds leben die meisten Tiere?
   Antwort: In der Kronenregion
9. Wovon leben fleischfressende Pflanzen?
   Antwort: Von Insekten
10. Wonach riechen die Blüten der Rafflesia?
    Antwort: Nach Aas
11. Wie nennt man sehr hohe Bäume, die den Regenwald überragen?
    Antwort: Emergenten
12. In welcher Gegend leben Pfeilgiftfrösche?
    Antwort: In Südamerika
13. Ist eine Bromelie ein Tier oder eine Pflanze?
    Antwort: Eine Pflanze
14. Die Haut eines Pfeilgiftfroschs enthält genügend Gift, um einen Menschen zu töten. Richtig oder falsch?
    Antwort: Richtig
15. Wo lebt der Atlas-Seidenspinner?
    Antwort: In Südostasien

Stufe 3

16. Sind Schlangen näher mit Fröschen oder mit Eidechsen verwandt?
    Antwort: Mit Eidechsen
17. Wie breit ist der Amazonas an seiner Mündung: über 300 km, über 400 km oder über 500 km?
    Antwort: Über 300 km
18. Welche Krankheit behandelt man mit Chinin?
    Antwort: Malaria
19. Mit welchem Körperteil haftet sich der Gecko an?
    Antwort: Mit den Zehen
20. Wo wachsen die Pflanzen, die man als Epiphyten bezeichnet?
    Antwort: Auf anderen Pflanzen

ANTWORTEN: Ameisen

Stufe 1

1. Welche Ameisen haben die kräftigeren Mandibeln (Kiefer): Arbeiterinnen oder Soldaten?
   Antwort: Soldaten
2. Wie heißt die Ameise, die alle Eier des Ameisenstaats legt?
   Antwort: Königin
3. Sind Blattläuse Würmer oder Insekten?
   Antwort: Insekten
4. Sind Holzameisen größer oder kleiner als die meisten anderen Ameisenarten?
   Antwort: Größer

Stufe 2

5. Gibt es Ameisen, die Blattläuse in ihre Nester bringen?
   Antwort: Ja
6. Die meisten Ameisen bauen ihr Nest unter der Erde. Richtig oder falsch?
   Antwort: Richtig
7. Wovon ernähren sich Blattläuse?
   Antwort: Von Pflanzensaft
8. Wie heißt die zuckrige Substanz, die Blattläuse produzieren?
   Antwort: Honigtau
9. Findet man Honigtopfameisen häufiger an trockenen oder an feuchten Orten?
   Antwort: An trockenen Orten
10. Leben Blattschneiderameisen in warmen oder in kalten Wäldern?
    Antwort: In warmen Wäldern
11. Können Holzameisen Menschen beißen?
    Antwort: Ja
12. Welche Substanz können manche Ameisen absondern, wenn sie angegriffen werden?
    Antwort: Säure
13. Woraus bauen Holzameisen ihre Nester?
    Antwort: Aus trockenen Nadeln
14. Können Ameisen Vögel angreifen?
    Antwort: Ja

Stufe 3

15. Fressen Blattschneiderameisen die Blätter, die sie ernten?
    Antwort: Nein
16. Welche verschiedenen Ameisentypen leben in einem Staat?
    Antwort: Drei (Königin, Arbeiterinnen und Soldaten)
17. Was bedeutet der Begriff Metamorphose?
    Antwort: Verwandlung
18. In welchen Wäldern leben die meisten Holzameisen?
    Antwort: In Nadelwäldern
19. Speichern alle Arbeiterinnen in einem Honigtopfameisen-Staat Nahrung in ihrem Körper?
    Antwort: Nein
20. Nenne einen Kontinent, auf dem sowohl Honigtopf- als auch Blattschneiderameisen leben.
    Antwort: Nord- oder Südamerika

ANTWORTEN: Dinosaurier

Stufe 1

1. Was trägt *Spinosaurus* auf dem Rücken: Flügel oder ein Segel?
   Antwort: Ein Segel
2. Welcher Saurier mit „S“ war der größte Stegosaurier?
   Antwort: Stegosaurus
3. Welcher Saurier hat Platten auf dem Rücken? *Kentrosaurus* oder *Tyrannosaurus rex?*
   Antwort: Kentrosaurus
4. Welche haben die größeren Zähne: pflanzenfressende oder fleischfressende Dinosaurier?
   Antwort: Fleischfressende Dinosaurier

Stufe 2

5. Die Zähne des *Tyrannosaurus rex* können über 10 cm lang sein. Richtig oder falsch?
   Antwort: Richtig
6. Dauert es Tausende oder Millionen Jahre, bis sich Fossilien bilden?
   Antwort: Millionen Jahre
7. Haben Sauropoden lange oder kurze Hälse?
   Antwort: Lange Hälse
8. Gibt es Saurierarten mit Schnabel?
   Antwort: Ja
9. Was hatte *Styracosaurus* an seiner Nase?
   Antwort: Ein Horn
10. Wofür benutzten männliche gehörnte Saurierarten die Hörner außer zur Verteidigung?
    Antwort: Für den Kampf gegen Rivalen
11. Welche Fossilien sind häufiger: einzelne Knochen oder ganze Skelette?
    Antwort: Einzelne Knochen
12. Was für eine Saurierart ist *Kentrosaurus?*
    Antwort: Ein Stegosaurier
13. Wie sorgte ein *Spinosaurus* für Abkühlung?
    Antwort: Indem er Blut in sein Segel pumpte
14. Wo kann man echte Dinosaurierknochen bewundern?
    Antwort: Im Museum

Stufe 3

15. Wovon ernährte sich *Tyrannosaurus rex?*
    Antwort: Von Fleisch
16. Wer ist größer: *Seismosaurus* oder *Stegosaurus?*
    Antwort: Seismosaurus
17. Bestehen Fossilien aus Knochen oder aus Mineralien aus dem umgebenden Gestein?
    Antwort: Aus Mineralien aus dem Gestein
18. *Styracosaurus* ist ein Fleischfresser. Richtig oder falsch?
    Antwort: Falsch
19. Ist ein *Apatosaurus* enger mit dem *Seismosaurus* oder mit dem *Styracosaurus* verwandt?
    Antwort: Mit dem Seismosaurus
20. Wie viele Plattenreihen hatten die meisten Stegosaurier?
    Antwort: Zwei

ANTWORTEN: Schlangen

Stufe 1

1. Sind Pythons Schlangen?
   Antwort: Ja
2. Haben Schlangen Beine?
   Antwort: Nein
3. Können Schlangen sehen?
   Antwort: Ja

Stufe 2

4. Gibt es Schlangen, die Eier fressen?
   Antwort: Ja
5. Welche Schlangen haben eine Haube, die sie ausbreiten, wenn sie sich bedroht fühlen?
   Antwort: Kobras
6. Wo befindet sich die Rassel einer Klapperschlange: vorne oder hinten?
   Antwort: Hinten am Schwanzende
7. Sind Schlangen Wirbeltiere oder Wirbellose?
   Antwort: Wirbeltiere
8. Woraus besteht das Skelett einer Schlange?
   Antwort: Aus Knochen
9. Haben Schlangeneier eine harte oder eine weiche Schale?
   Antwort: Eine weiche Schale
10. Gibt es Schlangen, die lebende Junge gebären?
    Antwort: Ja
11. Klapperschlangen leben in Afrika. Richtig oder falsch?
    Antwort: Falsch
12. Haben Kobras solide oder hohle Fangzähne?
    Antwort: Hohle Fangzähne
13. Werden Anakondas über 50 cm lang, über 3 m lang oder über 8 m lang?
    Antwort: Über 8 m lang
14. Ist die Schlange durch Camouflage schwerer oder leichter zu sehen?
    Antwort: Schwerer

Stufe 3

15. Was trägt ein Schlangenbaby am Maul, um leichter aus dem Ei schlüpfen zu können?
    Antwort: Einen Eizahn
16. Warum züngeln Schlangen ständig?
    Antwort: Um die Luft zu riechen
17. Wie bewegen sich Schlangen fort?
    Antwort: Durch Muskeln an der Unterseite des Körpers
18. Wie tötet die Python ihre Beute?
    Antwort: Durch Erwürgen
19. Wie zerbricht die afrikanische Eierschlange die Eierschalen?
    Antwort: Mit scharfen Dornen am Rückgrat

ANTWORTEN: Haie

Stufe 1

1. Sind Haie Fische oder Reptilien?
   Antwort: Fische
2. Der Walhai ist der größte Fisch der Welt. Richtig oder falsch?
   Antwort: Richtig
3. Fressen Weiße Haie Löwen oder Seelöwen?
   Antwort: Seelöwen
4. Nennt man die leeren Eihüllen von Haien Nymphentäschchen oder Seemannstäschchen?
   Antwort: Nymphentäschchen

Stufe 2

5. Haben Haie ihr Leben lang denselben Satz Zähne?
   Antwort: Nein
6. Leben Riesenhaie in wärmeren oder kühleren Gewässern als Walhaie?
   Antwort: In kühleren Gewässern
7. Der größte Weiße Hai wird bis zu 6 m lang. Richtig oder falsch?
   Antwort: Richtig
8. Wie nennt man die winzigen Meereskreaturen, von denen der Walhai sich ernährt?
   Antwort: Plankton
9. Welcher ist größer: der Riesenhai oder der Weiße Hai?
   Antwort: Der Riesenhai
10. Welcher Hai ist nach einem Werkzeug benannt?
    Antwort: Der Hammerhai
11. Wie schwer ist ein Walhai: 11 Tonnen, 21 Tonnen oder 31 Tonnen?
    Antwort: 21 Tonnen
12. Legen alle Haie Eier?
    Antwort: Nein, manche gebären auch lebende Junge
13. Die Zähne eines Hais haben alle dieselbe Form. Richtig oder falsch?
    Antwort: Richtig
14. Welcher Hai greift eher Menschen an: der Weiße Hai oder der Hammerhai?
    Antwort: Der Weiße Hai
15. Gibt es bei Haien Kannibalismus (fressen sie sich gegenseitig auf)?
    Antwort: Ja

Stufe 3

16. Wie kann der Hammerhai eine Duftspur im Wasser verfolgen?
    Antwort: Mit seinen weit auseinanderliegenden Nasenlöchern
17. Wie heißt der größte Fisch an den Küsten Europas?
    Antwort: Der Riesenhai
18. Welcher ist der größte Hai, der seine Beute aktiv jagt?
    Antwort: Der weiße Hai

ANTWORTEN: Meeres-tiere

Stufe 1

1. Wie viele Tentakel hat ein Oktopus?
   Antwort: Acht
2. Der Körper einer Qualle besteht zum Großteil aus Luft. Richtig oder falsch?
   Antwort: Falsch
3. Wozu braucht man eine Taucherausrüstung?
   Antwort: Um unter Wasser zu atmen
4. Sind Seepferdchen Fische oder Weichtiere?
   Antwort: Fische

Stufe 2

5. Wie heißt die weltgrößte Rochenart?
   Antwort: Mantarochen
6. Gibt es mehr als 100 Haiarten auf der Welt?
   Antwort: Ja
7. Wie viele Tentakel hat ein Tintenfisch?
   Antwort: Zehn
8. Was fressen Tintenfische: Quallen, Plankton oder Fisch?
   Antwort: Fisch
9. Womit greifen Quallen ihre Beute an?
   Antwort: Mit den brennenden Tentakeln
10. Sind Tintenfische Wirbellose?
    Antwort: Ja
11. In welchem Lebensraum des Ozeans tummeln sich die meisten Fischarten?
    Antwort: In Korallenriffen
12. Wie lange können Taucher unter Wasser bleiben: 10 Minuten und mehr, 15 Minuten und mehr oder 20 Minuten und mehr?
    Antwort: 20 Minuten und mehr
13. Was enthält die Flasche einer Taucherausrüstung?
    Antwort: Komprimiertes Gas
14. Sind Haie näher mit Tintenfischen oder mit Rochen verwandt?
    Antwort: Mit Rochen
15. Verbringen Tintenfische die meiste Zeit im offenen Meer oder am Meeresgrund?
    Antwort: Im offenen Meer

Stufe 3

16. Welches Tier mit „P" hinterlässt das harte Korallengestein der Riffe?
    Antwort: Der Polyp
17. Mit welchen dieser Tiere sind Korallen am engsten verwandt: Quallen, Riesenmuscheln oder Haie?
    Antwort: Quallen
18. Wie hält sich ein Seepferdchen an Wasserpflanzen fest?
    Antwort: Mit seinem Greifschwanz

ANTWORTEN: Meeressäuger

Stufe 1

1. Was ist das größte Tier auf der Erde: Elefant oder Blauwal?
   Antwort: Blauwal
2. Fressen Robben Fisch oder Seetang?
   Antwort: Fisch
3. Unter welchem Namen sind Orcas besser bekannt: Killerwale oder Robben?
   Antwort: Killerwale
4. Sattelrobbenbabys kommen mit grauem Pelz zur Welt. Richtig oder falsch?
   Antwort: Falsch

Stufe 2

5. Wer sucht seine Beute mittels Echolotung: Delfine oder Walrösser?
   Antwort: Delfine
6. Welche krabbenähnlichen Kleinlebewesen mit „K" frisst der Buckelwal?
   Antwort: Krill
7. Robben gebären im Wasser. Richtig oder falsch?
   Antwort: Falsch
8. Haben alle Walrösser Stoßzähne oder nur die Männchen?
   Antwort: Alle
9. Wie nennt man eine Gruppe von Killerwalen?
   Antwort: Rudel
10. Warum sind viele große Walarten so selten geworden?
    Antwort: Weil sie früher gejagt wurden
11. Welche Meeressäuger können Wale töten und fressen, die größer sind als sie selbst?
    Antwort: Killerwale (Orcas)
12. Fressen alle Wale große Tiere?
    Antwort: Nein
13. Welcher Ozean umgibt den Nordpol?
    Antwort: Der Arktische Ozean
14. Wovon ernähren sich Walrosse?
    Antwort: Von Muscheln und Krebsen

Stufe 3

15. Wo befinden sich beim Wal die Barten?
    Antwort: Im Maul
16. Zu welcher Gruppe mit „Z" gehören Wale und Delfine?
    Antwort: Zetazeen
17. Leben Walrösser in der Nähe von Nordpol oder Südpol?
    Antwort: In der Nähe des Nordpols
18. Welcher Teil des Blauwals wiegt so viel wie ein Elefant?
    Antwort: Die Zunge
19. Wie lang ist der größte Blauwal, der je gemessen wurde?
    Antwort: 33,5 m

ANTWORTEN: Seevögel

Stufe 1

1. Transportieren Papageientaucher Nahrung im Schnabel, mit den Füßen oder mit den Flügeln?
   Antwort: Im Schnabel
2. Suchen Möwen ihr Futter auch an Land?
   Antwort: Ja
3. Warum leben die meisten Seevögel in Kolonien?
   Antwort: Um sich gegenseitig vor Raubtieren zu schützen
4. Der Albatros ist ein Seevogel. Richtig oder falsch?
   Antwort: Richtig
5. Welches Wort mit „F" ist die Nahrung der meisten Seevögel?
   Antwort: Fisch

Stufe 2

6. Manche Seevögel transportieren das Futter für ihre Jungen im Magen. Richtig oder falsch?
   Antwort: Richtig
7. Warum stehen Kormorane nach der Jagd mit ausgebreiteten Flügeln im Wasser?
   Antwort: Um die Flügel zu trocknen
8. Benutzen Papageientaucher zum Schwimmen die Flügel oder die Füße?
   Antwort: Die Flügel
9. Stürzen sich Tölpel bei der Jagd aus der Luft ins Wasser oder tauchen sie von der Wasseroberfläche aus unter?
   Antwort: Sie stürzen sich aus der Luft ins Wasser.
10. Ist die Kehle des Fregattvogelmännchens rot, gelb oder blau?
    Antwort: Rot
11. Benutzen Kormorane zum Schwimmen die Flügel oder die Füße?
    Antwort: Die Füße
12. Schwimmt Öl auf dem Wasser oder geht es unter?
    Antwort: Es schwimmt auf dem Wasser.
13. Leben Fregattvögel in den Tropen oder am Nordpol?
    Antwort: In den Tropen

Stufe 3

14. Welcher Meeresvogel mit „B" nistet hoch oben auf den Klippen
    Antwort: Der Basstölpel
15. Wie hebt der Albatros vom Wasser ab?
    Antwort: Er lässt sich von Aufwinden emporheben.
16. Wie kommt der Fregattvogel an seine Nahrung?
    Antwort: Er greift andere Vögel an und raubt ihnen das Futter.
17. Wann blasen männliche Fregattvögel ihre Kehle auf?
    Antwort: Wenn sie Weibchen beeindrucken wollen
18. Welches Wort mit „T" bezeichnet die warmen Luftströme, die dem Fregattvogel beim Abheben helfen?
    Antwort: Thermik

ANTWORTEN: Vögel

Stufe 1

1. Haben Vögel Zähne?
   Antwort: Nein
2. Vögel sind die einzigen Tiere mit Federn. Richtig oder falsch?
   Antwort: Richtig
3. Schlagen Vögel beim Gleiten mit den Flügeln?
   Antwort: Nein
4. Können Schwäne fliegen?
   Antwort: Ja

Stufe 2

5. Wie nennt man die kleinen Häkchen an den Federästen?
   Antwort: Federstrahlen
6. Wie heißt der größte Vogel der Welt?
   Antwort: Strauß
7. Vögel haben Ellbogengelenke. Richtig oder falsch?
   Antwort: Richtig
8. Sind Vogelknochen solide oder hohl?
   Antwort: Hohl
9. Wie nennt man sämtliche Federn eines Vogels?
   Antwort: Gefieder oder Federkleid
10. Frisst der Turmfalke Früchte, Samen oder Fleisch?
    Antwort: Fleisch
11. Welche Vögel sind für gewöhnlich bunter, Männchen oder Weibchen?
    Antwort: Männchen
12. Wie nennt man es, wenn ein Vogel an einem Ort in der Luft stehen bleibt?
    Antwort: Schwirrflug
13. Wer hat den längeren Schnabel, der Brachvogel oder das Rotkehlchen?
    Antwort: Der Brachvogel
14. Wie oft können Kolibris in einer Sekunde mit den Flügeln schlagen: siebenmal, 70-mal oder 700-mal?
    Antwort: 70-mal

Stufe 3

15. Wie nennt man die Kammer zwischen Speiseröhre und Magen?
    Antwort: Kropf
16. Wie viele Abschnitte hat ein Vogelmagen?
    Antwort: Zwei
17. Wovon ernähren sich Kolibris?
    Antwort: Nektar
18. Wie heißt ein flugunfähiger Riesenvogel mit „N“?
    Antwort: Nandu

ANTWORTEN: Afrikanische Pflanzenfresser

Stufe 1

1. Haben Zebras Flecken oder Streifen?
   Antwort: Streifen
2. Ist das Nashorn größer oder kleiner als ein Kaninchen?
   Antwort: Größer
3. Sind Zebras enger mit Pferden oder mit Schafen verwandt?
   Antwort: Mit Pferden
4. An welcher Körperstelle trägt der Elefant seinen Rüssel?
   Antwort: Im Gesicht

Stufe 2

5. Was ist das größte landlebende Tier der Welt?
   Antwort: Der Elefant
6. Was ist das höchste landlebende Tier der Welt?
   Antwort: Die Giraffe
7. Wie nennt man den männlichen Elefanten mit „B“?
   Antwort: Bulle
8. Wie kühlt sich ein Elefant mit dem Rüssel ab?
   Antwort: Er besprüht sich mit Wasser.
9. Afrikanische Elefanten können über eine Tonne wiegen. Richtig oder falsch?
   Antwort: Richtig
10. Wie groß wird die männliche Giraffe: 3 m, 6 m oder 10 m?
    Antwort: 6 m
11. Nashörner können sehr gut sehen. Richtig oder falsch?
    Antwort: Falsch
12. Fressen Giraffen hauptsächlich Gras, Insekten oder Blätter?
    Antwort: Blätter
13. Welches afrikanische Raubtier kann sogar einen Elefanten töten?
    Antwort: Der Löwe
14. Wie viele Zebraarten gibt es: drei, fünf oder sieben?
    Antwort: Drei

Stufe 3

15. Warum machen Wilderer Jagd auf Elefanten?
    Antwort: Wegen der Stoßzähne
16. Wie viele Nashornarten gibt es?
    Antwort: Fünf
17. Wie heißt eine Nashornart mit „J“, die in Asien lebt?
    Antwort: Javanashorn
18. Woraus bestehen die Stoßzähne des Elefanten?
    Antwort: Aus Elfenbein

ANTWORTEN: Löwen

Stufe 1

1. Wie heißt das Weibchen des Löwen?
   Antwort: Löwin
2. Sind Löwen Einzelgänger?
   Antwort: Nein, sie leben im Rudel.
3. Welche Löwen haben eine Mähne, Männchen oder Weibchen?
   Antwort: Männchen
4. Besteht ein Rudel aus mehr Weibchen oder mehr Männchen?
   Antwort: Aus mehr Weibchen
5. Wer ist größer, das Männchen oder das Weibchen?
   Antwort: Das Männchen

Stufe 2

6. Welche Rudelmitglieder bekommen von der Beute als Letztes zu fressen?
   Antwort: Die Jungen
7. Was machen die Löwinnen eines Rudels abgesehen von der Jagd?
   Antwort: Sie ziehen die Jungen auf
8. Welche Rudelmitglieder erledigen die Hauptarbeit bei der Jagd?
   Antwort: Die Weibchen
9. Bleiben erwachsene Löwenweibchen beim Rudel oder verlassen sie es?
   Antwort: Sie bleiben beim Rudel
10. Jagen Löwen gewöhnlich in Gruppen oder alleine?
    Antwort: In Gruppen
11. Kämpfen Löwen gegeneinander, bis ein Gegner stirbt?
    Antwort: Ja
12. Wie lange werden Löwenjunge vor dem Rudel versteckt gehalten: acht Tage, acht Wochen oder acht Monate?
    Antwort: Acht Wochen
13. Was haben Löwenjunge auf ihrem Fell, das erwachsene Löwen nicht haben?
    Antwort: Flecken
14. Wie viele Löwenmännchen führen gewöhnlich ein Rudel an?
    Antwort: Eines

Stufe 3

15. Wie heißt das Gebiet, in dem ein Löwenrudel lebt und jagt?
    Antwort: Revier
16. Womit markieren die Löwen die Grenzen dieses Gebiets?
    Antwort: Mit Urin, Kot und Kratzspuren auf Bäumen
17. Wie halten Löwenmännchen andere fern?
    Antwort: Durch lautes Gebrüll
18. Wie wird ein Löwenmännchen zum Anführer eines Rudels?
    Antwort: Er besiegt den Anführer im Kampf.

ANTWORTEN: Polartiere

Stufe 1

1. Können Pinguine fliegen?
   Antwort: Nein
2. Können Eisbären schwimmen?
   Antwort: Ja
3. Eisbären können über eine Tonne wiegen. Richtig oder falsch?
   Antwort: Richtig
4. Liegen Eisbären bei der Jagd auf der Lauer?
   Antwort: Ja
5. Eisbären fressen Robben. Richtig oder falsch?
   Antwort: Richtig

Stufe 2

6. In welcher Jahreszeit kommen Zugvögel in die Polarregion?
   Antwort: Im Frühling
7. Killerwale leben in Polargewässern. Richtig oder falsch?
   Antwort: Richtig
8. Warum haben manche Robbenbabys ein weißes Fell?
   Antwort: Damit man sie im Schnee nicht sieht
9. Leben Eisbären am Nordpol oder am Südpol?
   Antwort: Am Nordpol
10. Pinguine leben in der Antarktis. Richtig oder falsch?
    Antwort: Richtig
11. Wie heißt eine Walart, die in arktischen Gewässern lebt?
    Antwort: Weißwal
12. Welche Sinne nutzen Eisbären, um ihre Beute aufzuspüren: Sehen, Hören oder Riechen?
    Antwort: Riechen
13. Wie bewegen sich Pinguine im Wasser fort? Mit den Flügeln oder mit den Füßen?
    Antwort: Mit den Flügeln
14. Wie heißt die größte Pinguinart der Welt?
    Antwort: Kaiserpinguin

Stufe 3

15. Welcher Vogel fliegt jedes Jahr wieder von der Antarktis in die Arktis und zurück?
    Antwort: Die Küstenseeschwalbe
16. Wie können Menschen Robbenbabys vor der brutalen Jagd auf ihre Pelze schützen?
    Antwort: Durch Besprühen mit ungiftiger Farbe
17. Lebt der Narwal am Nordpol oder am Südpol?
    Antwort: Am Nordpol
18. Wie lautet das Fremdwort für die Brutzeit, während der ein Ei vor dem Schlüpfen warm gehalten wird?
    Antwort: Inkubation

ANTWORTEN: Tiere auf dem Bauernhof

Stufe 1

1. Hält man Kühe wegen ihrer Milch oder wegen ihres Fells?
Antwort: Wegen der Milch
2. Wie heißt das männliche Huhn?
Antwort: Hahn
3. Welches Tier halten Bauern, um Ratten und Mäuse zu vertreiben?
Antwort: Eine Katze
4. Welches Tier gibt Wolle?
Antwort: Das Schaf

Stufe 2

5. Wie nennt man eine junge Ziege?
Antwort: Zicklein
6. Heute werden Milchkühe mit der Hand gemolken. Richtig oder falsch?
Antwort: Falsch
7. An welcher Körperstelle befinden sich bei der Kuh die Zitzen?
Antwort: Am Euter
8. Wie viele Zitzen hat eine Kuh?
Antwort: Vier
9. Welches Huhn hat einen größeren Kamm auf dem Kopf: das Männchen oder das Weibchen?
Antwort: Das Männchen
10. Welches Tier liefert unter anderem Butter?
Antwort: Die Kuh
11. Wie sollten Hühner am besten gehalten werden?
Antwort: Freilaufend
12. Aus welchem Tier macht man Schinken?
Antwort: Aus dem Schwein
13. Wie heißt ein beliebtes Schaffleisch mit „L"?
Antwort: Lammfleisch
14. Wie heißt die frisch abgeschorene Wolle eines Schafes mit „V"?
Antwort: Vlies

Stufe 3

15. Wie viele Ferkel kann eine Sau werfen?
Antwort: Zehn oder mehr
16. Wie viele Zitzen hat eine Ziege?
Antwort: Zwei
17. Wie heißt ein beliebter englischer Hütehund mit „B"?
Antwort: Bordercollie
18. Wie nennt man ein männliches Schwein?
Antwort: Eber
19. Wie bezeichnet man Hühner, die in Käfigen gehalten werden?
Antwort: Batteriehühner

ANTWORTEN: Pferde

Stufe 1

1. Wie nennt man ein Pferdebaby?
Antwort: Fohlen
2. Was tragen Cowboys, um sich gegen die Sonne zu schützen?
Antwort: Breitkrempige Cowboyhüte
3. Versuchen die Reiter beim Springreiten, über die Hindernisse zu reiten oder sie umzureiten?
Antwort: Sie versuchen, darüberzureiten.
4. Pferde werden zum Ziehen von Pflügen eingesetzt. Richtig oder falsch?
Antwort: Richtig
5. Wie heißt das lange Seil mit „L", mit dem Cowboys Rinder einfangen?
Antwort: Lasso
6. Sind Ponys größer oder kleiner als Pferde?
Antwort: Kleiner

Stufe 2

7. Ist ein Exmoor ein Pony oder ein Großpferd?
Antwort: Ein Pony
8. Welche Pferderasse ist die größte?
Antwort: Das Shirehorse
9. Was ist der Hauptunterschied zwischen dem Skelett eines Menschen und dem eines Pferdes?
Antwort: Pferde haben Vorderbeine, Menschen haben Arme.
10. Wann zeigen Hengste die Zähne und ziehen die Oberlippe hoch?
Antwort: Wenn sie eine Stute riechen
11. Wie heißt eine große Farm, auf der Cowboys arbeiten?
Antwort: Ranch
12. Was tragen Springpferde, um die Gelenke beim Sprung zu schützen?
Antwort: Bandagen oder Gamaschen
13. Wie heißt die Bürste, mit der man Pferden den Staub aus dem Fell entfernt?
Antwort: Kardätsche

Stufe 3

14. Wie heißt eine Ponyrasse aus dem Iran mit „K"?
Antwort: Kaspisches Pony
15. Wie zeigt ein Pferd Aggression?
Antwort: Durch Anlegen der Ohren
16. Wie nennt man die Knochen in der Wirbelsäule des Pferdes?
Antwort: Wirbel
17. Mit welcher Bürste massiert man das Pferd vor dem Reiten und entfernt lose Haare?
Antwort: Mit dem Striegel
18. Wie heißt ein Reitsport mit „D", bei dem Gehorsam und reiterliche Kontrolle über das Pferd verlangt wird?
Antwort: Dressur

ANTWORTEN: Katzen

Stufe 1

1. Was ist ein Kitten?
   Antwort: Ein Katzenbaby
2. Ist Katzenminze eine Pflanze oder ein Tier?
   Antwort: Eine Pflanze
3. Schleicht sich die Katze an und stürzt sich mit einem Satz auf ihre Beute, oder jagt sie die Beute bis zur Erschöpfung umher?
   Antwort: Sie schleicht sich an und stürzt sich auf die Beute.
4. Wofür braucht ein Katzenbesitzer eine Bürste?
   Antwort: Um das Fell zu pflegen
5. Können Katzen klettern?
   Antwort: Ja
6. Spielen Katzenkinder lieber mit einem Wollknäuel oder mit den Stricknadeln?
   Antwort: Mit einem Wollknäuel
7. Können Katzen gut springen?
   Antwort: Ja

Stufe 2

8. Katzen haben Krallen. Richtig oder falsch?
   Antwort: Richtig
9. Wozu dient ein Kratzbaum?
   Antwort: Zum Schärfen der Krallen
10. Leben Katzen lieber allein oder in Gruppen?
    Antwort: Allein
11. Wie lange bleiben die Augen bei der neugeborenen Katze geschlossen?
    Antwort: Eine Woche
12. Wie oft sollten Katzen gefüttert werden?
    Antwort: Mindestens einmal am Tag
13. Wer kämpft häufiger, die männliche oder die weibliche Katze?
    Antwort: Die männliche Katze
14. Wie nennt man eine männliche Katze?
    Antwort: Kater
15. Warum sollte man einer Katze einen eigenen Futternapf geben?
    Antwort: Damit sie angelaufen kommt, wenn der Besitzer den Napf füllt

Stufe 3

16. Welchen Körperteil können Katzen einziehen?
    Antwort: Die Krallen
17. Von welchem Tier stammt die Hauskatze ab?
    Antwort: Von der afrikanischen Wildkatze
18. Warum setzen Katzen Duftmarken?
    Antwort: Um ihr Revier zu markieren und Eindringlinge zu warnen

ANTWORTEN: Hunde

Stufe 1

1. Wie nennt man ein Hundebaby?
   Antwort: Welpe
2. Sind die meisten Polizeihunde Schäferhunde oder Dalmatiner?
   Antwort: Schäferhunde
3. Wurden Pitbullterrier als Kampfhunde oder als Apportierhunde gezüchtet?
   Antwort: Als Kampfhunde
4. Sind Labradors eher friedlich oder aggressiv?
   Antwort: Friedlich
5. Der Terrier ist die größte Hunderasse. Richtig oder falsch?
   Antwort: Falsch

Stufe 2

6. Wie nennt man eine Gruppe verwandter Hundebabys?
   Antwort: Wurf
7. Wie lange dauert es, bis ein Hund erwachsen ist: sechs Monate, ein Jahr oder drei Jahre?
   Antwort: Ein Jahr
8. Wie heißt eine Hunderasse mit „S“, die oft als Spürhund ausgebildet wird?
   Antwort: Spaniel
9. Wie hilft ein hörender Hund seinem tauben Besitzer?
   Antwort: Er macht ihn aufmerksam, wenn es an der Tür klopft.
10. Wenn ein Hund mit dem Schwanz wedelt, ist er dann glücklich oder wütend?
    Antwort: Glücklich
11. Lässt ein trauriger Hund seinen Schwanz hängen oder stellt er ihn auf?
    Antwort: Er lässt ihn hängen.
12. Welches wilde Tier ist der Vorfahr aller Haushunde?
    Antwort: Der Wolf
13. Welche Hunderasse mit „G“ wird oft zu Blindenhunden ausgebildet?
    Antwort: Golden Retriever
14. Wer ist der bessere Wachhund: Rottweiler oder Labrador?
    Antwort: Der Rottweiler

Stufe 3

15. Wie lange sollte man warten, bevor man Welpen weggibt?
    Antwort: Ein paar Wochen
16. In welchem Alter lassen sich Hunde am besten ausbilden?
    Antwort: Im ersten Jahr
17. Wie heißt der Schwanz eines Hundes?
    Antwort: Rute
18. Wie erkennt man, ob ein Hund Angst hat?
    Antwort: Er klemmt den Schwanz zwischen den Beinen ein.
19. Welche Hunderasse wurde für die Jagd auf große Tiere gezüchtet?
    Antwort: Jagdhunde

ANTWORTEN: Kontinente

Stufe 1

1. Wo fließt der Nil?
   Antwort: In Afrika
2. Welcher Kontinent liegt im Osten Europas?
   Antwort: Asien
3. Ist Asien der Kontinent mit der zweithöchsten Bevölkerungszahl?
   Antwort: Nein (der mit der höchsten)
4. Gehört Mittelamerika zu Nord- oder zu Südamerika?
   Antwort: Zu Nordamerika
5. Wie heißt der kleinste Kontinent?
   Antwort: Australasien

Stufe 2

6. Welcher ist der größte Staat der Welt?
   Antwort: Die Russische Föderation
7. Was trennt Europa von Afrika?
   Antwort: Das Mittelmeer
8. Welcher Meilenstein in der Bevölkerungsentwicklung wurde 1802 überschritten?
   Antwort: Die Weltbevölkerung erreichte eine Milliarde.
9. Ist Sydney die Hauptstadt von Australien?
   Antwort: Nein (Canberra ist die Hauptstadt)
10. In welchem Kontinent liegen die höchsten Berge der Welt?
    Antwort: In Asien
11. Zu welcher großen Landmasse gehört Europa?
    Antwort: Eurasien
12. Wie viele Milliarden Menschen gab es 1999 auf der Welt: eine, fünf, sechs oder elf?
    Antwort: Sechs
13. Liegen die Anden an der Ost- oder an der Westküste Südamerikas?
    Antwort: An der Westküste

Stufe 3

14. Wie viel der Fläche des Amazonas-Gebiets liegt außerhalb Brasiliens?
    Antwort: 40 Prozent
15. Wie heißen die Inselgruppen Australasiens?
    Antwort: Melanesien, Mikronesien und Polynesien
16. Um wie viele Millionen stieg die Erdbevölkerung im Jahr 2004 an?
    Antwort: 75 Millionen im Jahr
17. Wie viele Länder gibt es in Afrika: 47, 52 oder 53?
    Antwort: 53
18. Auf welchem Kontinent liegt der größte Süßwassersee der Welt?
    Antwort: In Nordamerika
19. Wie lang ist die Gebirgskette der Anden?
    Antwort: 7.000 km

ANTWORTEN: Internationale Gemeinschaft

Stufe 1

1. Die Vereinten Nationen wurden während des 1. Weltkriegs gegründet. Richtig oder falsch?
   Antwort: Falsch
2. Was bedeutet NATO: North Atlantic Treaty Organization oder North Antarctic Treaty Organization?
   Antwort: North Atlantic Treaty Organization
3. Alle Friedenstruppen sind bewaffnet. Richtig oder falsch?
   Antwort: Falsch
4. Wie heißt die Einheitswährung der Europäischen Union?
   Antwort: Euro
5. Welche Organisation entsendet weltweit Sanitäter und kümmert sich um Katastrophenschutz?
   Antwort: Das Rote Kreuz

Stufe 2

6. Wann wurde die NATO gegründet?
   Antwort: 1949
7. Welche Konvention schützt verwundete Soldaten und Kriegsgefangene?
   Antwort: Die Genfer Konvention
8. In welcher Stadt liegt das UN-Hauptquartier?
   Antwort: New York
9. Wie viele Länder sind in den Vereinten Nationen (UN)?
   Antwort: 191
10. Welcher Vertrag legte den Grundstein für die Europäische Union?
    Antwort: Der Vertrag von Paris
11. In welchem Gebäude treffen sich die Mitgliedsstaaten der UN?
    Antwort: Im Generalversammlungsgebäude
12. Für welchen Zweck setzen Friedenstruppen ihre Waffen ein?
    Antwort: Zur Selbstverteidigung

Stufe 3

13. In welchem Jahr wurde das UN-Hauptquartier eröffnet?
    Antwort: 1951
14. Welcher Vertrag führte zur Gründung der Europäischen Union?
    Antwort: Der Maastricht-Vertrag
15. Wie lautet der volle Name für das Rote Kreuz?
    Antwort: Internationales Komitee vom Roten Kreuz und Rothalbmondbewegung
16. Wie viel Geld wurde gespendet, um das Grundstück für das UN-Hauptquartier zu kaufen?
    Antwort: 8,5 Millionen US-Dollar
17. Wie lautet der Name der militärischen Befehlszentrale der Nato?
    Antwort: SHAPE (Supreme Headquarters Allied Powers Europe)
18. Wer benutzte als Erster den Begriff „United Nations“ (Vereinte Nationen)?
    Antwort: US-Präsident F. D. Roosevelt

ANTWORTEN: Flaggen

Stufe 1

1. In welchen zwei Farben gibt es Piratenflaggen?
   Antwort: Rot oder Schwarz
2. Wo verwendet man Marineflaggen: auf See oder im All?
   Antwort: Auf See
3. Bei welchem Sport wird eine schwarz-weiß karierte Flagge geschwenkt?
   Antwort: Beim Auto- und Motorradrennen
4. Welche Flaggen wurden bei der Mondlandung gehisst?
   Antwort: Amerikanische Nationalflaggen
5. Welches Land hat die älteste Nationalflagge: Schottland oder die USA?
   Antwort: Schottland

Stufe 2

6. Bei welchem Sport werden Flaggen verwendet: Rugby, Radrennen oder Rudern?
   Antwort: Bei allen dreien
7. Wie nennt man Marineflaggen noch?
   Antwort: Signalflaggen
8. Welches Ereignis führte zur Neugestaltung der französischen Flagge?
   Antwort: Die Französische Revolution
9. Benutzt man eine einzelne Signalflagge oder mehrere zusammen?
   Antwort: Sowohl als auch
10. Was ist Semaphore?
    Antwort: Ein Flaggensignalsystem
11. Wie viele US-Flaggen wurden auf dem Mond gehisst: vier, fünf oder sechs?
    Antwort: Sechs
12. Welche Farbe kommt bei Marineflaggen nicht vor: Gelb, Schwarz oder Grün?
    Antwort: Grün

Stufe 3

13. Wofür braucht ein Schiedsrichter eine Flagge beim American Football?
    Antwort: Um Fouls anzuzeigen
14. Wie wird ein „R“ auf Semaphore signalisiert?
    Antwort: Indem beide Arme und Flaggen ausgestreckt werden
15. Was bedeutet ein Stundenglas auf einer Piratenflagge?
    Antwort: Dass die Zeit für die Opfer bald abgelaufen ist
16. Welche Flaggenfarben werden für Semaphore verwendet?
    Antwort: Rot und Gelb
17. In welchem Jahrhundert gab es die ersten Piratenflaggen?
    Antwort: Im 18. Jahrhundert
18. Welches Gefährt brachte eine US-Flagge auf den Mars?
    Antwort: Das Landegerät der Viking-Raumsonde

ANTWORTEN: Naturwunder

Stufe 1

1. Wie heißt der größte Berg der Welt?
   Antwort: Mount Everest
2. Wie heißt der größte Wasserfall der Welt?
   Antwort: Angel Falls
3. Der K2 liegt in Europa. Richtig oder falsch?
   Antwort: Falsch
4. Das Great Barrier Reef liegt vor der Küste welchen Landes?
   Antwort: Australien
5. Das Great Barrier Reef kann man vom Weltall aus sehen. Richtig oder falsch?
   Antwort: Richtig
6. Was ist länger: das Great Barrier Reef oder der Grand Canyon?
   Antwort: Das Great Barrier Reef

Stufe 2

7. Wer erklomm als Erster den Gipfel des Mount Everest?
   Antwort: Edmund Hillary und Tenzing Norgay
8. Wie wird die Länge des Grand Canyon gemessen?
   Antwort: Am Colorado-River
9. Wie viel höher ist der Salto Angel als die Niagarafälle: 10-, 15- oder 20-mal?
   Antwort: 15 Mal
10. Was ist der Hillary Step?
    Antwort: Eine steile Stufe des Mount Everest
11. Wie alt sind die Felsen des Grand Canyon?
    Antwort: Zwei Milliarden Jahre
12. In welchem Kontinent liegt der breiteste Wasserfall der Welt?
    Antwort:In Asien
13. Wie lautet ein anderes Wort für *Aurora borealis*?
    Antwort: Nordlicht

Stufe 3

14. Wie entsteht das Nordlicht?
    Antwort: Geladene Teilchen des Sonnenwinds stoßen mit Gasmolekülen zusammen.
15. Wie viel älter als der Himalaya sind die Alpen?
    Antwort: 15 Millionen Jahre
16. Wie hoch ist der Mount Everest?
    Antwort: 8.850 m
17. Was ist der lateinische Name des südlichen Polarlichts?
    Antwort: Aurora australis
18. Welcher Wasserfall ist 10,783 m breit?
    Antwort: Der Khône-Wasserfall

ANTWORTEN: Küsten

Stufe 1

1. Ein Tsunami entsteht durch Wind. Richtig oder falsch?
   Antwort: Falsch
2. Wie nennt man eine Höhle in einer Felsküste?
   Antwort: Grotte
3. Wie nennt man die Abnutzung von Land: Erosion oder Korrosion?
   Antwort: Erosion
4. Welches Material wird von den Wellen an den Strand gespült?
   Antwort: Kieselsteinchen und Sand
5. Welches Phänomen mit „W" erzeugt Wellen?
   Antwort: Wind
6. Wie nennt man einen hoch aufspritzenden Wasserstrahl?
   Antwort: Fontäne

Stufe 2

7. Was ist das Besondere an der Painted Cave in Kalifornien?
   Antwort: Sie ist die längste Grotte der Welt.
8. Was bedeutet das Wort „Tsunami"?
   Antwort: Hafenwelle
9. Wodurch wird das Wasser durch die Öffnung einer natürlichen Fontäne gepresst?
   Antwort: Durch aufgestauten Luftdruck
10. Fetch nennt man das Material, das am Strand angespült wird. Richtig oder falsch?
    Antwort: Falsch
11. Eine Felssäule ist ein Sandberg. Richtig oder falsch?
    Antwort: Falsch
12. Ist das Meerwasser sauer oder basisch?
    Antwort: Sauer

Stufe 3

13. Was entsteht zuerst: eine Grotte oder eine natürliche Fontäne?
    Antwort: Eine Grotte
14. Wie schnell bewegt sich eine Tsunami-Welle?
    Antwort: Mit über 700 km/h
15. Was wird durch Buhnen aufgehalten?
    Antwort: Die Querströmung
16. Auf welcher Insel liegt die Painted Cave?
    Antwort: Santa Cruz Island, Kalifornien, USA
17. Wie hoch kann ein Tsunami werden?
    Antwort: Bis zu 30 m hoch
18. Aus welcher Küstenerscheinung entsteht eine Felssäule?
    Antwort: Aus einem Felsbogen

ANTWORTEN: Flüsse

Stufe 1

1. Wie nennt man den Anfang eines Flusses?
   Antwort: Quelle
2. In welchem Kontinent liegen die Großen Seen?
   Antwort: Nordamerika
3. Fließen Wasserfälle über weichen oder harten Felsen?
   Antwort: Über harten Felsen
4. Wie nennt man den Prozess, bei dem sich Wasser kontinuierlich zwischen Land und Meer bewegt?
   Antwort: Wasserkreislauf
5. Wie heißt das flache Land an beiden Seiten eines Flusses?
   Antwort: Flussniederung

Stufe 2

6. Was bedeutet Niederschlag?
   Antwort: Regen, Hagel oder Schnee
7. Welche Seen entstehen durch Inlandeis?
   Antwort: Süßwasserseen
8. Was entsteht, wenn ein Fluss flache Seen überflutet?
   Antwort: Ein Sumpfgebiet
9. Erhöhen oder verringern Zuflüsse das Wasservolumen eines Flusses?
   Antwort: Sie erhöhen es.
10. Was passiert mit verdunstetem Wasser?
    Antwort: Es kondensiert und bildet Wolken.
11. Wie lautet das Fremdwort für Flussmündung?
    Antwort: Ästuar
12. Die Quelle liegt höher als der Wasserfall. Richtig oder falsch?
    Antwort: Richtig
13. Was verhindert in einem Sumpfgebiet das Abfließen des Wassers?
    Antwort: Eine harte Schicht aus Granit, Schiefer oder Quarz
14. Was bildet sich am Boden eines Wasserfalls?
    Antwort: Ein Tosbecken

Stufe 3

15. Welcher Wasserfall in den USA mit „Y" entstand aus einem Gletscher?
    Antwort: Die Yosemite Falls in Kalifornien
16. Wie nennt man fruchtbares Land, das sich in einer Flussniederung bildet?
    Antwort: Schwemmland
17. Was kann aus Sedimenten in einer Flussmündung entstehen?
    Antwort: Ein Delta
18. Wie entstand der Tanganjika-See?
    Antwort: Durch einen Grabenbruch

ANTWORTEN: Wüsten

Stufe 1

1. Wie nennt man die Hügel aus Wüstensand?
   Antwort: Dünen
2. Welches Tier trägt Menschen und Güter durch die Wüste?
   Antwort: Das Kamel
3. Sand bindet Wasser. Richtig oder falsch?
   Antwort: Falsch
4. Welche Stachelpflanze kann in der Wüste überleben?
   Antwort: Der Kaktus
5. Wie nennt man die „Wohnung“ eines Erdmännchens?
   Antwort: Bau

Stufe 2

6. Ist ein Tuareg eine Sanddüne oder das Mitglied eines Wüstenvolks?
   Antwort: Das Mitglied eines Wüstenvolks
7. Welcher Dünentyp bildet sich, wenn der Wind aus allen Richtungen weht?
   Antwort: Sterndüne
8. Wie nennt man ein Kamel mit einem Höcker?
   Antwort: Dromedar
9. Wie nennt man es, wenn Wind feinen Sand vom Gestein abträgt?
   Antwort: Deflation
10. Wie nennt man den Abhang einer Sanddüne?
    Antwort: Rutschhang
11. Welcher Dünentyp wird durch Wind erzeugt, der in zwei verschiedene Richtungen weht?
    Antwort: Längsdüne
12. Ist ein Hoodoo Rock eine Art Sanddüne, eine Felsformation oder ein Wüstennagetier?
    Antwort: Eine Felsformation
13. In welcher Wüste kann man auf Tuaregs treffen?
    Antwort: In der Sahara

Stufe 3

14. Welche Wüstenpflanze wird über 200 Jahre alt?
    Antwort: Der Saguarokaktus
15. Wie lautet eine andere Bezeichnung für den Wüstenfuchs?
    Antwort: Fennek
16. Was ist ein Barchan?
    Antwort: Eine Sicheldüne
17. Welche Substanz entsteht aus zementiertem Sand und Kies?
    Antwort: Kalkkruste
18. Wodurch kann das Kamel in der Wüste überleben?
    Antwort: Es kommt mehrere Tage ohne Wasser aus und kann mit seinen dick gepolsterten Füßen schmerzfrei über den heißen Sand laufen.

ANTWORTEN: Die Pole

Stufe 1

1. Auf welchem Kontinent liegt der Südpol?
   Antwort: Antarktis
2. Der Polarforscher Robert Scott erreichte den Südpol. Richtig oder falsch?
   Antwort: Richtig
3. Gibt es im Polarkreis Gletscher?
   Antwort: Ja
4. Eisberge sind Eisstücke, die von einem Gletscher abgebrochen sind. Richtig oder falsch?
   Antwort: Richtig

Stufe 2

5. Wie entsteht ein Gletscher?
   Antwort: Schnee türmt sich über viele Jahre hinweg auf und kristallisiert zu Eis.
6. Wie viel von einem Eisberg ragt aus dem Wasser heraus?
   Antwort: Ein Zehntel
7. Wer erreichte als erster Mensch den Südpol?
   Antwort: Roald Amundsen
8. Warum bewegen sich Gletscher?
   Antwort: Aufgrund des Gewichts des Eises und der Schwerkraft
9. Heute fahren die meisten Inuit mit Hundeschlitten über das arktische Eis. Richtig oder falsch?
   Antwort: Falsch
10. Welche imaginäre Linie verläuft zwischen beiden Polen?
    Antwort: Die Erdachse
11. Was ist eine Moräne?
    Antwort: Schuttablagerungen, die ein schmelzender Gletscher hinterlässt
12. Welche Sprache sprechen die Inuit?
    Antwort: Inuktitut
13. Welches Kleidungsstück mit „P“ tragen die arktischen Völker?
    Antwort: Parka

Stufe 3

14. Leben die Inuit in der Nähe des Nord- oder des Südpols?
    Antwort: In der Nähe des Nordpols
15. In welchem Jahr erreichte der erste Mensch den Südpol?
    Antwort: 1911
16. An welchem Pol findet man abgeflachte Tafeleisberge?
    Antwort: Am Südpol
17. Wie weit hätten Scott und seine Crew noch reisen müssen, um ihr Leben zu retten?
    Antwort: 17 km
18. Welches arktische Volk lebt in Grönland?
    Antwort: Die Kalaalit

ANTWORTEN: Raumfahrt

Stufe 1

1. Das erste Lebewesen im Weltall war eine Maus. Richtig oder falsch?
   Antwort: Falsch
2. Wer war der erste Mensch auf dem Mond: Neil Armstrong, Nelly Armstrong oder Louis Armstrong?
   Antwort: Neil Armstrong
3. Wie hieß die Gruppe der Ostblockstaaten früher?
   Antwort: Sowjetunion
4. Welches Objekt mit „S“ umkreist die Erde?
   Antwort: Der Satellit

Stufe 2

5. Wie lautet der Name des ersten Lebewesens im All mit „L“?
   Antwort: Laika
6. Wie hieß der erste künstliche Satellit?
   Antwort: Sputnik
7. Wie hieß der erste Astronaut, der je das Weltall bereiste?
   Antwort:Yuri Gagarin
8. In welchem Jahr betraten die ersten Menschen den Mond: 1959, 1969 oder 1979?
   Antwort: 1969
9. In welchem Jahr flog der erste Mensch in den Weltraum: 1941, 1951 oder 1961?
   Antwort: 1961
10. Wer tat den Ausspruch: „Ein kleiner Schritt für einen Menschen, aber ein Riesenschritt für die Menschheit.“
    Antwort: Neil Armstrong
11. Mit welchem Vehikel können sich Astronauten auf dem Mond bewegen?
    Antwort: Mit dem Mondauto
12. Wie lange blieb der erste Mensch bei der ersten Raumfahrt im All: 89 Minuten, 89 Stunden oder 89 Tage?
    Antwort: 89 Minuten

Stufe 3

13. Welche war die letzte Apollo-Mission, bei der Menschen auf dem Mond landeten?
    Antwort:Apollo 17
14. In welchem Jahr erreichte sie den Mond?
    Antwort: 1972
15. Wie nannten sich die Sowjet-Astronauten?
    Antwort: Kosmonauten
16. Wie hieß das erste bemannte Raumschiff mit „W“?
    Antwort:Wostok 1
17. Was startete am 12. April 1981?
    Antwort: Der erste Spaceshuttle
18. Wo liegt das Kosmodrom Baikonur: in Kasachstan, Usbekistan oder in der Ukraine?
    Antwort: In Kasachstan

ANTWORTEN: Das Sonnensystem

Stufe 1

1. Auf welchem Planeten leben Menschen?
   Antwort: Auf der Erde
2. Wie viele Planeten gibt es in unserem Sonnensystem: sechs, acht oder neun?
   Antwort: Acht
3. Die Erde ist der größte Planet in unserem Sonnensystem. Richtig oder falsch?
   Antwort: Falsch

Stufe 2

4. Herrscht auf der von der Sonne abgewandten Seite eines Planeten Nacht oder Tag?
   Antwort: Nacht
5. Wie viele Planeten unseres Sonnensystems beginnen mit dem Buchstaben „M“?
   Antwort: Zwei
6. Welcher Planet ist am weitesten von der Sonne entfernt?
   Antwort: Neptun
7. Welche großen Planeten werden als Gasriesen bezeichnet?
   Antwort: Jupiter, Saturn, Uranus und Neptun
8. Wie heißt der kleinste Planet im Sonnensystem?
   Antwort: Merkur
9. Die Sonne ist ein Stern. Richtig oder falsch?
   Antwort: Richtig
10. Gibt es Planeten im Sonnensystem, die größer als die Sonne sind?
    Antwort: Nein
11. Entstanden die Planeten zur selben Zeit wie die Sonne oder lange davor?
    Antwort: Etwa zur selben Zeit
12. Wie heißt ein Planet mit „S“, der hauptsächlich aus Wasserstoff und Helium besteht?
    Antwort: Saturn
13. Wie lange braucht die Erde, um die Sonne zu umkreisen: einen Tag, einen Monat oder ein Jahr?
    Antwort: Ein Jahr
14. Wie heißt die Umlaufbahn eines Planeten um die Sonne mit „O“?
    Antwort: Orbit
15. Wer braucht länger, um die Sonne zu umkreisen: die Erde oder Pluto?
    Antwort: Pluto
16. Wie viele Planeten im Sonnensystem haben Ozeane aus Wasser?
    Antwort: Einer

Stufe 3

17. Wie heißt eine Teilchenwolke, aus der Planeten entstehen?
    Antwort: Planetarischer Nebel
18. Welcher Planet ist weiter von der Sonne entfernt: Uranus oder Saturn?
    Antwort: Uranus
19. Wer ist größer: die Erde oder der Mars?
    Antwort: Erde

ANTWORTEN: Vulkane und Erdbeben

Stufe 1

1. Besteht die Erdoberfläche aus festem oder flüssigem Gestein?
Antwort: Aus festem Gestein

2. Wie lautet ein anderes Wort für Erdoberfläche: Haut, Kruste oder Jacke?
Antwort: Kruste beziehungsweise Erdkruste

3. Wie heißt das Fremdwort für einen Vulkanausbruch?
Antwort: Eruption

4. Ein Seismologe ist ein Erdbeben. Richtig oder falsch?
Antwort: Falsch

Stufe 2

5. Nach welcher Skala mit „R" wird die Stärke eines Erdbebens bemessen?
Antwort: Richterskala

6. Was ist dicker: Kontinentalplatten oder Ozeanplatten?
Antwort: Kontinentalplatten

7. Sind die meisten Erdbeben so stark, dass sie Gebäude zerstören?
Antwort: Nein

8. Wie dick ist der Erdmantel: 290 km oder 2.900 km?
Antwort: 2.900 km

9. Entsteht ein Grabenbruch, wenn sich Platten übereinanderschieben oder wenn sie auseinanderdriften?
Antwort: Wenn sie auseinanderdriften

10. Erdbeben gibt es häufig dort, wo sich zwei Platten aneinander vorbeibewegen. Richtig oder falsch?
Antwort: Richtig

11. Japan liegt an einer Stelle, an der zwei Platten aufeinandertreffen. Richtig oder falsch?
Antwort: Richtig

12. Wie heißt geschmolzenes Gestein, das bei einem Vulkanausbruch austritt?
Antwort: Lava

13. Wie nennt man die Bewegung der Platten der Erdkruste?
Antwort: Tektonik beziehungsweise Plattentektonik

14. Wie heißt das Phänomen, dass sich eine Platte unter eine andere schiebt?
Antwort: Subduktion

15. Vulkane entstehen an Stellen, wo zwei Platten auseinanderdriften. Richtig oder falsch?
Antwort: Richtig

Stufe 3

16. Woraus besteht der Erdkern?
Antwort: Aus Eisen

17. Was macht einen größeren Teil der Erde aus: Erdmantel oder Erdkruste?
Antwort: Erdmantel

18. Auf welcher Platte entsteht ein Vulkan, wenn sich eine Kontinental- und eine Ozeanplatte treffen?
Antwort: Auf der Kontinentalplatte

ANTWORTEN: Steine und Mineralien

Stufe 1

1. Smaragde sind violett. Richtig oder falsch?
Antwort: Falsch

2. Welche Farbe hat der Rubin?
Antwort: Rot

3. Gold ist ein Metall. Richtig oder falsch?
Antwort: Richtig

4. Wie viele Seiten hat ein Hexagon: eine, drei oder sechs?
Antwort: Sechs

Stufe 2

5. Wie heißt ein sehr hartes vulkanisches Gestein mit „G", das häufig für Gebäude verwendet wird?
Antwort: Granit

6. Kristalle bilden sich unterirdisch. Richtig oder falsch?
Antwort: Richtig

7. Entsteht sedimentäres Gestein am Grund von Meeren, Seen und Flüssen oder tief im Inneren der Erde?
Antwort: Am Grund von Meeren, Seen und Flüssen

8. Wie nennt man Gestein, das unter großem Druck oder großer Hitze entsteht: metamorph, mathematisch oder metaphysisch?
Antwort: Metamorph

9. Ist Basalt ein vulkanisches oder ein sedimentäres Gestein?
Antwort: Vulkanisch

10. Edelsteine werden durch Polieren und Schleifen zu Schmucksteinen verarbeitet. Richtig oder falsch?
Antwort: Richtig

11. Aus welchem Element mit „K" besteht ein Diamant?
Antwort: Kohlenstoff

12. Welcher Stein ist am wertvollsten: Diamant, Smaragd oder Granat?
Antwort: Diamant

13. Wie heißt ein sehr wertvoller blauer Edelstein mit „S"?
Antwort: Saphir

14. Wie lautet das Fremdwort für Gesteinsschichten?
Antwort: Strata

Stufe 3

15. Wo befindet sich der Giant's Causeway?
Antwort: Nordirland

16. Wie nennt man geschmolzenes Gestein mit „M", das abkühlt und zu vulkanischem Gestein wird?
Antwort: Magma

17. Wie nennt man einen Stein, dessen Kanten durch Einwirkung von Wasser rund abgeschliffen sind?
Antwort: Kieselstein

18. Welches „E" bezeichnet Stoffe, die sich nicht in einfachere Substanzen aufspalten lassen?
Antwort: Elemente

ANTWORTEN: Wetter

Stufe 1

1. Spielt sich das Wetter in der Atmosphäre oder unter Wasser ab?
   Antwort: In der Atmosphäre
2. Bestehen Wolken aus Watte oder aus Wasserdampf?
   Antwort: Aus Wasserdampf
3. Welchen Stoff mit „S" müssen wir atmen, um zu überleben?
   Antwort: Sauerstoff
4. Wie heißt die elektrische Entladung von Gewitterwolken?
   Antwort: Blitz
5. Ein Wetterballon ist eine Wolkenart. Richtig oder falsch?
   Antwort: Falsch

Stufe 2

6. Woher kommt der Großteil des Wasserdampfs in den Wolken?
   Antwort: Vom Meer
7. Misst eine Wetterfahne die Windgeschwindigkeit oder die Windrichtung?
   Antwort: Die Windrichtung
8. Was verbindet man im Allgemeinen mit gutem Wetter: Hochdruck oder Tiefdruck?
   Antwort: Hochdruck
9. Welches Naturschauspiel entsteht, wenn Sonne und Regen zusammentreffen?
   Antwort: Regenbogen
10. Bilden sich Regenbögen nur, wenn es regnet?
    Antwort: Ja
11. Werden Regentropfen größer oder kleiner, wenn sie durch eine Wolke fallen?
    Antwort: Größer
12. Welches Wort mit „H" bezeichnet gefrorene Regentropfen?
    Antwort: Hagel
13. Werden Wolken kühler oder wärmer, wenn sie nach oben steigen?
    Antwort: Kühler
14. Wie heißt ein gefährlicher Wirbelsturm mit „H"?
    Antwort: Hurrikan
15. Welches Gas mit „S" kommt außer Sauerstoff noch in der Atmosphäre vor?
    Antwort: Stickstoff

Stufe 3

16. Wie nennt man einen Wissenschaftler, der das Wetter erforscht?
    Antwort: Meteorologe
17. Wie viele Farben hat ein Regenbogen?
    Antwort: Sieben
18. Mit welchem Gerät mit „S" können Wetterforscher einen Sturm voraussagen, der sich in der Atmosphäre zusammenbraut?
    Antwort: Satellit

ANTWORTEN: Knochen und Muskeln

Stufe 1

1. Wie heißt das Gelenk in der Mitte des Arms?
   Antwort: Ellbogen
2. Hat der Mensch Muskeln in den Beinen?
   Antwort: Ja
3. Wie nennt man die Gesamtheit der Knochen im Körper mit „S"?
   Antwort: Skelett

Stufe 2

4. Haben Menschen Gelenke in den Fingern?
   Antwort: Ja
5. Muskeln bestehen aus Millionen Zellen, die man Fasern nennt. Richtig oder falsch?
   Antwort: Richtig
6. Wie heißt der Armmuskel mit „B", den man braucht, um den Unterarm zu heben?
   Antwort: Bizeps
7. Welche Knochen bilden den Brustkorb, der die inneren Organe schützt?
   Antwort: Die Rippen
8. Wie nennt man die weiche Substanz, die das Gelenk vor Abnützung schützt?
   Antwort: Knorpel
9. Welcher Knochen verbindet die Beine mit der Wirbelsäule?
   Antwort: Das Becken
10. Patella ist das Fremdwort für welches Gelenk?
    Antwort: Kniegelenk
11. Die Herzmuskeln arbeiten automatisch. Richtig oder falsch?
    Antwort: Richtig
12. Wird der Trizeps beim Heben des Unterarms gebeugt oder gestreckt?
    Antwort: Gestreckt
13. Wie viele Knochen hat der Schädel des erwachsenen Menschen: 2, 12 oder 22?
    Antwort: 22
14. Haben Menschen mehr Muskeln oder Knochen im Körper?
    Antwort: Mehr Muskeln
15. Ist die Schulter ein Scharniergelenk oder ein Kugelgelenk?
    Antwort: Ein Kugelgelenk
16. Wie heißt der größte Knochen des menschlichen Körpers?
    Antwort: Oberschenkelknochen
17. Welcher Schädelknochen ist beweglich?
    Antwort: Unterkieferknochen

Stufe 3

18. Wie heißen die acht Knochen, die das menschliche Gehirn umschließen?
    Antwort: Schädeldecke
19. An welchem Körperteil befindet sich der kleinste Knochen des Menschen?
    Antwort: Im Innenohr
20. Wie viele Knochen hat das menschliche Skelett?
    Antwort: 206

ANTWORTEN: Medizin

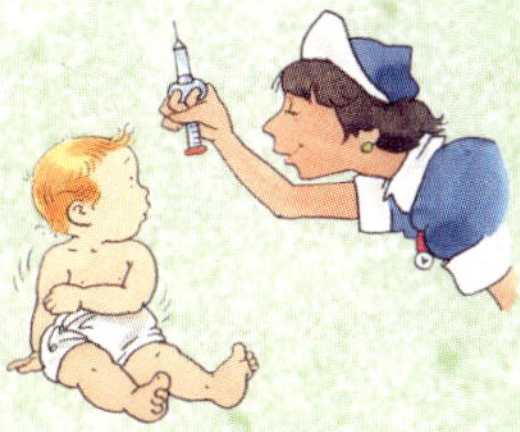

Stufe 1

1. Wen sucht man auf, wenn man sich krank fühlt?
   Antwort: Einen Arzt
2. Wer bringt Menschen ins Krankenhaus: Rettungswagen, Feuerwehrauto oder Traktor?
   Antwort: Rettungswagen
3. Bekommt man einen Rettungswagen über Notruf?
   Antwort: Ja
4. Arbeiten Krankenschwestern im Krankenhaus oder beim Zahnarzt?
   Antwort: Im Krankenhaus

Stufe 2

5. Ein Knochenbruch heilt von selbst. Richtig oder falsch?
   Antwort: Richtig
6. Mit welchem Gerät mit „S" hört man den Herzschlag eines Menschen ab?
   Antwort: Stethoskop
7. Was misst ein Thermometer?
   Antwort: Die Körpertemperatur
8. Liegen auf der Intensivstation Patienten, die sehr krank sind, oder solche, die bald entlassen werden?
   Antwort: Patienten, die sehr krank sind
9. Wie heißt ein Arzt mit „C", der Operationen durchführt?
   Antwort: Chirurg
10. Wie heißt die Operation mit „T", wenn ein beschädigter Körperteil durch einen neuen, gesunden ausgetauscht wird?
    Antwort: Transplantation
11. Bekommt man einen Gips bei einem Schnupfen oder einem Knochenbruch?
    Antwort: Bei einem Knochenbruch
12. Wer kümmert sich während der Fahrt im Rettungswagen um den Patienten?
    Antwort: Ein Notarzt oder Sanitäter
13. Ein Symptom ist eine Art Medizin. Richtig oder falsch?
    Antwort: Falsch
14. Wie heißen die Strahlen mit „R", mit denen sich der menschliche Körper durchleuchten lässt?
    Antwort: Röntgenstrahlen

Stufe 3

15. Wie lautet der Begriff für die Bestimmung einer Krankheit?
    Antwort: Diagnose
16. Welche Verletzung kann durch Ruhigstellen behandelt werden?
    Antwort: Ein Knochenbruch
17. Womit befördert man Nährstoffe direkt in den Blutkreislauf des Patienten?
    Antwort: Mit der Infusion
18. Welche Strahlen mit „M" ermöglichen eine Innenaufnahme des menschlichen Körpers?
    Antwort: Magnetstrahlen

ANTWORTEN: Züge

Stufe 1

1. Was war zuerst da: die Dampflok oder die Elektrolok?
   Antwort: Die Dampflok
2. Befördern alle Züge Passagiere?
   Antwort: Nein
3. Ist Diesel ein Kraftstoff oder ein Nahrungsmittel?
   Antwort: Ein Kraftstoff
4. Wer baute die erste auf Schienen fahrende Dampflok: Richard Trevithick, Richard Branson oder Richard Löwenherz?
   Antwort: Richard Trevithick
5. Womit wurde die Dampflok befeuert?
   Antwort: Mit Kohle

Stufe 2

6. War der Wilde Westen in Europa oder in den USA?
   Antwort: In den USA
7. Wird Dampf durch Erhitzen von Wasser oder von Erdöl erzeugt?
   Antwort: Durch Erhitzen von Wasser
8. In welchem Land fährt der Hochgeschwindigkeitszug Shinkansen?
   Antwort: In Japan
9. Wie heißt eine berühmte Dampflok mit „R", erbaut von George Stephenson?
   Antwort: Rocket
10. In welchem Land fährt der Hochgeschwindigkeitszug TGV?
    Antwort: In Frankreich
11. Gibt es Züge, die über 200 km/h fahren können?
    Antwort: Ja
12. Wozu dienten die „Cowcatchers" an den Lokomotiven des Wilden Westens?
    Antwort: Um Rinder von den Schienen zu schieben
13. War die Dampfloktechnik sauberer oder schmutziger als die moderne Antriebstechnik?
    Antwort: Schmutziger

Stufe 3

14. In welchem Land gab es die erste Zugstrecke für die Dampflok?
    Antwort: In Wales
15. In welchem Jahrhundert wurde die erste Zugstrecke quer durch Nordamerika gebaut?
    Antwort: Im 19. Jahrhundert
16. Wie nennt man Güter, die transportiert werden?
    Antwort: Fracht
17. Wie lang war der längste Zug der Welt: 5 km, 6 km oder 7 km?
    Antwort: 6 km
18. Wie nannte man die Menschen, die mit dem Zug in den Wilden Westen reisten, um neues Land zu besiedeln?
    Antwort: Pioniere

ANTWORTEN: Flugpioniere

Stufe 1

1. Wie heißt ein unmotorisiertes Fluggerät mit „G"?
   Antwort: Gleiter
2. Der erste bemannte Flug fand in einem Ballon statt. Richtig oder falsch?
   Antwort: Richtig
3. Bewegt sich ein Luftschiff zu Wasser oder in der Luft?
   Antwort: In der Luft

Stufe 2

4. Wie heißt ein Fluggerät mit „H", das von Rotoren angetrieben wird?
   Antwort: Hubschrauber
5. Welches Gewässer überflog Louis Blériot 1909 als Erster: den Ärmelkanal oder den Atlantik?
   Antwort: Den Ärmelkanal
6. In welchem Jahrhundert machte Otto Lilienthal die ersten kontrollierten Flüge mit dem Gleiter: im 9. oder im 19.?
   Antwort: Im 19. Jahrhundert
7. Wie viele Tragflächen hat ein Eindecker?
   Antwort: Zwei
8. Aus welchem Land mit „D" kam Otto Lilienthal?
   Antwort: Aus Deutschland
9. Jean-François Pilâtre war der erste Mensch, dem das Fliegen gelang. Richtig oder falsch?
   Antwort: Richtig
10. Fand der erste Flug mit Antrieb in Europa oder in den USA statt?
    Antwort: In den USA
11. Welcher große italienische Künstler und Denker des 16. Jahrhunderts entwarf einen Gleiter, der niemals gebaut wurde?
    Antwort: Leonardo da Vinci
12. Wie lautet der Nachname der Brüder mit „M", die das erste bemannte Fluggerät bauten?
    Antwort: Montgolfier

Stufe 3

13. Wie lautet der Nachname von Wilbur und Orville, die das erste motorisierte Flugzeug entwickelten, das schwerer als Luft war?
    Antwort: Wright
14. Wie hieß dieses Flugzeug?
    Antwort: Wright Flyer
15. Mit welchem Brennstoff flog das erste Flugzug, das schwerer als Luft war?
    Antwort: Benzin
16. In welchem Jahrhundert startete der erste bemannte Flug: im 16., 17. oder 18. Jahrhundert?
    Antwort: Im 18. Jahrhundert
17. Wem gelang der erste motorisierte Flug?
    Antwort: Henri Giffard
18. Aus welchem Land kam er?
    Antwort: Aus Frankreich

ANTWORTEN: Segeln

Stufe 1

1. Segelboote werden vom Wind angetrieben. Richtig oder falsch?
   Antwort: Richtig
2. Liegen Boote in einer Marina, einem Merino oder einem Mariner?
   Antwort: In einer Marina
3. Welche Westen tragen Menschen, um im Wasser nicht unterzugehen?
   Antwort: Schwimm- oder Rettungswesten
4. Gibt es Segelboote mit Motoren?
   Antwort: Ja
5. Welcher Anzug hält Windsurfer warm?
   Antwort: Der Neoprenanzug
6. Ein Ruder verwendet man zum Steuern eines Boots. Richtig oder falsch?
   Antwort: Richtig
7. Wie heißt ein großes Segelboot mit „Y"?
   Antwort: Yacht

Stufe 2

8. Was wurde zuerst erfunden: quadratische oder dreieckige Segel?
   Antwort: Quadratische Segel
9. Wie nennt man die linke Seite eines Boots?
   Antwort: Backbord
10. Wie heißt der hintere Teil eines Boots?
    Antwort: Heck
11. Wie heißt die rechte Seite eines Boots?
    Antwort: Steuerbord
12. Boote mit quadratischen Segeln können nur in Windrichtung fahren. Richtig oder falsch?
    Antwort: Richtig
13. Wie viele Rümpfe hat ein Trimaran?
    Antwort: Drei
14. Wie nennt man ein Boot mit zwei Rümpfen?
    Antwort: Katamaran
15. Wie heißen kleine offene Segelboote ohne Kajüte?
    Antwort: Jollen
16. Wie heißt die Sportart, bei der Menschen aufrecht auf einem Brett über das Wasser gleiten?
    Antwort: Windsurfen

Stufe 3

17. Welcher Teil des Boots verhindert das Kentern?
    Antwort: Der Kiel
18. Welche Mittelmeerinsel war die Heimat der Minoer, einer frühen Seefahrernation?
    Antwort: Kreta
19. Wann wurden auf den Schiffen der Antike die Ruder eingesetzt?
    Antwort: Wenn entgegen der Windrichtung gefahren werden sollte

ANTWORTEN: U-Boote

Stufe 1

1. Wofür steht das U in „U-Boot“?
   Antwort: Untersee
2. Ist ein Torpedo eine Waffe oder ein Turnschuh?
   Antwort: Eine Waffe
3. Wie heißen Menschen, die die Unterwasserwelt erkunden?
   Antwort: Taucher
4. Wie heißt ein Ozean mit „A“?
   Antwort: Atlantik

Stufe 2

5. Setzte Deutschland in den Weltkriegen U-Boote ein?
   Antwort: Ja
6. Gibt es U-Boote mit atomarem Antrieb?
   Antwort: Ja
7. Wie nennt man die sich drehenden Objekte, mit denen sich ein U-Boot unter Wasser fortbewegt?
   Antwort: Propeller
8. Können U-Boote Schiffe angreifen, die auf der Wasseroberfläche fahren?
   Antwort: Ja
9. Wie nennt man Forschungs-U-Boote noch?
   Antwort: Tauchboote
10. Wie heißt der Treibstoff mit „D“, der meistens für den U-Boot-Antrieb verwendet wird?
    Antwort: Diesel
11. Wie heißen die Tanks, die sich mit Meerwasser füllen, wenn ein U-Boot taucht?
    Antwort: Ballasttanks
12. Ein Bathyscaph ist eine Art Radarsystem. Richtig oder falsch?
    Antwort: Falsch
13. Was bedeutet die Abkürzung ROV?
    Antwort: Remotely operated vehicle (Ferngesteuertes Fahrzeug)
14. Mit welchem Gerät kann die Besatzung eines U-Boots über Wasser sehen?
    Antwort: Mit dem Periskop

Stufe 3

15. Wo liegt der Marianengraben, die tiefste Stelle der Erde?
    Antwort: Im Pazifik
16. Wie hieß die Tiefseetauchkapsel, die erstmals Menschen auf den Boden des Marianengrabens gebracht hat?
    Antwort: Trieste
17. Wie hieß das bemannte Forschungs-U-Boot, das als Erstes das Wrack der *Titanic* erkundet hat?
    Antwort: Alvin
18. Welcher Ozeandampfer wurde am 7. Mai 1915 von einem deutschen U-Boot angegriffen und versenkt?
    Antwort: Die RMS Lusitania

ANTWORTEN: Haushaltsgeräte

Stufe 1

1. Steckt man Brot in den Toaster oder in die Spülmaschine?
   Antwort: In den Toaster
2. In welchem Gefäß mit „K“ erhitzt man Wasser?
   Antwort: Im Kessel
3. Ist Hoover eine Staubsaugermarke oder ein Reißverschluss?
   Antwort: Eine Staubsaugermarke

Stufe 2

4. Welche Erfindung wird John Logie Baird zugeschrieben?
   Antwort: Fernsehen
5. In welchem Jahrhundert wurde die Spülmaschine erfunden?
   Antwort: Im 20. Jahrhundert
6. Wurde das Sicherheitssystem für den elektrischen Wasserkessel 1890, 1930 oder 1989 erfunden?
   Antwort: 1930
7. Was wurde zuerst erfunden: die Waschmaschine oder die Spülmaschine?
   Antwort: Die Waschmaschine
8. Welcher Haushaltsgegenstand wird gewöhnlich mit Thomas Edison in Verbindung gebracht?
   Antwort: Die Glühbirne
9. Die Menschen verwenden erst seit 1940 Reißverschlüsse. Richtig oder falsch?
   Antwort: Falsch
10. Welcher praktische Gegenstand wurde von Laszlo Biro erfunden?
    Antwort: Der Kugelschreiber
11. Für welche Arten von Bränden verwendet man Löschschaum?
    Antwort: Gas- und Ölbrände
12. Wurde die Küchenmaschine 1951, 1961 oder 1971 erfunden?
    Antwort: 1971
13. In welchem Jahrzehnt des 20. Jahrhunderts wurden die ersten Mikrowellengeräte verkauft?
    Antwort: In den 1960-er Jahren

Stufe 3

14. In welchem Jahr wurde das erste Fernsehbild übertragen?
    Antwort: 1925
15. James Murray Spangler erfand den ersten tragbaren …?
    Antwort: Staubsauger
16. Was hat Alexandre Godefoy erfunden?
    Antwort: Den Fön
17. Welches Küchengerät wurde aus einer früheren Erfindung, dem sogenannten Magnetron, entwickelt?
    Antwort: Die Mikrowelle
18. Wer erfand die Nähmaschine?
    Antwort: Elias Howe

ANTWORTEN: Roboter

Stufe 1

1. Gibt es Roboter, die in Fabriken arbeiten?
   Antwort: Ja
2. Werden Roboter manchmal müde?
   Antwort: Nein
3. Gibt es Roboter, die unter Wasser arbeiten können?
   Antwort: Ja
4. In welchem berühmten Film spielt der Roboter R2-D2 mit?
   Antwort: Star Wars
5. Roboter können nicht zwei Sachen gleichzeitig tun. Richtig oder falsch?
   Antwort: Falsch

Stufe 2

6. Gibt es Roboter, die Klavier spielen können?
   Antwort: Ja
7. Wie nennt man Roboter wie den R2-D2 oder den C-3PO?
   Antwort: Droiden
8. Wo werden die Informationen beim Programmieren eines Roboters gespeichert?
   Antwort: Im Computer
9. Wie nennt man einen Roboter, der in einer Fabrik arbeitet?
   Antwort: Industrieroboter
10. Wer hat sich bis jetzt weiter von der Erde entfernt: Roboter oder Menschen?
    Antwort: Roboter
11. Aus welcher Energiequelle können Solarzellen Strom erzeugen?
    Antwort: Sonnenlicht
12. Wie heißt ein bekannter Animationsfilm, in dem Roboter die Hauptrollen spielen?
    Antwort: Robots
13. Welcher Planet wird zurzeit von Robotern erforscht?
    Antwort: Der Mars
14. Wie nennt man die Fähigkeit mit „M“, mehrere Dinge gleichzeitig zu tun?
    Antwort: Multitasking
15. Kann man Roboter so programmieren, dass sie Bomben entschärfen?
    Antwort: Ja

Stufe 3

16. Aus welcher Sprache stammt das Wort Roboter?
    Antwort: Aus dem Tschechischen
17. In welchem Land wurde der Roboter WABOT-2 entwickelt?
    Antwort: Japan
18. In welchem Jahr kam der Animationsfilm *Robots* in die Kinos?
    Antwort: 2005

ANTWORTEN: Computer und Spiele

Stufe 1

1. Wie heißt das Netzwerk mit „I“, das Computer weltweit verbindet?
   Antwort: Internet
2. Steht PC für Perfect Computer oder für Personal Computer?
   Antwort: Personal Computer
3. Eine Spielkonsole, die so klein ist, dass sie in eine Hand passt, heißt: Handtasche, Handheld oder Handschlag?
   Antwort: Handheld
4. Welches Computerzubehör heißt genauso wie ein kleines Tier mit Fell?
   Antwort: Die Maus
5. Was wird auf MP3-Dateien gespeichert?
   Antwort: Musik

Stufe 2

6. Wo spielte man früher Computerspiele, als die meisten noch keine Computer zu Hause hatten?
   Antwort: In Videospielhallen
7. Kann man auch unterwegs Computerspiele machen?
   Antwort: Ja
8. Für welche Computermarke lautet die Abkürzung Mac?
   Antwort: Apple Macintosh
9. Braucht man für die meisten Handheld-Spielkonsolen Speicherkarten oder CDs?
   Antwort: Speicherkarten
10. Werden Informationen auf dem Computer auf der Festplatte, dem Drucker oder der Maus gespeichert?
    Antwort: Auf der Festplatte
11. Wie heißt ein Computerzubehör mit „B“, mit dem man Informationen auf eine CD speichern kann?
    Antwort: Brenner
12. Gehört die Tastatur zur Peripherie oder zur Porphyrie?
    Antwort: Zur Peripherie
13. Wie nennt man beinahe lebensechte Situationen, die von einem Computer erzeugt werden?
    Antwort: Virtual Reality (Virtuelle Realität)
14. Welche Handschuhe trägt man bei einem Virtual-Reality-Spiel?
    Antwort: Datenhandschuhe
15. Wie lautet der Begriff für einen tragbaren Computer mit „L“?
    Antwort: Laptop

Stufe 3

16. Worauf werden Daten gespeichert: CD-RAM, CD-REM oder CD-ROM?
    Antwort: CD-ROM
17. Wie verbindet man einen Computer mit dem Internet?
    Antwort: Über die Telefonleitung
18. Welche Dateien lädt man auf einen iPod?
    Antwort: MP3-Dateien

ANTWORTEN: Das Telefon

Stufe 1

1. Wie heißt eine Textnachricht auf dem Mobiltelefon mit „S"?
   Antwort: SMS
2. Waren die ersten Mobiltelefone größer oder kleiner als heute?
   Antwort: Größer
3. Haben die meisten modernen Telefone Wählscheiben oder Tasten?
   Antwort: Tasten
4. Übertragen Mobiltelefone Nachrichten mit Mikrowellen, Gezeitenwellen oder Kurbelwellen?
   Antwort: Mikrowellen
5. Gibt es Mobiltelefone, mit denen man einen Zugang zum Internet herstellen kann?
   Antwort: Ja

Stufe 2

6. Nutzte das erste Telefon der Welt Tonwahlverfahren?
   Antwort: Nein
7. In welchem Jahrhundert wurde das Telefon erfunden: im 9., 19. oder 20.?
   Antwort: Im 19. Jahrhundert
8. Welches Zusatzgerät mit „K" befindet sich inzwischen auf den meisten Mobiltelefonen?
   Antwort: Kamera
9. Wie nannte man bei frühen Telefonen den Teil, in den man spricht?
   Antwort: Sprechmuschel
10. An welcher Stelle mit „V" wurden früher die Telefonverbindungen hergestellt?
    Antwort: Vermittlungsstelle
11. Wie hießen früher die Personen, die die Telefonverbindungen herstellten?
    Antwort: Das „Fräulein vom Amt"
12. Wie viele Namen standen im ersten Telefonbuch der Welt: 50, 500 oder 5.000?
    Antwort: 50
13. Wie hieß eine codierte Botschaft mit „T", als das Telefon noch nicht erfunden war?
    Antwort: Telegramm

Stufe 3

14. Wie wurde früher der Strom zum Telefonieren erzeugt?
    Antwort: Mit einer Kurbel
15. Wer ist der Erfinder des Telefons?
    Antwort: Alexander Graham Bell
16. Aus welchem Land stammt Alexander Graham Bell?
    Antwort: Aus Schottland
17. Wer erfand das Kohlekörnermikrofon?
    Antwort: Thomas Edison
18. Was wurde zuerst erfunden: das Faxgerät oder das Telefon?
    Antwort: Das Telefon
19. Wann gab es die ersten Wählscheiben: 1886, 1896 oder 1906?
    Antwort: 1896

ANTWORTEN: Entdeckungen

Stufe 1

1. Was ist Isaac Newton auf den Kopf gefallen und hat ihn auf die Idee für seine berühmteste Theorie gebracht?
   Antwort: Ein Apfel
2. Was dreht sich und ermöglicht Fahrzeugen die Fortbewegung?
   Antwort: Das Rad
3. Welche Kraft ist verantwortlich dafür, dass Dinge auf den Boden fallen?
   Antwort: Die Schwerkraft

Stufe 2

4. Welcher griechische Mathematiker rief „Heureka" in der Badewanne?
   Antwort: Archimedes
5. Aus welchem Land stammte Isaac Newton?
   Antwort: Aus England
6. In welchem Jahrhundert gab es die ersten Autos mit Benzinmotor?
   Antwort: Im 19. Jahrhundert
7. Michael Faraday war ein amerikanischer Wissenschaftler. Richtig oder falsch?
   Antwort: Falsch (er war Engländer)
8. Mit welchem Antrieb fuhren die ersten Autos?
   Antwort: Dampf
9. Karl Benz war ein Pionier des Automotors. Richtig oder falsch?
   Antwort: Richtig
10. Wer formulierte die Relativitätstheorie?
    Antwort: Albert Einstein
11. Aus welchem Land stammt der Physiker Albert Einstein?
    Antwort: Aus Deutschland
12. Wurde das Rad vor über 3.000 Jahren erfunden?
    Antwort: Ja
13. Welches Phänomen mit „M" verstehen wir heute dank Michael Faraday besser?
    Antwort: Magnetismus
14. Aus welchem Land stammte Nicolas Cugnot, der das erste Auto gebaut hat?
    Antwort: Aus Frankreich
15. Wie lautet die Abkürzung für Desoxyribonukleinsäure?
    Antwort: DNS

Stufe 3

16. In welchem heutigen Land stehen die Ruinen der Stadt Uruk?
    Antwort: Im Irak
17. Welche beiden Wissenschaftler haben die Doppelhelixstruktur der Desoxyribonukleinsäure entdeckt?
    Antwort: Francis Crick und James Watson
18. Wofür steht das E in der Formel $E = mc^2$?
    Antwort: Energie

ANTWORTEN: Das alte Ägypten

Stufe 1

1. Welcher Fluss fließt durch Ägypten?
   Antwort: Der Nil
2. Wie nannten die alten Ägypter ihre Könige?
   Antwort: Pharaonen
3. Glaubten die Ägypter an ein Leben nach dem Tod?
   Antwort: Ja
4. Was wurde aus Wolle oder Haaren hergestellt?
   Antwort: Perücken
5. Woraus bestanden die Kleider der Ägypter?
   Antwort: Aus Leinen

Stufe 2

6. Wie heißen die Schriftzeichen der alten Ägypter?
   Antwort: Hieroglyphen
7. Woraus wurde Papyrus hergestellt?
   Antwort: Aus Schilf
8. Was wurde gewöhnlich zusammen mit dem Leichnam eines Ägypters begraben?
   Antwort: Kleider, Möbel und Proviant
9. Wie dekorierten die Ägypter ihre Särge?
   Antwort: Mit dem Porträt des Verstorbenen
10. Was war das Mundöffnungsritual?
    Antwort: Eine Zeremonie beim Begräbnis des Pharaos
11. Wie heißt die größte Pyramide?
    Antwort: Die Große Pyramide von Gizeh
12. Welche Blume war das Symbol des Nils?
    Antwort: Der Lotus

Stufe 3

13. Welcher Körperteil wurde zum Messen einer Elle verwendet: Bein, Fuß oder Unterarm?
    Antwort: Unterarm
14. Wie transportierten die Ägypter den Leichnam eines Pharaos?
    Antwort: In einem Totenschiff
15. Womit trockneten die Ägypter den Leichnam vor dem Einbalsamieren?
    Antwort: Mit Salz
16. Welches Tier verbindet man mit dem ägyptischen Herrschergott?
    Antwort: Den Falken
17. Was sprach der Priester während einer Bestattungszeremonie?
    Antwort: „Du wirst wieder leben, du wirst ewig leben."
18. Wie lange herrschten die Pharaonen über Ägypten?
    Antwort: 3000 Jahre
19. Wer liegt in der Großen Pyramide von Gizeh begraben?
    Antwort: Der Pharao Cheops

ANTWORTEN: Das alte Griechenland

Stufe 1

1. An welchem Meer mit „M" liegt Griechenland?
   Antwort: Am Mittelmeer
2. Wer war der oberste Gott der Griechen?
   Antwort: Zeus
3. Wo wurden die Olympischen Spiele abgehalten?
   Antwort: In Olympia
4. War das Trojanische Pferd aus Stein oder aus Holz?
   Antwort: Aus Holz
5. Die Griechen hielten Sklaven. Richtig oder falsch?
   Antwort: Richtig

Stufe 2

6. Wie heißt ein berühmter griechischer Stadtstaat mit „S"?
   Antwort: Sparta
7. Wie webten griechische Frauen Stoffe für Kleidung?
   Antwort: Auf dem Webstuhl
8. In welchem Alter wurden griechische Frauen verheiratet?
   Antwort: Mit etwa 15 Jahren
9. Wer versteckte sich im Trojanischen Pferd?
   Antwort: Griechische Soldaten
10. Wie heißt der griechische Gott des Meeres?
    Antwort: Poseidon
11. Aus welchem Material brannten die Griechen Ziegelsteine?
    Antwort: Aus Lehm
12. Wie reisten wohlhabende Griechen durch das Land: zu Pferde oder in der Kutsche?
    Antwort: Zu Pferde
13. Zum alten Griechenland gehörten zahlreiche Inseln. Richtig oder falsch?
    Antwort: Richtig
14. Reisende schliefen in Griechenland meistens draußen. Richtig oder falsch?
    Antwort: Richtig
15. Wo war der Sitz der Götter?
    Antwort: Im Olymp

Stufe 3

16. In welchem heutigen Land lag die alte Stadt Troja?
    Antwort: Türkei
17. Womit wurden die Sieger der Olympischen Spiele geehrt?
    Antwort: Mit einem Lorbeerkranz
18. Was war ein Chiton?
    Antwort: Ein griechisches Frauengewand aus einem rechteckigen Stück Stoff
19. Wo stand bei den alten Griechen der Altar?
    Antwort: Im Innenhof
20. Wer war die Göttin des Herdfeuers?
    Antwort: Hestia

ANTWORTEN: Das Kolosseum

Stufe 1

1. Welcher berühmte Gladiator führte einen Sklavenaufstand an?
   Antwort: Spartacus
2. Im Kolosseum gab es Elefanten. Richtig oder falsch?
   Antwort: Richtig
3. Welches Zeichen gab die Menge, wenn ein Gladiator sterben sollte?
   Antwort: Daumen nach unten
4. Wie hieß ein schwerbewaffneter Gladiator mit „S"?
   Antwort: Secutor

Stufe 2

5. In welchem Teil des Kolosseums wurden Gladiatoren und Tiere beherbergt?
   Antwort: In unterirdischen Kammern
6. Welcher Kaiser kämpfte oft im Kolosseum?
   Antwort: Commodus
7. Was war ein *bestiarius*?
   Antwort: Ein Gladiator, der für den Kampf mit Tieren ausgebildet war
8. Womit fing der *retiarius* seine Gegner ein?
   Antwort: Mit einem Netz und einem Dreizack
9. Wer wurde den wilden Tieren vorgeworfen?
   Antwort: Christen, Kriminelle und Sklaven
10. Welcher Gladiator trug einen Helm, der mit einem Fisch verziert war?
    Antwort: Der murmillo
11. Wie viele Jahre dauerte der Bau des Kolosseums: zehn, 20 oder 30?
    Antwort: Zehn Jahre
12. Die *venationes* waren römische Soldaten. Richtig oder falsch?
    Antwort: Falsch

Stufe 3

13. Was wurde einem freigelassenen Gladiator ausgehändigt?
    Antwort: Eine Knochentafel mit seinem Namen und ein paar Münzen
14. Wie viele Zuschauer passten in das Kolosseum?
    Antwort: 50 000 Zuschauer
15. Wann wurden die ersten Gladiatorenspiele abgehalten?
    Antwort: 264 v. Chr.
16. Woher erhielt das Kolosseum seinen Namen?
    Antwort: Von einer Nerostatue (Colossus) in der Nähe
17. Wie oft kämpfte Commodus im Kolosseum?
    Antwort: 735-mal
18. Wie viele Tiere wurden bei den ersten Spielen im Kolosseum getötet?
    Antwort: 5000

ANTWORTEN: Leben im Mittelalter

Stufe 1

1. Ein Bankett ist eine Schlacht. Richtig oder falsch?
   Antwort: Falsch (es ist ein Festmahl)
2. Die Menschen speisten im Burgsaal. Richtig oder falsch?
   Antwort: Richtig
3. Ist ein Minnesänger eine Person oder ein Musikinstrument?
   Antwort: Eine Person
4. Wem gehörte im Mittelalter das Land?
   Antwort: Dem König
5. Wer unterrichtete die Kinder der Adligen: Priester oder Diener?
   Antwort: Priester

Stufe 2

6. Wer lieh sich Land von den Adligen?
   Antwort: Ritter und Lehnsherren
7. Welche Saiteninstrumente spielten die Minnesänger?
   Antwort: Laute und Harfe
8. Wie hieß das Landverteilungssystem des Mittelalters?
   Antwort: Feudalsystem
9. Wie nannte man das Zentrum der Burg?
   Antwort: Bergfried
10. Wo saßen die wichtigsten Leute bei einem Bankett?
    Antwort: Erhöht am Kopfende der Tafel
11. Womit wurde der Steinboden der Burg zum Wärmen ausgelegt?
    Antwort: Mit Schilfmatten
12. Wo wurden die Mädchen im Mittelalter unterrichtet?
    Antwort: Zu Hause
13. Wozu diente der Geschirrschrank unter anderem?
    Antwort: Um den Reichtum des Gastgebers zur Schau zu stellen
14. Was wurde gegen schlechte Gerüche am Burgboden unternommen?
    Antwort: Man streute Gewürze

Stufe 3

15. Welche Sprache lernten die Söhne der Adligen?
    Antwort: Latein
16. Warum hörten die Menschen im Mittelalter beim Tafeln gerne Musik?
    Antwort: Sie glaubten, es fördere die Verdauung
17. Wo erlernten die Dorfjungen ein Handwerk?
    Antwort: Bei den örtlichen Gilden
18. Woraus bestand das meiste Essgeschirr im Mittelalter?
    Antwort: Aus Holz

ANTWORTEN: Ritter

Stufe 1

1. Wie heißt eine Waffe mit „L", mit der Ritter zu Pferde kämpften?
   Antwort: Lanze
2. Wozu wurde ein Rammbock eingesetzt?
   Antwort: Um die Burgmauern zum Einsturz zu bringen
3. Wie heißt eine Waffe mit „D", die Ritter bei sich trugen?
   Antwort: Dolch
4. Ritter kämpften immer nur zu Pferde. Richtig oder falsch?
   Antwort: Falsch

Stufe 2

5. Durch welche Zeremonie wurde ein Knappe zum Ritter?
   Antwort: Durch den Ritterschlag
6. Wie nennt man eine schwere Keule, mit denen sich die Ritter bewaffneten?
   Antwort: Streitkolben
7. Womit stieß ein Ritter auf dem Turnier seinen Gegner vom Pferd?
   Antwort: Mit einer stumpfen Lanze
8. Mit welchen Geschossen schoss die Mangonel?
   Antwort: Mit Felsbrocken
9. Schossen Ritter mit der Armbrust oder dem Langbogen?
   Antwort: Mit beidem
10. Wozu veranstaltete man Turniere?
    Antwort: Als Kampftraining
11. Welche Belagerungsmaschine schoss riesige Pfeile auf eine Burg?
    Antwort: Die Balliste
12. Wie konnten die Ritter in einer Schlacht Freund und Feind auseinanderhalten?
    Antwort: An den Wappen auf den Mänteln
13. Was ist ein Trebuchet?
    Antwort: Eine Belagerungsmaschine, die Steine auf die Burgmauern schleuderte
14. Wie konnten Angreifer die Verteidiger einer Burg zum Aufgeben zwingen?
    Antwort: Durch Aushungern

Stufe 3

15. Womit konnte sich ein Ritter vom Kriegsdienst freikaufen?
    Antwort: Durch Zahlung eines Schildgelds
16. Was trugen Ritter unter ihrer Rüstung?
    Antwort: Ein Wams
17. Wie wurde ein Knappe zum Ritter geschlagen?
    Antwort: Sein Herr schlug ihm mit der flachen Klinge eines Schwerts auf die Schulter
18. In welchem Jahrhundert trugen Ritter erstmals Rüstungen aus Metallplatten?
    Antwort: Im 15. Jahrhundert

ANTWORTEN: Die Renaissance

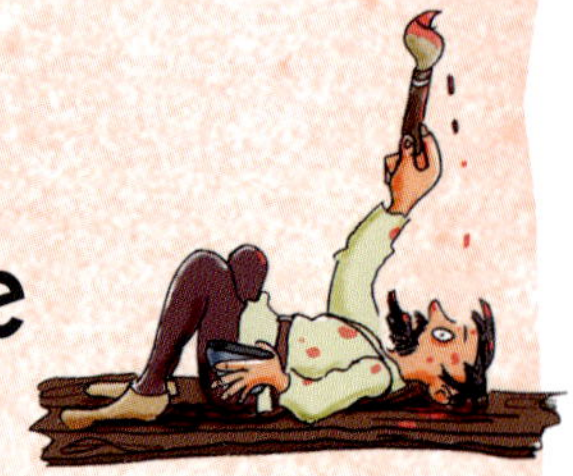

Stufe 1

1. Bedeutet Renaissance Wiedergeburt oder Wiedergabe?
   Antwort: Wiedergeburt
2. Welches Material mit „M" verwendeten die Bildhauer der Renaissance?
   Antwort: Marmor
3. War Donatello ein Maler oder ein Bildhauer?
   Antwort: Ein Bildhauer
4. Die Laute ist ein Musikinstrument. Richtig oder falsch?
   Antwort: Richtig

Stufe 2

5. Ghiberti war ein Philosoph der Renaissance. Richtig oder falsch?
   Antwort: Falsch
6. Wo wurde der Blockdruck erfunden?
   Antwort: In China
7. Was war die *Lira da braccio*?
   Antwort: Ein Musikinstrument
8. Auf welchem berühmten Fresko wurden Platon und Aristoteles verewigt?
   Antwort: Die Schule von Athen
9. Was war das erste Buch, das in Massenproduktion hergestellt wurde?
   Antwort: Die Bibel
10. Wie heißt ein berühmter Renaissancemaler mit „R"?
    Antwort: Raffael
11. Aus welchem Land kam Erasmus?
    Antwort: Aus Holland
12. Von welchen beiden antiken Zivilisationen waren die Renaissancekünstler beeinflusst?
    Antwort: Von der griechischen und der römischen Antike
13. Wie nennt man Druckbuchstaben aus Metall?
    Antwort: Lettern
14. Welche Philosophen waren der Ansicht, man könne moralisches Handeln aus den Texten der Antike lernen?
    Antwort: Die Humanisten

Stufe 3

15. Wie heißt ein berühmter Renaissancearchitekt mit „B"?
    Antwort: Brunelleschi
16. In welchem Jahr wurde die Druckerpresse in Europa erfunden?
    Antwort: 1440
17. Bis in welches Jahrhundert dauerte die Renaissance?
    Antwort: Bis ins 17. Jahrhundert
18. Wer erfand die Druckerpresse in Europa?
    Antwort: Johannes Gutenberg

ANTWORTEN: Das Zeitalter der Entdecker

Stufe 1

1. War Sir Francis Drake Engländer oder Spanier?
   Antwort: Engländer
2. Wie hieß Kolumbus' größtes Schiff: *Santa Maria, Santa Anna* oder *Santa Barbara?*
   Antwort: Santa Maria
3. Francisco Pizarro eroberte das Reich der Inkas. Richtig oder falsch?
   Antwort: Richtig
4. Aus welchem Land stammte Bartolomeu Diaz?
   Antwort: Aus Portugal

Stufe 2

5. Was entdeckte Magellan: den Indischen Ozean oder den Pazifik?
   Antwort: Den Pazifik
6. Wie viele Mann zählte die Besatzung von Kolumbus' größtem Schiff: 30, 40 oder 50?
   Antwort: 40
7. Wer schickte Kolumbus auf die Suche nach einem Seeweg nach Asien?
   Antwort: Der König von Spanien
8. Wer umsegelte die Südspitze Afrikas: Diaz oder da Gama?
   Antwort: Diaz
9. Wer erreichte 1498 Indien?
   Antwort: Vasco da Gama
10. Was benutzte Zheng He auf See als Erster?
    Antwort: Einen Kompass
11. Wie hießen die beiden Karavellen von Kolumbus?
    Antwort: Niña *und* Pinta
12. Wozu diente der Jakobsstab?
    Antwort: Zur Bestimmung des Breitengrads
13. Warum erreichte Ferdinand Magellan sein letztes Ziel nicht?
    Antwort: Er starb im Kampf auf den Philippinen
14. Was glaubte Kolumbus entdeckt zu haben?
    Antwort: Den Fernen Osten
15. Über welchen Teil der Welt herrschten die Inkas?
    Antwort: Die Westküste Südamerikas (das heutige Peru)

Stufe 3

16. Auf welcher Insel ging Kolumbus an Land?
    Antwort: San Salvador
17. Was wurde 1911 entdeckt?
    Antwort: Machu Picchu
18. Was ist eine Nao?
    Antwort: Ein Handelsschiff
19. In welchem Jahr fand die erste Weltumsegelung statt?
    Antwort: 1522

ANTWORTEN: Erster Weltkrieg

Stufe 1

1. Welche großen Maschinen wurden im Ersten Weltkrieg erstmals eingesetzt?
   Antwort: Panzer
2. Was ist ein Luftkampf?
   Antwort: Ein Kampf zwischen zwei oder mehr Kampffliegern
3. Wie nannte man das Gebiet zwischen feindlichen Gräben?
   Antwort: Niemandsland
4. Eine Granate ist eine Waffe. Richtig oder falsch?
   Antwort: Richtig

Stufe 2

5. Wie schützten sich Soldaten vor Giftgas?
   Antwort: Mit Gasmasken
6. Wie nennt man berittene Militäreinheiten?
   Antwort: Kavallerie
7. Wo fand die größte Seeschlacht des Ersten Weltkriegs statt?
   Antwort: Am Skagerrak
8. Wo verlief die Westfront?
   Antwort: In Belgien und Frankreich
9. Wie nennt man ausgebildete Scharfschützen, die auf einzelne Soldaten schossen?
   Antwort: Heckenschützen
10. Welche Waffe ließ sich auf ein Gewehr aufstecken?
    Antwort: Das Bajonett
11. Wie viele Menschen starben im Ersten Weltkrieg: über 7,5 Millionen, über 8,5 Millionen oder über 10 Millionen?
    Antwort: Über 8,5 Millionen
12. Wo liegt der Skagerrak?
    Antwort: Zwischen Dänemark und Norwegen
13. Was wurde vor den Schützengräben aufgestapelt?
    Antwort: Sandsäcke
14. Mit welchen Waffen kämpften Kampfflugzeuge?
    Antwort: Mit Maschinengewehren

Stufe 3

15. In welchem Jahr wurde erstmals Giftgas eingesetzt?
    Antwort: 1915
16. Welches Panzermodell war das erste, das Panzerfäusten standhalten konnte?
    Antwort: Der britische Panzer Mark IV
17. Wurden im Ersten Weltkrieg Pferde eingesetzt?
    Antwort: Ja
18. Welcher deutsche Kampfflieger galt als der beste des ganzen Krieges?
    Antwort: Die Fokker DVII

ANTWORTEN: Olympische Sommerspiele

Stufe 1

1. Wie viele Ringe hat das olympische Symbol?
   Antwort: Fünf
2. Für welchen Sport benötigt man einen 5 m langen Stab?
   Antwort: Stabhochsprung
3. Wie oft finden die Olympischen Sommerspiele statt?
   Antwort: Alle vier Jahre
4. Werden im Reitsport Pferde, Fahrräder oder Pistolen eingesetzt?
   Antwort: Pferde
5. Bei welcher Disziplin ist die Schwimmstrecke länger: Sprint oder Ausdauer?
   Antwort: Ausdauer

Stufe 2

6. Ist ein Marathonlauf 20 km, 42 km oder 50 km lang?
   Antwort: 42 km
7. Wie heißen die Teilnehmer an einem Judokampf?
   Antwort: Judokas
8. Welcher Wettkampf im Pferdesport dauert drei Tage?
   Antwort: Vielseitigkeit
9. Wie heißt das Gebäude, in dem Radfahrer gegeneinander antreten?
   Antwort: Velodrom
10. Wer stellte den Weltrekord von 6,14 m im Stabhochsprung auf?
    Antwort: Sergej Bubka
11. Welcher ist der längste Distanzlauf bei der Olympiade?
    Antwort: 50 km Gehen
12. An wie vielen Olympiaden hat Jeannie Longo-Ciprelli teilgenommen: drei, vier oder sechs?
    Antwort: Sechs
13. In welcher Disziplin gewann Mark Spitz 1972 sieben Goldmedaillen?
    Antwort: Schwimmen

Stufe 3

14. Wie lang ist die Strecke für den Hürdenlauf bei Olympia?
    Antwort: 3.000 m
15. Wann wurde Judo erstmals in die Olympischen Spiele aufgenommen?
    Antwort: 1964
16. Wie viele Bahnen müssen Schwimmer für die 1.500-Meter-Distanz schwimmen?
    Antwort: 30
17. Um wie viel länger dauert ein Judokampf bei den Männern als bei den Damen?
    Antwort: Eine Minute
18. Welchen Anteil an den insgesamt vergebenen Goldmedaillen im Judo gewann Japan 2004?
    Antwort: Die Hälfte

ANTWORTEN: Turnen

Stufe 1

1. Wann wärmen sich Athleten auf?
   Antwort: Vor dem Wettkampf
2. Wie nennt man die Sportler beim Turnen?
   Antwort: Turner
3. Wie viele Griffe hat ein Pauschenpferd?
   Antwort: Zwei
4. Turnen an den Ringen nur Männer oder auch Frauen?
   Antwort: Nur Männer
5. Womit reiben sich manche Athleten für besseren Halt die Hände ein?
   Antwort: Mit Magnesia

Stufe 2

6. Wie viele Wettkämpfe im Turnen gibt es für Damen?
   Antwort: Vier
7. Ist Rhythmische Sportgymnastik seit 1932, 1968 oder 1984 olympische Disziplin?
   Antwort: 1984
8. Wie viele Handgeräte gibt es in der Rhythmischen Sportgymnastik?
   Antwort: Fünf
9. Wer erreichte in der Rhythmischen Sportgymnastik die Höchstnote bei Olympia, ein Mann oder eine Frau?
   Antwort: Eine Frau
10. Wie hoch ist die Höchstnote für eine Übung: zehn, 15 oder 20?
    Antwort: Zehn
11. Wie heißt ein Handgerät der Rhythmischen Sportgymnastik mit „B"?
    Antwort: Ball
12. Wie hoch hängen die Ringe über der Turnmatte: 1 m, 1,75 m oder 2,75 m?
    Antwort: 2,75 m
13. Welche Disziplin wird mit Musik ausgeführt?
    Antwort: Rhythmische Sportgymnastik
14. Wie viele Kategorien bewertet das Kampfgericht bei der Rhythmischen Sportgymnastik?
    Antwort: Drei

Stufe 3

15. Wie hoch ist der Barren?
    Antwort: 1,75 m
16. Wer erreichte bei den Olympischen Spielen zum ersten Mal die Höchstnote im Kunstturnen?
    Antwort: Nadia Comaneci
17. Wer erfand den Barren?
    Antwort: Friedrich Jahn
18. Womit wird eine Kür auf dem Pauschenpferd beendet?
    Antwort: Mit einem Abgang

ANTWORTEN: Wintersport

Stufe 1

1. Auf wie vielen Skiern fährt ein Skifahrer?
   Antwort: Auf zwei Skiern
2. Fahren Eisschnellläufer einen Berg hinunter oder auf einer Eisbahn?
   Antwort: Auf einer Eisbahn
3. Wo wurde Eishockey erfunden?
   Antwort: In Kanada
4. Was bezeichnet man auch als Ski nordisch: Langlauf oder Alpin?
   Antwort: Langlauf
5. Wie heißt jemand, der anderen das Skifahren beibringt?
   Antwort: Skilehrer

Stufe 2

6. Bei welchem Wintersport versucht man, einen Puck ins Tor zu schießen?
   Antwort: Beim Eishockey
7. Wie heißt die Spitze eines Snowboards?
   Antwort: Nose
8. Ski alpin ist eine Disziplin der Olympischen Winterspiele. Richtig oder falsch?
   Antwort: Richtig
9. Was hat ein Skifahrer rechts und links in der Hand?
   Antwort: Skistöcke
10. Bei welchem Wintersport erreichen die Sportler auf der Rennbahn eine Geschwindigkeit von 60 km/h?
    Antwort: Beim Eisschnellauf
11. Wie viele Spieler pro Seite dürfen sich beim Eishockey auf dem Eis befinden: sechs, neun oder elf?
    Antwort: Sechs
12. Bei welcher Skisportart wird im Zickzackkurs gefahren?
    Antwort: Beim Slalom (Alpinski)
13. Wie nennt man das hintere Ende eines Snowboards?
    Antwort: Heck
14. Wie viele Spieleinheiten hat ein Eishockeyspiel?
    Antwort: Drei
15. Der Biathlon verbindet das Schießen mit welcher Skisportart?
    Antwort: Langlauf
16. Seit wann ist Snowboarden olympische Disziplin?
    Antwort: Seit 1998

Stufe 3

17. Wer fährt schneller: Eisschnellläufer oder Alpinskiläufer?
    Antwort: Alpinskiläufer
18. Womit werden die Skistiefel an den Skiern befestigt?
    Antwort: Mit einer Bindung
19. Welcher Ski ist kürzer und breiter: Langlauf- oder Alpinski?
    Antwort: Alpinski
20. Wie wird ein Eishockey-Torwart auch genannt?
    Antwort: Goalie

ANTWORTEN: Fußball

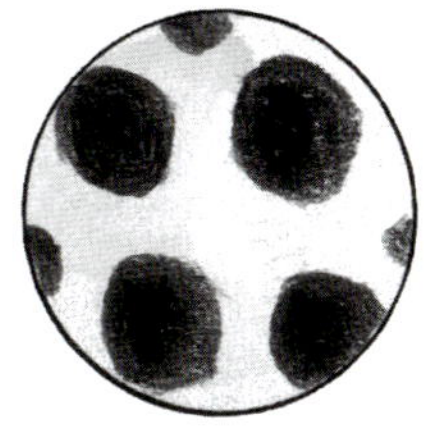

Stufe 1

1. Wie heißen die Spieler, die versuchen, Tore zu schießen?
   Antwort: Stürmer
2. Welcher Spieler darf den Ball mit der Hand berühren?
   Antwort: Der Torwart
3. Die Verwarnungskarte ist gelb. Richtig oder falsch?
   Antwort: Richtig
4. Den Versuch, einem Spieler den Ball abzunehmen, nennt man Passen, Einwurf oder Tackling?
   Antwort: Tackling
5. Auf welchem Boden spielt man Fußball?
   Antwort: Auf dem Rasen

Stufe 2

6. Für welches Land spielte Pelé?
   Antwort: Brasilien
7. Wer hat über 100 Tore für sein Land geschossen: Wayne Rooney, Michael Ballack oder Ali Daei?
   Antwort: Ali Daei
8. Wer kontrolliert die Einhaltung der Regeln bei einem Fußballspiel?
   Antwort: Der Schiedsrichter
9. Wie oft hat Pelé zu einem WM-Sieg beigetragen?
   Antwort: Dreimal
10. Wie viele Spieler hat eine Fußballmannschaft?
    Antwort: Elf
11. Welche Farbe hat die Karte, mit der ein Spieler vom Spielfeld geschickt wird?
    Antwort: Rot
12. In welcher Stadt wurden die ersten Fußballregeln geschrieben?
    Antwort: In London
13. Hat Pelé in seiner Laufbahn 478, 809 oder 1.281 Tore geschossen?
    Antwort: 1.281
14. Spielt Cristiano Ronaldo für Portugal, Frankreich oder Brasilien?
    Antwort: Für Portugal

Stufe 3

15. Mit welchen der folgenden Körperteile darf der Fußballer den Ball berühren: Kopf, Brust, Arme, Oberschenkel, Hände?
    Antwort: Kopf, Brust, Oberschenkel
16. Für welches Land spielte Ali Daei?
    Antwort: Iran
17. Aus der Blase welcher Tiere wurden früher Fußbälle hergestellt?
    Antwort: Aus einer Schweinsblase
18. Welche Amerikanerin hat 158 Tore für ihr Land geschossen?
    Antwort: Mia Hamm

ANTWORTEN: Kunst und Malerei

Stufe 1

1. Der berühmte Künstler Michelangelo war Italiener. Richtig oder falsch?
   Antwort: Richtig
2. Wie lautet der Vorname von van Gogh?
   Antwort:Vincent
3. In welchem Land befinden sich die Höhlenmalereien von Lascaux?
   Antwort: In Frankreich
4. Was wird auf frischem Putz gemalt: Skulpturen, Höhlenmalereien oder Fresken?
   Antwort: Fresken
5. Unter den Höhlenmalereien von Lascaux finden sich Bilder von Rentieren. Richtig oder falsch?
   Antwort: Richtig

Stufe 2

6. Welchen Teil des Hühnereis verwendeten die prähistorischen Höhlenmaler?
   Antwort: Das Eiweiß
7. Mit welchen Farben verzierten die alten Griechen ihre Töpferkunstwerke?
   Antwort: Rot und Schwarz
8. Müssen Freskenmaler schnell oder langsam arbeiten?
   Antwort: Schnell
9. Welche Farben sind intensiver, Temperafarben oder Ölfarben?
   Antwort: Ölfarben
10. Malte Michelangelo ein Fresko auf die Türen, die Wände oder an die Decke der Sixtinischen Kapelle?
    Antwort: Auf die Decke
11. Aus welchem Material schuf Michelangelo die Moses-Skulptur?
    Antwort: Marmor
12. Was trocknet schneller, Ölfarbe oder Temperafarbe?
    Antwort: Temperafarbe
13. Welchen Teil des Hühnereis verwendete man zur Herstellung von Temperafarben?
    Antwort: Eigelb

Stufe 3

14. Von welchem Künstler stammt das berühmte Pop-Art-Gemälde *Blam!*?
    Antwort: Roy Lichtenstein
15. In welchem Jahrhundert schuf Michelangelo die Moses-Skulptur?
    Antwort: Im 16. Jahrhundert
16. Wie alt war van Gogh, als er die *Sternennacht* malte?
    Antwort: 36
17. In welchem Jahrzehnt entstand die Pop-Art?
    Antwort: In den 1960-er Jahren
18. Sind die Höhlenmalereien von Lascaux 15 000, 16 000 oder 17 000 Jahre alt?
    Antwort: 17 000 Jahre

ANTWORTEN: Ballett

Stufe 1

1. Beginnen die meisten Balletttänzer als Kinder, Teenager oder Erwachsene?
   Antwort: Als Kinder
2. Wird ein Ballet in einem Stadion oder in einem Theater aufgeführt?
   Antwort: Im Theater
3. Tragen männliche Balletttänzer Make-up?
   Antwort: Ja
4. Ist ein Tutu ein Ballettschuh, ein Rock oder eine Ballettbewegung?
   Antwort: Ein Rock

Stufe 2

5. Welche Musiker spielen oft während der Tanzstunden?
   Antwort: Pianisten
6. Welchen Körperteil bewegt die Ballerina in *Schwanensee*, um den Flügelschlag zu imitieren?
   Antwort: Die Arme
7. Wo werden die Balletttänzer vor dem Auftritt geschminkt?
   Antwort: Im Umkleideraum
8. Welche Bewegungen werden beim *Port de bras* geübt?
   Antwort: Armbewegungen
9. Wie viele Grundpositionen der Füße gibt es im Ballett?
   Antwort: Fünf
10. Bei welcher Position berühren sich die Fersen: bei der ersten, zweiten oder dritten?
    Antwort: Bei der ersten Position
11. Wer komponierte das Ballet *Schwanensee*?
    Antwort: Tschaikowsky
12. Warum tragen Tänzer beim Üben Beinwärmer?
    Antwort: Um die Muskeln aufzuwärmen und Verletzungen zu vermeiden
13. Auf welchem Körperteil tanzt man beim Spitzentanz?
    Antwort: Auf den Zehenspitzen
14. In welche Abschnitte ist ein Ballett gegliedert?
    Antwort: In Akte
15. Braucht ein großes Ballett 30, 300 oder 3000 Kostüme?
    Antwort: 300

Stufe 3

16. Aus welchem Land stammt das Ballett *Schwanensee*?
    Antwort: Aus Russland
17. Wie heißt die Solotänzerin in einer Balletttruppe?
    Antwort: Primaballerina
18. Wie heißt die Königin der Schwäne in *Schwanensee* mit „O"?
    Antwort: Odette

ANTWORTEN: Architektur

Stufe 1

1. Wer baute den Parthenon: die Griechen, Ägypter oder Römer?
Antwort: Die Griechen
2. Wie heißen die riesigen Gebäude, in denen verstorbene Pharaonen in Ägypten beerdigt wurden?
Antwort: Pyramiden
3. Bestanden die ersten Ziegel aus Lehm und Ton oder aus Zement und Kies?
Antwort: Aus Lehm und Ton
4. Wurden die ägyptischen Pyramiden aus Lehm, Holz oder Stein gebaut?
Antwort: Aus Stein
5. Wurden die ersten Ziegel durch Brennen, Trocknen in der Sonne oder Einfrieren gehärtet?
Antwort: Durch Trocknen in der Sonne

Stufe 2

6. Welche Zivilisation erfand den Beton?
Antwort: Die Römer
7. Wurde der Parthenon aus Granit, Zement oder Marmor gebaut?
Antwort: Aus Marmor
8. In welcher Stadt steht der Parthenon?
Antwort: In Athen
9. Warum hatten herrschaftliche Anwesen oft sehr viele Fenster?
Antwort: Um den Reichtum der Bewohner zur Schau zu stellen – Glas war sehr teuer
10. Installierte man im Weißen Haus zuerst die Wasserleitungen oder die Gasbeleuchtung?
Antwort: Die Wasserleitungen
11. Kommt der gotische Stil aus Europa, Asien oder Afrika?
Antwort: Aus Europa
12. Aus welchem Material bestanden die Balken bei Häusern aus Flechtwerk und Lehm?
Antwort: Aus Holz
13. Wer ließ die Hardwick Hall bauen?
Antwort: Bess of Hardwick

Stufe 3

14. Wie nennt man die Zeichnung des Architekten?
Antwort: Bauplan
15. Welches berühmte Gebäude hat James Hoban wiederaufgebaut?
Antwort: Das Weiße Haus
16. Welcher Göttin wurde mit dem Parthenon ein Tempel errichtet?
Antwort: Athene
17. Für welche Bauwerke ist der Strebebogen typisch?
Antwort: Für gotische Kirchen
18. In welchem Jahrhundert entstand die gotische Architektur?
Antwort: Im 12. Jahrhundert

ANTWORTEN: Film und Fernsehen

Stufe 1

1. Waren die ersten Fernsehsendungen schwarz-weiß oder in Farbe?
Antwort: Schwarz-weiß
2. Wie heißt die Person mit „R", die verantwortlich für die künstlerische Gestaltung eines Films ist?
Antwort: Regisseur
3. Wer interviewt Personen für Nachrichtensendungen?
Antwort: Der Reporter
4. Wie nennt man Menschen, die in einem Film eine Rolle darstellen?
Antwort: Schauspieler
5. Wie nennt man die geschriebene Version eines Films?
Antwort: Drehbuch

Stufe 2

6. Welche drei Mitarbeiter benötigt ein Nachrichtenteam?
Antwort: Reporter, Kameramann und Toningenieur
7. Wie bezeichnet man eine Nachrichtensendung, die im selben Moment wie das Ereignis gesendet wird?
Antwort: Live
8. Wie hieß der erste Tonfilm: *Casablanca*, *Der Jazzsänger* oder *Snow White*?
Antwort: Der Jazzsänger
9. Wie heißt die große Filmindustrie in den USA mit „H"?
Antwort: Hollywood
10. In der Nähe welcher Stadt liegt sie?
Antwort: Los Angeles
11. Welchen Spitznamen hat die indische Filmindustrie?
Antwort: Bollywood
12. Wie lautet der englische Fachbegriff für 24-Stunden-Nachrichten?
Antwort: Rolling News

Stufe 3

13. Ist Telstar ein Fernsehermodell oder ein Satellit?
Antwort: Ein Satellit
14. In welchem Jahr entstand der erste Tonfilm?
Antwort: 1927
15. Wie viel Prozent der US-amerikanischen Haushalte besaßen 1962 einen Fernseher?
Antwort: 90 Prozent
16. In welchem Jahr wurde erstmals ein Fernsehsignal von einem Satelliten gesendet?
Antwort: 1962
17. Wie nennt man das Senden von Programmen von einer Fernsehstation?
Antwort: Ausstrahlung
18. Welches asiatische Land hat eine der größten Filmindustrien der Welt?
Antwort: Indien

Register

G

H

I

J

K

L

M

Bildnachweis

Wir möchten den im Folgenden Genannten für die Erteilung der Abdruckrechte danken. Sollten trotz sorgfältiger Recherche Urheberrechte verletzt worden sein, möchten wir uns entschuldigen und bitten um Mitteilung.

u. = unten, M. = Mitte, l. = links, r. = rechts, o. = oben

FOTOS

16u.M. Corbis/Tim Davis; 27u.r. Corbis/Staffan Widstrand; 35M.r. Corbis/Kit Houghton; 60M. NASA; 70u.l. Corbis/Frank Tusch/zefa; 73o. Siemens Ltd; 86o.r. Corbis/Dann Tardiff; 89M.l. Bradbury & Williams/Roy Williams; 89u.r. Bradbury & Williams/Roy Williams; 94o.r. Robert Harding; 116M.r. Swedish Travel and Tourism Council; 121u.r. Corbis/KIPA; 125u.r. Corbis/William Manning, BR; 125M.r. Corbis/Eric Crichton

ILLUSTRATIONEN

Susanna Addario 88M.r., 88u.l.; Lisa Alderson 4–5u., 8u.; Marion Appleton 121u.l.; Artists Partners 83u.r., 127u.l.; Mike Atkinson 75o.r.; Julian Baker 64M.l., 103M.l.; Julian Baum 62M.; Owain Bell 91M.r.; Mark Bergin 79M.l., 101o.l., 102M.l., 112u.l.; Richard Berridge (Specs Art) 35o.r.; Gary Bines 61M.r., 85o.; Brighton Illustration Agency 32M.; Mike Buckley/Malcolm Parchment 118M.l., 118u.r., 119o.; Peter Bull 44o.M., 69M.l.; John Butler 31u.l.; Martin Camm 21M.r.; Robin Carter (Wildlife Art Agency) 67o.l.; Jim Channell 20l., 33u., 48M.; Kuo Kang Chen 82u.; Harry Clow 54o.r.; Gino D'Achille (Artist Partners) 56–57u., 103M.r.; Peter Dennis (Linda Rogers) 19o.r., 32o.r., 46–47o., 72o.r., 98o.r., 101M.l., 102o.r., 109M.l.; Kay Dixey 119M.l.; Richard Draper 17M., 47M.; Dan Escott 100u.l.; James Field 55o.; Chris Forsey 9M.r., 9u.r., 11M.r., 12o.r., 12–13u., 13o., 30u., 48o.r., 49u.r., 52–53M., 52u.M., 53o.r., 59u., 60–61u., 63u., 64o.r., 65o., 65M.r., 66o.r., 81o.r., 106o.r., 120M.r., 120u.r., 124o.r.; Mark Franklin 46u.r.; Oliver Frey 105o.r.; Luigi Galante 120u.l.; Tony Gibbons 80u.l.; Jeremy Gower 42M.r., 85b.r.; Lindsay Graham (Linden Artists) 34o.l., 35u.l.; Craig Greenwood (Wildlife Art Agency) 14o.r.; Ray Grinaway 16M.l., 22–23M., 33M.r., 66M., 67M.r., 67u.l.; Nick Hall 43o.r.; Alan Hancock 70o.r.; Alan Harris 25M.r.; Gary Hincks 51M., 106–107M.; Christian Hook (Linden Artists) 123M.r., 127o.l.; Richard Hook 54u., 98M.r.; Andre Hrydziusko 69o.r.; Biz Hull 122M.l., 122u.l.; Ian Jackson (Wildlife Art) 7u., 26u., 28–29u., 39M., 55u.; Rob Jakeway/Bill Donohoe 64–65u.; John James 76–77u., 106u.l.; Ron Jobson 74M.l., 83o.l., 83o.r., 83M.; Michael Johnson 51u.; Peter Jones (John Martin) 106M.l.; Peter Kelly 43M.; Roger Kent (Garden Studio) 9o.; Martin Knowldon (Virgil Pomfret) 28o.r., 28M.; Mike Lacey (SGA) 56M.r., 57o.l., 107o.l., 116o.r., 117o.l., 119u.; Linden Artists 22u.l., 31o.r., 108o.r.; Bernard Long (Temple Rogers) 11o.; 48u.; Kevin Maddison 24M.l., 50–51M., 51o.l., 79o.l., 79u., 97M.l; Mainline Design 23u.r.; Shirley Mallinsen 12M.l.; Maltings Partnership 72u.l., 82M., 113o.r., 87o.r.; John Marshall (Temple Art) 74o.r.; Josephine Martin 10o.r.; David McAllister 79o.r.; Angus McBride 94–95u.M., 98u.l., 99M.l.; Doreen McGuinness (Garden Studios) 48u.; Jamie Medline 116u.l.; Chris Molan (Main) 90o.r., 97u.r., 101u.r.; Steve Noon (Garden Studios) 78u., 126u.; Nicki Palin 9M.l.; Alex Pang 80o.r., 90o.l., 91o.l.; Darren Pattenden 42M.l., 42u.l., 43l.; Andie Peck 33o.l.; Neil Reed 60M.l.; Eric Robson 18–19u., 20o.r., 21o.r.; Eric Rowe 33M.l.; Michael Rowe 14M., 16–17o., 16M.r., 23o.r., 30M.l., 38o.r.; Valerie Sangster 9o.r.; Mike Saunders (Julian Burgess) 52o.r., 96o.r.; Nick Shewring (Garden Studio) 81u.; Brian Smith 117M.r.; Guy Smith (Mainline Design) 70M., 71l., 71u.r.; M Stacey 73M.l.; Roger Stewart 40o.l., 58o.l., 63M.l., 63M.r., 72u.r., 92o.l., 110o.l.; Charlotte Styles 71u.r.; Treve Tamblin 18o.r., 20M.r.; Ian Thompson 84u.l.; Shirley Tourret 100o.r.; Chris Turnbull 20u.r.; Vincent Wakerley 46u.l.; Helen Ward (Virgil Pomfret Agency) 38–39u., 39r.; Richard Ward 70l.; Ross Watton (Garden Studios) 47u.; Phil Weare (Linden Artists) 15M.l., 15u.; Gareth Williams 127M.r.; Joanna Williams 113M.r., 118u.M.; Ann Winterbotham 68–69u.; Dan Wright 21M., 31M.; David Wright (Kathy Jakeman) 14u.; Paul Wright 49o.; Jurgen Ziewe 87M.l.

Cartoons: Mike Davies 104; Ian Dicks 8, 16, 88, 90; Tony Kenyon (B L Kearley) 12, 18, 20, 24, 26, 36, 56, 60, 62, 64, 72, 74, 76, 78, 82, 84, 86, 96, 98, 116, 118, 120, 122, 124, 126; Anthony Lewis 30, 66; Kevin Maddison 68; Peter Wilkes (SGA) 10, 22, 28, 34, 46, 48, 50, 54, 102, 106, 108